Natürlich
alles hausgemacht

Natürlich alles hausgemacht

Die besten Rezepte für selbst gemachte Köstlichkeiten

Reader's Digest
Deutschland · Schweiz · Österreich

Vorwort

Vom Frühjahr bis zum Herbst ist Erntezeit, und leere Gläser warten darauf, gefüllt zu werden – schließlich möchte man Obst und Gemüse auch außerhalb der Saison zur Verfügung haben, und zudem hat man das gute Gefühl, fast alles verwertet zu haben, was die Natur einem geschenkt hat. Doch es gibt noch mehr gute Gründe dafür, selbst einzumachen. Ein überaus gewichtiger ist die Freude daran, Konfitüren, Kompotte oder Liköre, Chutneys oder Pickles selbst herzustellen, ihnen dabei eine individuelle Geschmacksnote zu verleihen und sie selbst zu genießen oder beispielsweise als kleines Mitbringsel lieben Freunden zu überreichen.

Es lohnt sich also, ein bisschen Zeit zu investieren, um Früchte und Gemüse in feine Delikatessen zu verwandeln, die man dann stolz aus dem Vorrat holen kann. Ob süß oder pikant, fruchtig oder würzig – für jeden Geschmack ist garantiert etwas dabei.
Wie gut, dass Einmachen wirklich gar nicht schwierig ist, die Rezepte in diesem Buch beweisen es.

Viel Spaß beim Herstellen Ihrer kulinarischen Schätze!

Die Redaktion

Inhalt

Einleitung

SPEZIAL

Rezeptteil

DIE 7 BESTEN

Konfitüren

Chutneys und Saucen

Genüsse mit Alkohol

Vorratsklassiker

Mitbringsel

Saisonkalender

Reifes Obst und Gemüse vom Freiland bzw. aus dem Garten schmeckt besonders aromatisch. Während der Erntezeit (grüne Balken) wird es reichlich und meist zu günstigen Preisen angeboten, davor und danach nimmt das Angebot und eventuell auch die Qualität ab, und der Preis steigt. Obst- und Gemüsesorten, die man gut lagern kann (*), wie beispielsweise Möhren und Äpfel, sind genauso wie unter Glas angebaute Produkte außerhalb der Saison aus heimischem Anbau erhältlich. Zahlreiche heimische Obst- und Gemüsesorten werden das ganze Jahr über auch als Importware angeboten. Pilze wie Champignons oder Austernpilze stammen meist aus Zucht, weshalb man sie ganzjährig kaufen kann, Sorten wie Pfifferlinge und Steinpilze gibt es dagegen nur in der Saison im Handel oder man sammelt sie selbst im Wald.

frische Freilandware   * außerhalb der Saison als Lagerware erhältlich

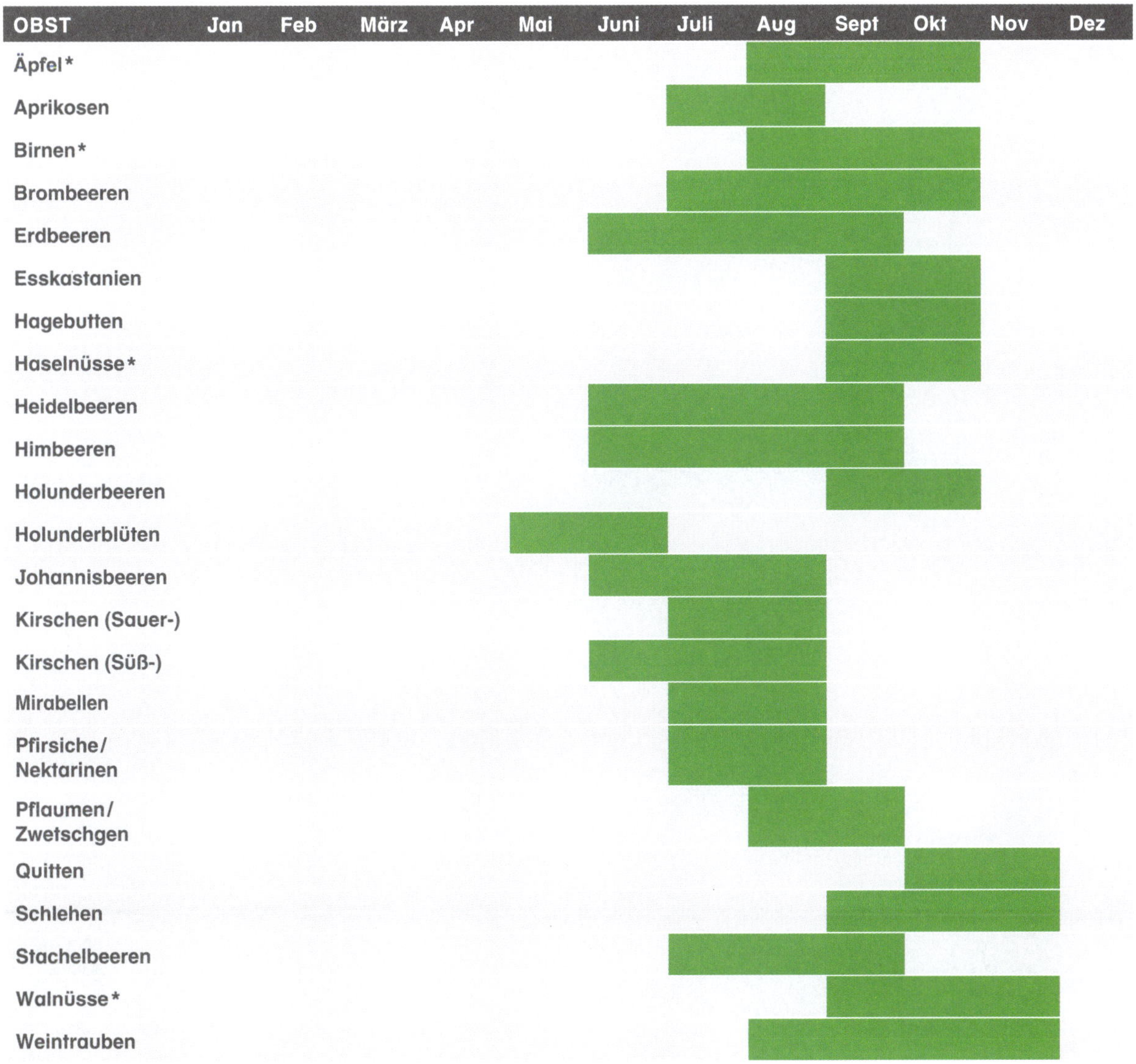

frische Freilandware

* außerhalb der Saison als Lagerware erhältlich

Tropische Früchte

Früchte wie Ananas, Bananen, Kiwis, Mangos oder Papayas stammen aus tropischen und subtropischen Regionen und sind mittlerweile bei uns ganzjährig erhältlich, da sie aus unterschiedlichen Ländern importiert werden. Je nach Herkunft und Sorte unterscheiden sich die Früchte einer Art geschmacklich und möglicherweise auch in der Konsistenz voneinander. Tropische Früchte lassen sich gut mit heimischem Obst kombinieren.

Zitrusfrüchte

Meist stammen Orangen, Mandarinen und Zitronen, die bei uns angeboten werden, aus Südeuropa. Für Orangen und Mandarinen dauert die Ernte von November bis März. Zitronenbäume tragen das ganze Jahr über Früchte und Blüten, weshalb es Zitronen rund ums Jahr gibt. Haupterntezeit ist im Herbst und Winter. Von Natur aus werden Zitrusfrüchte in Südeuropa erst ab Januar orange oder gelb; vorher sind sie grün, was ihrem Geschmack nicht schadet.

Einleitung

Von Apfelgelee bis Zwiebel-Chutney

In Form von Konfitüren oder Kompott, Chutneys, Pickles oder Likör sind Obst und Gemüse eine Weile haltbar und ein feiner Genuss für Sie selbst und andere.

Jedes Jahr wieder hoffen Besitzer von Gemüse- und Obstgärten auf eine reiche Ernte, um diese in haltbare Delikatessen zu verwandeln. Das Wissen um die Herkunft der Zutaten und die Vorfreude auf den genussvollen Lohn der Mühe außerhalb der Saison, aber auch die Tatsache, jederzeit ein kulinarisches Präsent griffbereit zu haben, sind gute Gründe, seine Ernte einzumachen. Selbst wer keinen Garten sein eigen nennt, braucht auf das Einmachen von Obst und Gemüse nicht zu verzichten. Schließlich werden frisch geerntete Produkte aus der Region auf Märkten, direkt beim Bauern oder auch in Supermärkten angeboten.

Egal, ob selbst geerntet oder gekauft – von Frühling bis Herbst ist die Zeit, in der heimisches Obst und Gemüse eingekocht oder auf andere Weise für den Vorrat verarbeitet werden. Dabei geht es nicht nur um eine möglichst lange Haltbarkeit, sondern vor allem auch um den guten Geschmack, den Obst und Gemüse dank anderer Zutaten wie Essig, Öl und Gewürzen entwickeln.

Die Konservierungsmethoden

Alle Konservierungsmethoden haben eines gemeinsam: Sie machen Obst und Gemüse länger haltbar und verbessern sogar oft noch deren Geschmack. Für welche Methode Sie sich entscheiden, hängt davon ab, wie viel Zeit Sie investieren können und möchten, was daraus entstehen und wie lange das Produkt halten soll. Früchte werden überwiegend als Konfitüre, Gelee oder Kompott süß eingemacht, aber auch süßsauer, z. B. in Form von Relish oder

Chutney. Gemüse wird dagegen eher in Essig, in Öl oder auch in Salz eingelegt. Wer größere Mengen an Obst und Gemüse verarbeiten und im Vorrat aufbewahren möchte, kann sie auf klassische Art in Gläsern mit Gummiring einkochen.

Das Einlegen in Essig, Salz, Zuckersirup oder Alkohol ist vergleichsweise weniger aufwendig und lohnt sich vor allem für kleinere Mengen; allerdings sind diese Köstlichkeiten nicht so lange haltbar wie Eingekochtes.

Obst und Gemüse zu trocknen, ist eine weitere traditionelle und natürliche Konservierungsmethode, die für lange Haltbarkeit sorgt. Wer Früchte und Gemüse so pur wie möglich im Vorrat halten möchte, sollte sie einfrieren.

Die Haltbarkeit

Selbst Eingemachtes hält sich ungeöffnet an einem kühlen und dunklen Ort meist 3–12 Monate, je nach Konservierungsmethode. Die Haltbarkeitszeiten bei den Rezepten in diesem Buch beziehen sich auf die Mindesthaltbarkeit und sind nur Richtwerte. Garantien für die Haltbarkeit können nicht gegeben werden. Wie lange man selbst Eingemachtes tatsächlich aufbewahren kann, hängt nämlich von vielen Faktoren ab: Die Beschaffenheit der Früchte oder des Gemüses hat einen genauso großen Einfluss darauf wie Sauberkeit beim Arbeiten (heiß ausgespülte Gläser und Deckel sowie absolut saubere Kochutensilien und Hände), die Dichtigkeit der Deckel, die Konservierungsmethode, die Lagerung oder auch der Zuckergehalt. Konfitüren mit mehr als 50 % Zucker sind z. B. länger haltbar als kalorienreduzierte Fruchtaufstriche, denen keine Konservierungsstoffe (z. B. Sorbin- oder Ascorbinsäure) zugesetzt wurden.

Angebrochene Gläser gehören in den Kühlschrank und sollten möglichst bald geleert werden. Generell sollte man niemals ein benutztes oder gar abgelecktes Besteck verwenden, um eine Portion aus dem Glas zu entnehmen – so gelangen Keime hinein, die den übrigen Inhalt schnell verderben lassen. Von daher ist es sinnvoll, von vornherein eher kleinere Gläser zu befüllen, die schneller geleert werden.

Chutney, Relish, Ketchup

Gemüse und Früchte kann man unter Zugabe von Essig, Zucker und Gewürzen zu einer mehr oder weniger stückigen, dickflüssigen Sauce einkochen, die süßsauer, mild oder scharf sein kann. Diese pikant-würzigen Saucen und Pickles passen als Beilagen zu gebratenem oder gegrilltem Fleisch (vor allem zu Wild und Geflügel), zu Fisch, zu Gemüsegerichten oder zu mildem Käse. Ebenso bieten sie sich zum Würzen bzw. Abschmecken von Frischkäse, Quark oder pikanten Cremes an.

CHUTNEY Die pikante konfitüreähnliche, stückige Sauce wird aus Früchten und/oder Gemüse, Essig, Zucker und Gewürzen gekocht. Die Engländer lernten „Chatnis" während ihrer Herrschaft in Indien zu fast jedem Gericht schätzen. Mittlerweile haben Chutneys in unterschiedlichsten Zubereitungen europäische Küchen erobert. Rohe (ungekochte) Chutneys halten sich nur einige Tage im Kühlschrank.

RELISH Diese pikante Würzsauce wird aus den gleichen Zutaten hergestellt wie ein Chutney. Relishes haben jedoch eine cremigere Konsistenz, weil Gemüse und Früchte dafür feiner zerkleinert werden. Letztlich ist der Unterschied geringfügig.

KETCHUP Damit verbindet man meist Tomatenketchup, der aus Tomaten, Essig, Zucker und Gewürzen hergestellt wird. Doch auch aus Pilzen, Kürbis, Mango und anderem Obst oder Gemüse kann man eine dickflüssige, homogene Würzsauce zubereiten.

PICKLES Gemüse oder Früchte, in würzigem Essigsud eingelegt, heißt im englischen Sprachraum „Mixed Pickles". In den USA sind „Pickles" nichts anderes als Essiggurken, die allerdings deutlich süßer sind als die Essiggurken, die man hierzulande kennt. Süßsauer eingelegte Gemüse oder Früchte bzw. Mixed Pickles eignen sich z. B. als pikante Beilage zu herzhaften Gerichten wie Bratkartoffeln oder Kartoffelsalat.

Gläser und andere Utensilien

Wer nur gelegentlich und in kleineren Mengen Obst und Gemüse einmacht, wird kaum zusätzliche Geräte benötigen. Einige praktische Küchenhelfer können die Arbeit allerdings erleichtern.

Gläser gibt es in unterschiedlichsten Größen und Formen; wichtig ist, dass sie hitzebeständig sind und fest schließende Deckel haben. Zum Einfüllen von heißen Zutaten und zum Einlegen sind Twist-off-Gläser geeignet. Deckel, die beschädigt sind und nicht mehr dicht schließen, sollte man durch neue ersetzen. Einmachgläser mit Gummiringen eignen sich nur zum klassischen Einkochen.

Töpfe

Zum Kochen von Konfitüre, Gelee, Chutney und Ähnlichem benötigt man einen Topf, der so groß ist, dass nichts herausspritzt, wenn die Masse sprudelnd kocht. Er sollte vor dem Kochen etwa nur zur Hälfte gefüllt sein, außerdem aus säurebeständigem und gut leitendem Material bestehen (z. B. aus Edelstahl). Zum Einkochen (Sterilisieren) ist ein Topf, in den die Gläser vollständig und nebeneinander hineinpassen, notwendig. Wer regelmäßig Obst und Gemüse einkocht, für den lohnt es sich eventuell, einen speziellen Einkochtopf mit Einlegerost und integriertem Thermometer anzuschaffen.

Praktische Helferlein

Ein spezieller Einfülltrichter mit weiter Öffnung erleichtert das Befüllen von Gläsern. Eine Haushaltswaage mit Zuwiegefunktion (Tara-Taste) und ein Kurzzeitwecker ermöglichen genaues Arbeiten. Zum Umrühren darf ein Kochlöffel mit Loch nicht fehlen. Für die Herstellung von Mus oder zum Abtropfenlassen sollte ein feinmaschiges Sieb griffbereit sein – ein Passiergerät (die „flotte Lotte") ist praktisch, wenn man häufiger weich gekochtes Obst oder Gemüse zu Mus verarbeitet. Und zur Saftbereitung ist ein Passiertuch oder -sack nützlich. Zum Zerkleinern von Zutaten leisten Mörser (z. B. für Gewürze) und Stabmixer (z. B. für Konfitüre) gute Dienste. Um Gläser nach dem Einkochen aus dem kochend heißen Wasser zu nehmen, ohne sich dabei zu verbrühen, empfiehlt sich ein Glasheber.

Gläser vorbereiten

Sauberkeit ist das A und O, damit eingemachte Köstlichkeiten unbeschadet die Lagerung überstehen – deshalb müssen Gläser und Deckel sterilisiert (also keimfrei) sein.

GLÄSER IM BACKOFEN ERHITZEN Den Backofen auf 120 °C (Umluft 100 °C) vorheizen. Die Gläser zum Sterilisieren darin mit den Öffnungen nach unten mindestens 10 Minuten erhitzen; im Ofen abkühlen lassen.

GLÄSER IN WASSER AUSKOCHEN ... Alternativ kann man die Gläser und Deckel in einem großen Topf mit heißem Wasser etwa 10 Minuten auskochen.

... UND ABTROPFEN LASSEN Die ausgekochten nassen Gläser und die Deckel umgedreht auf einem sauberen Geschirrtuch abtropfen lassen.

Am einfachsten ist es, Gläser und Deckel in der Geschirrspülmaschine bei höchster Temperatur zu spülen. Danach die Gläser noch warm aus der Maschine nehmen und sofort mit dem Einmachgut füllen. Andernfalls die warmen Gläser mit den passenden Deckeln zuschrauben und wegstellen. Vor der Verwendung kann man sie sicherheitshalber noch einmal mit heißem Wasser ausspülen und umgedreht auf einem sauberen Küchentuch abtropfen lassen (siehe Abb. unten).

Alternativ kann man Gläser auch im Backofen (siehe Abb. oben) oder im Kochtopf (siehe Abb. Mitte) sterilisieren. Die Backofen-Methode bietet sich für so viele Gläser bzw. Flaschen an, wie auf den Rost passen (Flaschen auf den Rost legen); mit Umluft können auch niedrige Gläser bzw. liegende Flaschen auf zwei Backrosten gleichzeitig sterilisiert werden. Deckel und Gummiringe sollte man vorzugsweise in Wasser auskochen, während die Gläser im Backofen erhitzt werden. Und schließlich kann man Gläser und Deckel auch in der Spüle oder einer großen Schüssel heiß ausspülen: die Gläser in Spüle oder Schüssel stellen; zuerst mit warmem, dann mit kochend heißem Wasser (z. B. aus dem Wasserkocher) füllen und 10 Minuten stehen lassen. Anschließend das Wasser abgießen und die umgedrehten Gläser auf einem sauberen Tuch abtropfen und auskühlen lassen.

Ist der Deckel dicht?

Wer gebrauchte Gläser verwenden möchte, sollte darauf achten, dass sie nicht beschädigt sind und dicht schließende Deckel haben. So prüfen Sie, ob der Deckel eines Twist-off-Glases dicht schließt: Wasser in das Glas gießen, den Deckel fest aufschrauben und das Glas umgedreht auf ein Tuch stellen. Falls Wasser herausläuft, den Deckel nicht mehr verwenden. Neue Deckel gibt es im Handel.

Konfitüre, Gelee, Marmelade

Reife, aromatische Früchte ohne schadhafte Stellen sind mit Zucker die Basis für fruchtige Aufstriche. Der Zucker sorgt nicht nur für Süße und eine schöne Farbe, sondern auch für Haltbarkeit.

Früchte enthalten von Natur aus unterschiedlich viel Pektin und Fruchtsäuren, was beim Kochen für Bindung sorgt. Früher wurden deshalb pektinarme mit pektinreichen Früchten kombiniert und mit Zucker 30 Minuten bis mehrere Stunden lang eingekocht, um aus heimischem Obst Konfitüren, aus Zitrusfrüchten Marmeladen und aus Fruchtsäften Gelees herzustellen. Heute gibt es Gelierhilfen, mit denen man diese Aufstriche schonender und einfacher kochen kann.

Geeignete Geliermittel

Je nach Pektingehalt der Früchte benötigt man mehr oder weniger Geliermittel. Pektinreiche Früchte (z. B. Äpfel, Quitten, Heidelbeeren, Schwarze Johannisbeeren, Stachelbeeren, Preiselbeeren) können sogar ohne Geliermittel, nur mit Zucker im Verhältnis 1:1 und etwas Zitronensaft gelieren.

In Gelierzucker sind Zucker, Geliermittel (meist Pektin) und Zitronensäure perfekt kombiniert. Je nach Zuckeranteil unterscheidet man zwischen Gelierzucker 1:1 (auf einen Teil Früchte kommt ein Teil Zucker) und Spezialgelierzucker 2:1 oder 3:1 (zwei bzw. drei Teile Früchte, ein Teil Zucker). Spezialgelierzucker enthält z. B. Sorbin- oder Ascorbinsäure, damit die Produkte lange halten. Das gleiche gilt für Gelierzucker mit dem Zusatz des Süßungsmittels Stevia. Konfitüren halten sich an einem trockenen, möglichst dunklen Ort bis zu 12 Monate. Mit Spezialgelierzucker zubereitete Sorten verändern nach 4–6 Monaten jedoch ihre Farbe.

Statt Gelierzucker kann man Haushaltszucker und ein Geliermittel in Pulverform verwenden. Zur Wahl stehen Geliermittel 1:1, 2:1 oder 3:1. Ebenso eignet sich Agar-Agar zum Gelieren; die Menge an Zucker oder einem anderen Süßungsmittel (z. B. Honig oder Agavendicksaft) kann dabei beliebig variieren. Allerdings: Je weniger süß der Aufstrich ist, desto kürzer ist seine Haltbarkeit. Am besten sollte man solche Produkte im Kühlschrank aufbewahren.

Konfitüre mit Gelierzucker (für ca. 1,2 l Konfitüre)

mindestens 1 kg Früchte, 1 kg Gelierzucker 1:1

1 Die Früchte vorbereiten und nochmals abwiegen – es sollte 1 kg sein. Für stückige Konfitüre die Früchte klein würfeln; mit Gelierzucker in einen Topf geben. Der Topf sollte so groß sein, dass er mit Früchten und Zucker höchstens halb voll ist. Fruchtstückchen mit Gelierzucker 2–3 Stunden ziehen lassen. Alternativ die Früchte pürieren, mit dem Gelierzucker im Topf verrühren und sofort kochen (Schritt 2).

2 Früchte mit Gelierzucker bei starker Hitze offen aufkochen und nach Packungsangabe sprudelnd kochen lassen – die Kochzeiten können von Hersteller zu Hersteller variieren –, dabei rühren und ggf. abschäumen (siehe Abb. 1). Kurz vor Ablauf der Kochzeit die Gelierprobe machen (siehe Abb. 2). Falls die Konfitüre noch nicht geliert, diese noch 1 Minute kochen lassen; Gelierprobe wiederholen.

3 Die kochend heiße Konfitüre randvoll in vorbereitete Twist-off-Gläser füllen (siehe Abb. 3). Sofort mit den Deckeln fest verschließen. Gläser mit stückiger Konfitüre für 5–10 Minuten auf die Deckel stellen, damit die Fruchtstückchen nicht nach unten sinken. Die Konfitüre anschließend vollständig abkühlen lassen, dabei nicht bewegen. Die Gläser beschriften.

Konfitüre ohne Kochen

Sogenannte roh gerührte Konfitüre wird aus einem Teil Zucker und einem Teil Frucht (am besten Beeren) zubereitet. Die zerkleinerten Früchte sollten zunächst mit einem Teil des Zuckers Saft ziehen. Dann wird die Konfitüre mit dem restlichen Zucker und etwas Zitronensaft 10–15 Minuten gemixt. Sie ist im Kühlschrank bis zu 4 Wochen haltbar (siehe S. 108).

KONFITÜRE ABSCHÄUMEN Schaum, der sich während des Kochens bildet, mit einem Löffel abschöpfen. Er kann in der Konfitüre zur Schimmelbildung führen. Den Schaum (z. B. in Joghurt) innerhalb weniger Tage genießen.

GELIERPROBE Kurz vor Ende der Kochzeit die Gelierprobe machen. Dafür etwas Konfitüre auf einen kleinen Teller geben und erkalten lassen. Teller leicht kippen: Zieht sich die Masse faltig zusammen, hat sie die richtige Konsistenz.

IN GLÄSER FÜLLEN Die Gläser auf ein feuchtes Tuch stellen und die heiße Konfitüre mithilfe eines Einmachtrichters randvoll hineinfüllen. Alternativ die Konfitüre in einen hitzebeständigen Krug mit Ausgießer schöpfen und in die Gläser gießen.

Einkochen und Heißeinfüllen

Die Möglichkeit, Obst und Gemüse durch hohe Temperaturen haltbar zu machen, wussten schon unsere Urgroßeltern zu schätzen. Denn so konnten sie selbst eingemachtes Kompott oder süßsaures Gemüse auch im Winter genießen.

Der konservierende Effekt beim Einkochen beruht darauf, dass Lebensmittel in mit Gummiringen, Glasdeckeln und Klammern verschlossenen Gläsern zwischen 75 und 100 °C erhitzt werden. Dadurch dehnen sich Luft und Wasserdampf im Glas aus, und es entsteht ein Überdruck. Beim Abkühlen ziehen sich Luft und Dampf wieder zusammen – so bildet sich ein Vakuum im Glas, das den Deckel luftdicht verschließt.

Damit eingekochtes Obst und Gemüse auch wirklich unbeschadet die Lagerzeit überstehen, genügt das Vakuum allein nicht. Auch hier gilt: Gläser und Deckel müssen absolut sauber sein (siehe S. 19). Die Gummiringe sollten für 2–3 Minuten in Wasser, das mit etwas Essig versetzt wurde, ausgekocht werden und dann bis zur Verwendung in heißem klarem Wasser liegen bleiben. Nicht ganz so aufwendig ist die Vorbereitung für das sog. Heißeinfüllen. Dabei werden frisch gekochtes Kompott oder weich gegartes Gemüse mit Sud direkt in saubere Twist-off-Gläser gefüllt und fest verschlossen. Im Vorrat halten sich eingekochte wie auch heiß eingefüllte Köstlichkeiten mehrere Monate, eingekochte z. T. sogar jahrelang.

Einkochen im Kochtopf und im Backofen

Wer einen Einkochtopf besitzt, kann sich glücklich schätzen. Denn dieser Spezialtopf ist das optimale Gerät zum Einkochen: Die Gläser stehen darin stabil auf einem Gitter, und die Temperatur lässt sich genau am Thermometer ablesen. Kocht man nur selten ein oder möchte es erst mal ausprobieren, kann man Köstlichkeiten wie Kompott oder süßsaures Gemüse auch im Kochtopf oder im Backofen haltbar machen.

- Im Kochtopf (siehe unten, Abb. Mitte): Die Temperatur des Wassers, das in den Topf gegossen wird, sollte etwa der des Glasinhalts entsprechen. Den Topf schließen und das Wasser langsam zum Kochen bringen. Je nach Einkochgut dauert die Einkochzeit bis zu 120 Minuten; sie beginnt, sobald das Wasser kocht. Die Gläser nach dem Kochen noch 10 Minuten im Topf lassen, dann herausnehmen und unter einem Tuch abkühlen lassen.

- Im Backofen (siehe unten, Abb. rechts): Die Ofentemperatur so lange halten, bis in den Gläsern Bläschen aufsteigen. Danach den Ofen ausschalten und die Gläser gemäß angegebener Einkochzeit im Ofen lassen; erst dann herausnehmen und zugedeckt abkühlen lassen.

Richtig lagern

Eingekochtes bzw. Heißeingefülltes muss an einem kühlen, dunklen und trockenen Ort gelagert werden. Die Gläser sollte man zwischendurch regelmäßig daraufhin kontrollieren, ob sie noch fest verschlossen sind. Wenn bei Gläsern mit eingekochtem Inhalt die Deckel beim Anheben locker sind oder die Lasche der Gummiringe nicht mehr nach unten zeigt, haben sich im Glas Gase gebildet – der Inhalt ist dann ungenießbar. Wölbt sich bei Twist-off-Gläsern der Deckel, ist das ebenfalls ein sicherer Hinweis auf einen verdorbenen Inhalt.

Heißeinfüllen: die schnelle Alternative zum Einkochen

Wer das zeit- und energieintensivere Einkochen scheut oder Eingemachtes höchstens 12 Monate aufbewahren möchte, kann Obst und Gemüse nach Rezept garen, dann kochend heiß in sterilisierte Twist-off-Gläser füllen und sofort mit Deckeln fest verschließen. Anschließend die Gläser für einige Minuten auf den Kopf stellen, um die Luft aus dem Deckelbereich zu verdrängen. Die Gläser dann wieder umdrehen, mit einem Tuch bedecken und langsam abkühlen lassen. Während des Abkühlens bildet sich ein Vakuum. Das erkennt man daran, dass sich der Deckel leicht nach innen wölbt. Wenn beim Öffnen der Gläser das typische Knacken ertönt, hat sich das Vakuum im Glas gehalten und der Inhalt die Lagerung unbeschadet überstanden.

GLÄSER (MIT GUMMIRING) FÜLLEN UND VERSCHLIESSEN Die Gläser werden meist bis zu 2 cm unter den Rand hoch befüllt (siehe Rezept) – keinesfalls randvoll. Die Gläser mit Deckeln, Gummiringen und Klammern fest verschließen.

IM KOCHTOPF EINKOCHEN Die Gläser in einen Kochtopf stellen, der so groß ist, dass sie sich nicht verhaken. Anschließend so viel Wasser in den Topf gießen, bis es die Höhe des Einmachguts im Glas erreicht hat.

IM BACKOFEN EINKOCHEN Die gefüllten Gläser in das tiefe Backblech stellen. Das Blech etwa 2 cm hoch bzw. zur Hälfte mit Wasser füllen. Bei Obst die Ofentemperatur auf 150 – 160 °C, bei Gemüse auf 190 – 200 °C einstellen.

Milchsauer einlegen

Lässt man zerkleinertes Gemüse mit Salz unter bestimmten Bedingungen stehen, beginnt ganz von selbst die Milchsäuregärung – so entstehen auf natürliche Weise gesunde Delikatessen wie Sauerkraut, saure Gurken oder die koreanische Spezialität Kimchi.

Schon seit Jahrtausenden machen Menschen weltweit Gemüse haltbar, indem sie es milchsauer vergären. Fast jedes Gemüse lässt sich auf diese Art konservieren; nur zarte Frühlingsgemüse wie Kohlrabi, Spinat oder Radieschen sind weniger geeignet, da sie zu weich werden würden.

Die natürlichste Konservierungsmethode

Bei der Milchsäuregärung verwandeln Milchsäurebakterien, die sich natürlicherweise auf dem Gemüse und in der Luft befinden, Kohlenhydrate (aus dem Gemüse) unter Sauerstoffausschluss in Milchsäure. Diese macht unerwünschte Mikroorganismen nicht nur unschädlich, sondern trägt auch dazu bei, dass das Gemüse länger haltbar, angenehm säuerlich und gleichzeitig weich wird. Außerdem enthält milchgesäuertes Gemüse teilweise mehr gesunde Inhaltsstoffe (z. B. Vitamin C, Vitamin B_{12}) und ist häufig besser verträglich als das Ausgangsprodukt. Experten empfehlen für das milchsaure Einlegen, Gemüse aus biologischem Anbau zu bevorzugen. Der Grund: Gemüse aus konventionellem Anbau kann durch Pestizide belastet sein, was die Bildung von Milchsäure möglicherweise beeinträchtigt.

Das passende Gefäß

Wer regelmäßig und in größerer Menge Gemüse milchsauer einlegen möchte, sollte sich einen Gärtopf aus glasiertem Steinzeug zulegen, den es in verschiedenen Größen gibt (von 6 bis 30 l Inhalt). Er besitzt einen Deckel, der in einer Rille sitzt. Diese wird mit abgekochtem Wasser gefüllt, um den Topf während der Gärung luftdicht abzuschließen; entstehende Gase können dennoch entweichen. Damit das Gemüse in der Flüssigkeit nicht nach oben steigt, wird es mit zwei Beschwerungssteinen be-

legt. Die Herstellung von Sauerkraut im Gärtopf ist auf S. 273 beschrieben. Kleinere Mengen an milchgesäuertem Gemüse gelingen auch in heiß ausgespülten, verschlossenen Twist-off-Gläsern oder Gläsern mit Gummiring und Schnappverschluss (siehe unten).

GEMÜSE STAMPFEN Festes Gemüse wie Kohl, Möhren, Rote Bete oder Sellerie in Streifen schneiden oder raspeln und durch Stampfen zusammendrücken, bis Flüssigkeit austritt. Falls nötig, mit Salzwasser auffüllen, bis das Gemüse vollständig bedeckt ist.

GEMÜSE NICHT STAMPFEN Empfindliche Gemüsearten wie Bohnen, Paprikaschoten, Zwiebeln, Pilze oder Gurken in mundgerechte Stücke schneiden, in das Glas schichten, nur leicht andrücken und mit Salzwasser bedecken.

Gemüse milchsauer in Twist-off-Gläser einlegen

DAS GEMÜSE in die vorbereiteten Gläser füllen (siehe untere Abb.). Der Zusatz von etwas Molke oder einem anderen milchsäurehaltigen Starter (z. B. Sauerkrautsaft oder Buttermilch) erleichtert den Beginn der Gärung, muss aber nicht unbedingt sein. Die Gläser nur bis 4–5 cm unter den Rand füllen, damit das Gas während des Gärprozesses Platz hat, sich auszudehnen. Man rechnet 10–15 g Salz pro Liter Wasser bzw. 1–1,5 % vom Gemüsegewicht an Salz. Gemüse und Salz kann man noch mit einem Bohnen-, Kraut- oder Weinblatt bedecken. Die Gläser fest mit dem Deckel verschließen.

DIE GLÄSER bei Raumtemperatur (20–25 °C) stehen lassen. Nach 5–8 Tagen steigen Bläschen auf: Die Milchsäurebildung beginnt. Nun die Gläser für etwa 2 Wochen in einen 15 °C kühlen, dunklen Raum (alternativ in eine Kiste oder eine lichtundurchlässige Tasche) stellen. Die Temperatur darf auch niedriger sein, dann ist die Gärzeit allerdings 1–2 Wochen länger. Nach dieser Phase die Gläser für weitere 3 Wochen an einem dunklen Ort bei 0–10 °C lagern. Nach insgesamt 6–8 Wochen sollte der Gärprozess abgeschlossen sein – dann steigen keine Bläschen mehr auf, und das Gemüse schmeckt angenehm sauer (siehe Rezept Bohnen milchsauer eingelegt auf S. 73).

Milchsaures Gemüse lagern

An einem kühlen Ort hält sich gesäuertes Gemüse 4–6 Monate in den fest verschlossenen Gläsern oder im Gärtopf. Aus dem Gärtopf sollte man möglichst selten Gemüse entnehmen, damit er nicht zu oft geöffnet wird. Am besten mehrere Portionen auf einmal in ein größeres Glas oder eine verschließbare Schüssel füllen und in den Kühlschrank stellen. Dort hält sich das Gemüse 4–6 Wochen.

In Essig einlegen

Gemüse, aber auch Obst, wird durch das Einlegen in einen Sud aus Essig, Salz, Zucker, Gewürzen und/oder Kräutern zu einer haltbaren, fein-säuerlichen Delikatesse.

Vor allem feste Gemüse- und Obstsorten wie grüne Bohnen, Gurken, Kürbis, Möhren, Paprika oder Rote Bete sowie Birnen, Pflaumen (Zwetschgen), Kirschen oder Stachelbeeren eignen sich zum Einlegen in Essig bzw. einen damit hergestellten Sud, um sie für eine gewisse Zeit im Vorrat zu lagern. Denn genau wie Salz und Zucker kann auch Essig dazu beitragen, Obst und Gemüse vor dem Verderben durch Mikroorganismen zu schützen.

Allerdings: Gemüse, das nur in Essig eingelegt wurde, hält sich gerade mal 1–2 Wochen im Kühlschrank, weshalb noch Zucker oder Salz hinzugefügt bzw. das Ganze eingekocht werden sollte (siehe S. 22/23). So können die Köstlichkeiten luftdicht verschlossen einwandfrei 3–12 Monate im Vorrat lagern. Wie bei allen Konservierungsmethoden ist auch hier Sauberkeit das oberste Gebot, damit man die in Essig eingelegten Spezialitäten bedenkenlos genießen kann.

Geeignete Gefäße

Den Essigsud auf keinen Fall in einem Topf aus Kupfer, Aluminium oder Messing kochen. Die Säure kann gesundheitsschädliche Schwermetalle aus dem Material lösen, die dann in die Lebensmittel übergehen. Zum Aufbewahren (süß)saurer Köstlichkeiten eignen sich am besten Twist-off-Gläser oder fest schließende Steingutgefäße. Soll das Eingelegte zusätzlich eingekocht werden, kann man es in Gläser mit Gummiring füllen.

Gemüse salzen oder kochen

Oft wird Gemüse vor dem Einlegen für mehrere Stunden roh eingesalzen bzw. in Salzwasser gelegt, um Wasser zu entziehen. Die gesalzenen Zutaten werden dann abgespült, in Gläser gegeben und mit Essigsud bedeckt. Statt das Gemüse zu salzen, kann man es auch im Sud garen, dann in die Gläser füllen und mit Sud übergießen. So wird oft Obst eingelegt.

So wird's gemacht

1 Gemüse oder Obst nach Rezept vorbereiten. Sorten mit fester Schale, die nicht zerkleinert werden (z. B. Pflaumen), anstechen (siehe rechts, Abb. oben), damit der Essigsud in die Früchte eindringen kann. Gemüse, je nach Rezept, salzen bzw. in Salzwasser ziehen lassen. Bei Obst entfällt dieser Arbeitsschritt.

2 Für den Essigsud pro kg Gemüse oder Obst 500 ml Essig mit mindestens 5 % Säure verwenden (je nach Gemüse- oder Obstsorte z. B. Weiß- oder Rotweinessig, Obst-, Apfel- oder Himbeeressig). Den Essig mit Wasser (je nach Rezept) oder der entsprechenden Menge Wein in einen Topf geben. Die Gewürze und bei süßsauren Zubereitungen auch noch Zucker hinzufügen.

3 Die Essigmischung zum Kochen bringen. Eventuell Gemüse oder Obst dazugeben und darin kochen (siehe rechts, Abb. Mitte). Gemüse oder Obst dicht in vorbereitete Gläser füllen. Den Essigsud noch einmal kräftig aufkochen lassen und kochend heiß über die Zutaten geben (siehe rechts, Abb. unten), bis sie gut davon bedeckt sind.

4 Die Gläser fest verschließen, auf den Kopf stellen und abkühlen lassen. Die meisten Essigkonserven sollten 4–6 Wochen an einem kühlen, dunklen Ort durchziehen. Angebrochene Gläser im Kühlschrank aufbewahren und den Inhalt zügig verbrauchen.

Ein Plus an Konservierung

Etwas Alkohol (z. B. Gin, Wodka, Rum oder Weingeist) auf die Zutaten im Glas träufeln und anzünden. Das Glas sofort fest verschließen. Durch das Verbrennen des Alkohols unter dem Deckel wird der im Glas verbliebene Sauerstoff verbraucht. Es entsteht ein Vakuum, und der Glasinhalt ist zusätzlich konserviert.

OBST ANSTECHEN Soll kleinstückiges Obst wie Pflaumen oder Weintrauben im Ganzen roh eingelegt werden, die Früchte vorher mit einer Nadel oder Pellkartoffelgabel anstechen. So nehmen sie den Sud besser auf.

OBSTSTÜCKE IM SUD MITKOCHEN In Stücke geschnittenes Obst (und auch Gemüse) kann man im gewürzten Essigsud kurz mitkochen, damit es etwas weicher wird.

MIT ESSIGSUD AUFGIESSEN Das vorbereitete oder mitgekochte Obst oder Gemüse dicht in das Glas schichten und dann mit dem Essigsud 2 cm hoch bedecken. Die Gläser sofort verschließen.

In Öl einlegen

Wer ein paar Gläser in Öl Eingelegtes (beispielsweise Gemüse) griffbereit im Vorrat hat, kann zu jeder Zeit schnell eine leckere Vorspeise oder Beilage servieren.

Schon die alten Griechen machten die Erfahrung, dass in Öl eingelegte Oliven und auch Käse über einen längeren Zeitraum haltbar waren und besonders gut schmeckten. Den Grund dafür kannten sie vermutlich noch nicht: Öl ist luftundurchlässig und schützt damit umhüllte Lebensmittel vor Mikroorganismen. Dadurch sind in Öl eingelegte Zutaten im Kühlschrank für 1–2 Wochen haltbar.

Gemüse und Pilze in Öl haltbar machen

Möchte man Zutaten wie Gemüse oder Pilze in Öl für längere Zeit haltbar machen, müssen sie zusätzlich vorher konserviert werden. Das kann entweder durch Trocknen geschehen oder dadurch, dass man die Zutaten kocht und dann in Essig mariniert oder aber vor dem Einlegen einsalzt. Manchmal wird Gemüse auch direkt im Öl mit Gewürzen und/oder anderen Zutaten gegart und dann in die vorbereiteten Gläser gefüllt. Grundsätzlich kann man jedes Sommergemüse in Öl einlegen. Beliebt sind z. B. gebratene oder gegrillte Auberginen, Paprika, Zucchini, Möhren, Pilze oder getrocknete Tomaten. Um das Öl und die Zutaten zu aromatisieren, werden häufig Kräuter (z. B. Thymian oder Rosmarin), Knoblauch, frischer Ingwer oder Chilischoten und Gewürze wie Senf- und Pfefferkörner hinzugefügt.

Welches Öl verwendet wird, hängt von den Zutaten und vom persönlichen Geschmack ab. Zu mediterranen Gemüsesorten und Kräutern oder zu Zutaten mit kräftigerem Aroma passt Olivenöl gut, für anderes Gemüse und Pilze sollte man eher geschmacksneutrale Sorten wie Sonnenblumen- oder Rapsöl nehmen.

In Öl eingelegte Köstlichkeiten sollten kühl und dunkel gelagert werden, dann sind sie 3–4 Monate haltbar; notfalls kann man Gläser oder Flaschen mit Papier oder Alufolie umwickeln, um den Inhalt vor Lichteinfluss zu schützen.

So wird´s gemacht

1 Die Gläser vorbereiten (siehe S. 19). Frisches Gemüse (z. B. Paprikaschoten), das keine schadhaften Stellen aufweist, waschen und putzen. Je nach Rezept das Gemüse ggf. in Stücke schneiden, dann garen (braten, grillen oder in Salzwasser kochen), in Essig marinieren oder einsalzen. Alternativ kann man getrocknetes Gemüse (z. B. getrocknete Tomaten) verwenden. Falls nötig, weitere Zutaten wie Kräuter oder Knoblauch nach Rezept vorbereiten.

2 Das Gemüse und eventuell weitere Zutaten nach Rezept abwechselnd mit erhitztem oder kaltem Öl dicht in die Gläser schichten (siehe rechts, Abb. oben), damit sich keine Luftblasen im Gefäß bilden. Die Gläser außerdem zwischendurch immer wieder auf die Arbeitsfläche stoßen – so werden Luftblasen aus dem Glas verdrängt, die sich trotzdem gebildet haben.

3 Ganz wichtig ist es, dass die Gläser zum Schluss bis zum Rand mit Öl aufgefüllt werden bzw. die Zutaten 2 cm hoch mit Öl bedeckt sind (siehe rechts, Abb. unten) – nur dann ist der Inhalt auch mehrere Monate unversehrt haltbar. Die Gläser mit intakten, dichten Deckeln fest verschließen.

Gut zu wissen

- Auch wenn die Versuchung groß ist: Lassen Sie die eingelegten Zutaten mindestens einige Tage im Öl in Ruhe durchziehen, bevor Sie sie probieren. Nur so können sich die Aromen voll entfalten.
- Das Öl nimmt während des Lagerns die Aromen der Zutaten auf und bietet sich später z. B. für Salatsaucen oder zum Würzen von Gemüse und anderen Gerichten an.
- Bewahren Sie angebrochene Gläser unbedingt im Kühlschrank auf und achten Sie darauf, dass die Zutaten im Glas immer mit Öl bedeckt sind; falls nötig, frisches Öl dazugießen. Den Inhalt von angebrochenen Gläsern innerhalb von 1–2 Wochen genießen.

ZUTATEN IN DIE GLÄSER GEBEN Die vorbereiteten Zutaten (hier Paprikastreifen, Knoblauch und Rosmarin) möglichst dicht in die Gläser füllen, dabei immer wieder Öl hinzufügen und die Gläser sanft auf die Arbeitsplatte stoßen.

ALLES MIT ÖL AUFFÜLLEN Die Zutaten 2 cm hoch mit Öl bedecken bzw. die Gläser randvoll mit Öl aufgießen, damit die Zutaten luftdicht abgeschlossen sind. Die Gläser fest mit den Deckeln verschließen.

Früchte in Alkohol und Liköre

Ein Gläschen Likör zum Kaffee oder beschwipste Früchte zum Dessert – von jeher sind diese Köstlichkeiten aus Früchten, Gewürzen, Kräutern und Alkohol beliebt.

Für Likör werden Früchte und/oder Kräuter und Gewürze mit Alkohol und Zucker angesetzt und eine Zeit lang stehen gelassen. Währenddessen löst der Alkohol Aroma- und Wirkstoffe aus den Zutaten, und der Geschmack des Ansatzes wird intensiviert. Je nach Konzentration hemmt Alkohol außerdem das Wachstum von Mikroorganismen oder tötet sie sogar ab. Zucker (z. B. in Form von Zuckersirup, Kandis- oder Kristallzucker) oder Honig unterstützen diesen konservierenden Effekt noch.

Welcher Alkohol soll es sein?

Der reinste Alkohol zum Ansetzen eines Likörs ist Weingeist. Diesen 70- oder 96 %igen unvergällten Alkohol (Ethanol) bekommt man in Apotheken. „Unvergällt" bedeutet, dass es sich um reinen, für Genusszwecke geeigneten Alkohol handelt. Aufgrund des hohen Alkoholgehalts zieht Weingeist Aromastoffe besonders gut aus den geschmacksgebenden Zutaten. Der hohe Alkoholgehalt wird durch die Früchte an sich, zugesetzten Wein oder auch (abgekochtes) Wasser verringert.

Preiswerter als Weingeist ist Kornbrand. Er hat einen schwachen Eigengeschmack und ist stark genug, um die Wirkstoffe aus den Zutaten zu lösen. Da sein Alkoholgehalt nicht so hoch ist, mindestens 32 Vol.%, braucht der Ansatz nicht mehr verdünnt zu werden. Ebenso eignen sich für Liköre Destillate wie Weinbrand, Wodka, Obstbrände oder Rum.

Wichtig: die Alkoholkonzentration

Damit in Alkohol eingelegte Früchte nicht zu gären beginnen, ist eine Alkoholkonzentration der gesamten Flüssigkeit von insgesamt 14–20 % nötig. Ist die Konzentration höher als 20 %, können die Früchte hart werden. Weil die Früchte den Alkohol verdünnen, werden sie in hochprozentige Spirituosen wie 54 %igen Rum oder in Weinbrand eingelegt.

Damit der Likör klar wird, sollte man den Liköransatz nach dem Ziehen durch einen Kaffeefilter oder durch ein feines Tuch (z. B. Passiertuch) ablaufen lassen.

Den fertigen Likör am besten durch einen Trichter in Schmuckflaschen füllen. Die Flaschen verschließen und mit einem Etikett versehen, auf dem die Zutaten und das Herstellungsdatum geschrieben stehen.

Kräuterlikör herstellen (für ca. 750 ml)

Kräuter nach Geschmack (z. B. 3 Zweige Salbei sowie je 1 Zweig Majoran, Oregano, Rosmarin, Zitronenthymian und Zitronenverbene), 1 EL getrocknete Kamillenblüten (nach Geschmack), 4 Wacholderbeeren, je ½ TL Koriander- und Kümmelsamen, 1 Gewürznelke, 350 ml Weingeist (70 %; aus der Apotheke), 350 g Zucker

1 Die Kräuterzweige abbrausen, verlesen und zwischen Küchenpapier trocken tupfen oder in der Salatschleuder trocknen. Die Kräuter zu einem Sträußchen zusammenbinden. Die Gewürze grob im Mörser zerstoßen und mit den Kamillenblüten (nach Geschmack) und dem Kräutersträußchen in eine Flasche mit weitem Hals oder ein Gefäß mit weiter Öffnung geben.

2 250 ml Weingeist dazugießen und die Flasche bzw. das Gefäß verschließen. An einen warmen, lichtgeschützten Platz stellen und 2 Wochen ziehen lassen. Anschließend den Ansatz durch einen Kaffeefilter gießen (siehe links, Abb. oben).

3 Den Zucker mit 400 ml Wasser aufkochen, bis er sich aufgelöst hat und abkühlen lassen, dann unter den gefilterten Ansatz mischen. Den restlichen Weingeist (100 ml) dazugießen, alles wieder in die Flasche geben und diese verschließen. Den Likör noch mindestens 1 Monat ruhen lassen.

Fruchtlikör herstellen

500 g Früchte vorbereiten, je nach Sorte. Mit 250 g Kristall- oder Kandiszucker und Gewürzen (z. B. Zimtstange, Gewürznelke oder Vanilleschote) in ein Gefäß mit weiter Öffnung geben. 750 ml Spirituose (z. B. Korn für Beeren, Rum für Pflaumen, Weinbrand für Quitten und Mirabellen, Wodka für Zitrusfrüchte und Whisky für Äpfel und Birnen) dazugeben. Den gefüllten Behälter schließen und an einem dunklen, kühlen Ort für mehrere Wochen stehen lassen (weiche Beeren 3–4 Wochen, Kernobst 4–6 Wochen und Steinobst bis zu 8 Wochen). Nach dieser Zeit den Ansatz durch ein Passiertuch oder einen Kaffeefilter gießen – so entsteht ein klarer Likör.

Zutaten trocknen

Getrocknete Äpfel, Birnen oder anderes Obst, aber auch getrocknetes Gemüse wie Möhren oder Sellerie sowie Pilze und Kräuter sind aromatische Knabbereien, prima zum Würzen und lange haltbar.

Trocknen bzw. Dörren ist eine der ältesten Methoden, um Lebensmittel haltbar zu machen. Dabei entzieht zirkulierende warme Luft den Zutaten Wasser und damit die Lebensgrundlage für Mikroorganismen wie Fäulnisbakterien oder Schimmelpilze. Außerdem wird die Aktivität von Enzymen, die Lebensmittel verändern, stark eingeschränkt. Zum Trocknen sind besonders gut süße und säurereiche heimische und tropische Früchte sowie Pilze, Kräuter und Gemüse geeignet. Die Zutaten sollten reif, aber nicht überreif sein.

Zutaten zum Trocknen vorbereiten

Je nach Sorte werden Obst oder Gemüse geschält oder ungeschält zerkleinert (z. B. Äpfel, Birnen, Tomaten, Möhren) oder auch ganz gelassen wie Kirschen, Erdbeeren oder Erbsen. Damit sich zerkleinerte Früchte während des Trocknens nicht verfärben, kann man sie vorher beispielsweise in Zitronenwasser tauchen. Gemüse wird meist blanchiert oder gedämpft, um es vor Verfärbungen zu schützen. Pilze werden zum Trocknen ungewaschen in Scheiben geschnitten, Kräuter zu Bündeln zusammengefasst und kopfüber aufgehängt.

Trocknungsmethoden

Traditionell werden die vorbereiteten Zutaten (z. B. Apfelringe) an Schnüren aufgehängt oder auf Regalen ausgebreitet, um sie an einem gut durchlüfteten, lichtgeschützten und warmen Ort in mehreren Tagen trocknen zu lassen.

Im Backofen mit Umluft zwischen 50 und 80 °C (je nach Zutat) geht das Trocknen deutlich einfacher und schneller – je nach Größe, Dicke und Wassergehalt der Zutaten dauert das Trocknen zwischen 6 und 12 Stunden, bei Kräutern 3–4 Stunden. Wer regelmäßig Zutaten selbst trocknet, kann sich ein Trocken- bzw. Dörrgerät anschaffen.

Suppengrün im Backofen trocknen

500 g Möhren, 250 g Petersilienwurzeln, 250 g Lauch, 1 kleiner Knollensellerie

1 Möhren und Petersilienwurzeln putzen, schälen und in gleichmäßige, etwa 3 mm dicke Scheiben schneiden bzw. hobeln. Den Lauch putzen und waschen. Das Grün von der Sellerieknolle abschneiden, die Knolle schälen, vierteln und putzen. Die Sellerieviertel ebenfalls in 3 mm dicke Scheiben und den Lauch in entsprechend dünne Ringe schneiden.

2 Das vorbereitete Gemüse für 1 Minute in kochendes Wasser geben. Abgießen und kalt abschrecken, auf einem Tuch oder Küchenpapier abtropfen lassen und etwas trocken tupfen.

3 Den Backofenrost mit Backpapier oder einem Tuch belegen (Gaze) und das Gemüse darauf verteilen (siehe rechts, Abb. oben). Darauf achten, dass die Gemüsescheiben nicht übereinanderliegen, damit sie gleichmäßig und vollständig trocknen.

4 Den Backofen auf 50 °C Umluft aufheizen. Den Backofenrost mit dem Gemüse in den Ofen schieben und das Gemüse in 4–6 Stunden trocknen lassen. Wer einen Backofen ohne Umluftfunktion hat, stellt ihn auf Ober- und Unterhitze ein, muss allerdings während der gesamten Trocknungszeit den Ofen mit einem Holzkochlöffelstiel dazwischen geöffnet halten. Das Gemüse ist trocken genug, wenn die Gemüsescheiben biegsam und ledrig sind und kein Saft (Flüssigkeit) mehr austritt.

Richtig aufbewahren

Getrocknete Zutaten wie Früchte, Gemüse, Pilze oder Kräuter halten sich in verschlossenen Twist-off-Gläsern oder Gläsern mit Schnappverschluss sowie in fest verschlossenen Plastikdosen oder Keramikgefäßen. An einem kühlen, dunklen Platz kann man getrocknete Zutaten bis zu 6 Monate lagern. Wenn auch nur der kleinste Verdacht auf Schimmelbefall aufkommt, müssen sie weggeworfen werden. Wird getrocknetes Gemüse in Öl und Kräuter eingelegt, wird es aromatischer und zusätzlich konserviert.

Das zerkleinerte Gemüse so auf dem mit Backpapier belegten Backofenrost verteilen, dass es nicht übereinanderliegt. Nach Belieben kann das abgeschnittene Selleriegrün in Stückchen geschnitten und zum Gemüse mit auf den Rost gegeben werden.

Das getrocknete Gemüse gut auskühlen lassen und zum Aufbewahren luftdicht und vor Feuchtigkeit geschützt in ein fest verschließbares Glas füllen. Das Glas an einen kühlen, dunklen Ort stellen.

Konservieren durch Kälte: Einfrieren

Kälte wurde schon vor der Erfindung von Kühlschränken und Tiefkühlgeräten zum Frischhalten von Lebensmitteln genutzt – unsere Vorfahren lagerten ihre Vorräte in kalten Höhlen und Kellern, auch mit Eis, um sie eine Zeit lang vor dem Verderben zu schützen.

Kälte verlangsamt in Lebensmitteln chemische Reaktionen, die deren Aussehen, Geschmack und Inhaltsstoffe verändern. Bei Temperaturen unter 0 °C kristallisiert das Wasser in Obst und Gemüse aus, was die Aktivität von Mikroorganismen stoppt.

Ein großer Vorteil des Tiefkühllagerns von Obst und Gemüse ist, dass dabei Farbe, Geschmack und auch die meisten Nährstoffe erhalten bleiben. Wichtig ist, dass die Zutaten schnell gefrieren, damit kleine Kristalle entstehen. Verläuft der Gefriervorgang zu langsam, werden die Kristalle größer, die Zellwände zerstört und Obst und Gemüse nach dem Auftauen unansehnlich und matschig. Die Einfriertemperatur sollte deshalb bei unter -20 °C liegen, die Temperatur für das Tiefkühllagern bei -18 °C.

Zum Einfrieren vorbereiten

Obst und Gemüse kann man meist bis zu 12 Monate im Tiefkühlgerät aufbewahren. Damit sie das unbeschadet überstehen, sollten sie je nach Sorte vorbereitet und relativ schnell eingefroren werden. Kleine Portionen gefrieren z. B. schneller als große.

- Gemüse wie Bohnen, Blumenkohl, Brokkoli, Erbsen oder Spinat und auch Rhabarber sollte man vor dem Einfrieren blanchieren, um Vitamine, Farbe und Geschmack zu schützen. Dafür wird es geputzt, für 1–3 Minuten in kochendes Wasser gegeben und dann sofort in kaltem Wasser abgeschreckt. Anschließend wird das gut abgetropfte Gemüse in Gefrierbeutel oder -dosen verpackt und schnell eingefroren (schockgefroren). Beachten Sie: Nach dem Auftauen ist die Gardauer kürzer.
- Früchte wie Aprikosen, Pflaumen oder Pfirsiche sollten entsteint und in Stücke geschnitten tiefgekühlt werden.
- Obst- und Gemüsesorten wie Tomaten, Gurken, Zucchini oder Äpfel werden nach dem Auftauen matschig. Empfehlenswert ist es deshalb, diese in Form von Püree oder als Kompott einzufrieren.
- Kleine Früchte wie Beeren oder Gemüse wie Rosenkohl behalten am besten Form und Struktur, wenn sie zunächst einzeln auf einem Gefriertablett eingefroren und dann zusammen verpackt im Tiefkühlgerät gelagert werden.

Tipps fürs sichere Einmachen

Die Konfitüre wird nicht fest, eingelegtes Obst oder Gemüse beginnt zu gären, oder es bildet sich Schimmel darauf – die Gründe dafür können unterschiedlich sein. Wer sie kennt, kann vorbeugen.

Fruchtaufstriche werden nicht fest

Werden Fruchtmassen, die man mit Gelierzucker gekocht hat, nicht fest, kann das unterschiedliche Gründe haben:

- Möglicherweise enthalten die Früchte zu viel Wasser (z. B. infolge von Regen oder durch Waschen) und dadurch zu wenig Säure. Oder sie enthalten nicht genug Pektin (je nach Sorte und Reifegrad). **Trick:** Zitronensaft zugeben und das Ganze noch 2 Minuten (insgesamt also 6 statt 4 Minuten) kochen.
- Wenn die Fruchtzubereitung länger als 8 Minuten gekocht wurde, lösen sich die Gel-Bindungen wieder. **Trick:** Abkühlen lassen und mit reinem Pektinpulver nach Packungsangabe erneut kochen.
- Gelees werden manchmal erst innerhalb von 6–7 Tagen fest. Währenddessen sollten die Gläser nicht bewegt werden. Sollte das Gelee dann immer noch nicht fest sein, dieses erneut erhitzen und 1 Minute sprudelnd kochen lassen; dabei pro Liter Flüssigkeit 40 g Gelierzucker 1:1 hinzufügen.

Fruchtaufstriche sind zu fest

Den entsprechenden Fruchtaufstrich vor der Verwendung mit etwas abgekochtem Wasser, passendem Saft oder Likör verrühren, bis die gewünschte Konsistenz erreicht ist.

Es hat sich Schimmel gebildet

Schimmel auf Eingemachtem kann mehrere Ursachen haben. Generell gilt: Auch wenn aller sichtbare Schimmel entfernt wurde, werfen Sie den gesamten Inhalt weg. Schimmelpilze sind gesundheitsschädlich und können sich unsichtbar im Glasinhalt verteilt haben.

- Eventuell sind Früchte oder Gemüse mit leicht angefaulten Stellen verarbeitet worden. **Trick:** Obst und Gemüse zum Einmachen gründlich auf schadhafte Stellen untersuchen, diese entweder sehr großzügig entfernen oder (am besten) nicht einwandfreie Ware aussortieren.
- Gläser und Deckel waren nicht gründlich gereinigt und/oder die Deckel undicht. Bei Steingutgefäßen kann auch eine beschädigte Glasur zum Verderb des Eingemachten führen. **Trick:** Gläser und Deckel sterilisieren, die Deckel auf Dichtigkeit überprüfen (siehe S. 19); Steingutgefäß gründlich reinigen und auf Beschädigungen untersuchen.
- Im Glas war noch Luft (in ihr befinden sich immer Keime). **Trick:** Heiße Fruchtmischungen oder heißen Sud randvoll in die Gläser füllen und die Gläser rasch verschließen. Wenn sie nicht randvoll sind, die Gläser auf den Kopf stellen und den Inhalt so etwa 5 Minuten abkühlen lassen.
- Bei eingelegten Zutaten kann sich Schimmel bilden, weil sie nicht vollständig mit Flüssigkeit bedeckt waren. **Trick:** Immer darauf achten, dass die Zutaten komplett bedeckt sind. Falls nötig, mehr Sud oder andere Einlegflüssigkeit als im Rezept angegeben ist, zubereiten. Als Schutz kann man Einmachfolie passend zuschneiden, durch Alkohol (Weingeist oder eine Spirituose) ziehen und direkt auf den Glasinhalt legen.

Im Glas ist kein Vakuum entstanden

Wölben sich Deckel von Twist-off-Gläsern nach unten und geben auf Druck nicht nach, hat sich ein Vakuum gebildet. Bei Einkochgläsern mit Gummiring hat sich ein Vakuum gebildet, wenn die Deckel fest sitzen, nachdem die Klammern entfernt wurden. Wenn bei Twist-off-Gläsern die Deckel nicht nach innen gewölbt sind oder man bei Einkochgläsern die Deckel abheben kann, muss der Inhalt erneut aufgekocht und in die Gläser gefüllt bzw. in den Gläsern erneut eingekocht werden.

Rezepte

Äpfel

Das beliebte Kernobst aus der Familie der Rosenblütler wurde vermutlich bereits vor 6000 Jahren hierzulande genutzt, darauf weisen historische Funde hin. Weltweit wachsen Äpfel in Tausenden von Sorten. Ihre Schalen können glatt oder glänzend, rau oder matt und von unterschiedlicher Farbe sein. Ihr Fruchtfleisch ist mehlig oder knackig und reicht im Geschmack von süß (z. B. Cripps Pink, Gala, Golden Delicious) über leicht säuerlich (z. B. Cox Orange, Ingrid Marie, Alkmene), süßsäuerlich (z. B. Braeburn, Elstar, Jona Gold) bis säuerlich (z. B. Granny Smith, Boskop, Topaz). Äpfel sind, je nach Sorte und Reifegrad, reich an Pektin, weshalb sie besonders gut gelieren. Sie halten sich im Kühlschrank länger frisch als in der Obstschale bei Raumtemperatur.

Für den Vorrat

getrocknet	✓
tiefgekühlt	✓
Kompott, Mus	✓
Sauce, Sugo	
in Salz	
Saft, Sirup	✓
Chutney, Relish	✓
Konfitüre, Gelee	✓
in Essig, in Öl	✓
in Alkohol	✓

Saison

Von August bis Oktober werden in unseren Breitengraden die beliebten Früchte von den Bäumen geerntet. Mit ausreichend Abstand zueinander können Äpfel bei hoher Luftfeuchtigkeit an einem kühlen, dunklen Ort über mehrere Monate gelagert werden (z. B. auf einem Holzregal im Keller; zwischendurch die Früchte immer wieder drehen).

Gut in Kombination mit

anderem Kernobst wie Birnen oder Quitten, aber auch Kirschen, Aprikosen oder Nektarinen. Zitronensaft oder Weißwein sowie Zucker und Zimt unterstreichen das fruchtige Aroma der Äpfel. Gerichten mit Linsen, Bohnen, Kohl sowie Zwiebeln und Blattsalaten geben Äpfel eine fruchtig-säuerliche Note.

Küchenpraxis

Knackige Äpfel schmecken roh am besten, solche mit mehligem Fruchtfleisch und säuerlicher Note eignen sich zum Kochen und Backen. Zum Einmachen und Trocknen bietet sich jede Sorte an. Mus und Kompott halten sich im Tiefkühlgerät bis zu 12 Monate; gibt man Ascorbinsäure oder Zitronensaft dazu, bleibt die Farbe erhalten.

Feines Apfelmus

Für 3 Gläser (je ca. 500 ml)

2 kg Äpfel (z. B. Boskop, Cox Orange)
1 unbehandelte Zitrone
250 g Zucker
1 TL gemahlener Zimt
250 ml Weißwein
20 ml Apfelbrand (z. B. Calvados)

Haltbarkeit: 3 Monate

1 Die Äpfel waschen und vierteln; schadhafte Stellen und die Kerngehäuse entfernen. Die Zitrone heiß waschen. Die Schale dünn in breiten Streifen abschälen und den Saft auspressen. Die Gläser vorbereiten (siehe S. 19).

2 Apfelstücke mit Zitronenschale und -saft, Zucker und Zimt in einen großen Topf geben. Wein und 250 ml Wasser unterrühren. Alles aufkochen und die Äpfel bei schwacher Hitze köcheln lassen, bis sie weich sind. Die Zitronenschale aus dem Topf nehmen.

3 Die Äpfel durch das Passiergerät oder ein Sieb drehen bzw. drücken, mit dem Apfelbrand abschmecken. Das Mus einmal aufkochen lassen, dann kochend heiß randvoll in die Gläser füllen. Gläser fest verschließen, das Mus abkühlen lassen.

Länger haltbar

So ist das Apfelmus 12 Monate haltbar: Mus in Gläser mit Gummiring bis 2 cm unter den Rand füllen, Gläser verschließen und im Einkochtopf bei 90 °C 30 Minuten erhitzen. Alternativ das Mus in Gefrierdosen oder -beutel füllen und im Tiefkühlgerät lagern.

Würziges Apfelkompott

Für 5 Gläser (je ca. 500 ml)

250 ml Apfelsaft
250 g Zucker
1 Vanilleschote
5 Kardamomkapseln
2 Zimtstangen
2 kg Äpfel
4 EL Zitronensaft

Haltbarkeit: 4 Monate

1 Die Gläser vorbereiten (siehe S. 19). 1 l Wasser mit Apfelsaft und Zucker in einem großen Topf unter gelegentlichem Rühren aufkochen. Die Gewürze hinzufügen. Inzwischen die Äpfel schälen, vierteln, von den Kerngehäusen befreien und in Spalten schneiden.

2 Äpfel und Zitronensaft in den Gewürzsud geben. Den Sud wieder zum Kochen bringen. Die Äpfel zugedeckt etwa 5 Minuten ziehen lassen, bis sie weich sind, aber nicht zerfallen. Die Apfelspalten mit einem Schaumlöffel herausheben und auf die Gläser verteilen. Sud nochmals aufkochen und die Äpfel damit bedecken. Gläser sofort verschließen.

Apfelgelee mit Thymian Abb. oben

Für 5 Gläser (je ca. 200 ml)

4 Zweige Thymian
750 ml Apfelsaft
500 g Gelierzucker 2:1

Haltbarkeit: 4 Monate

1 Die Gläser vorbereiten (siehe S. 19). Die Thymianzweige waschen und die Blättchen abstreifen. Den Apfelsaft in einen Topf gießen und mit dem Gelierzucker verrühren. Die Thymianblättchen hinzufügen.

2 Die Saftmischung zum Kochen bringen. 1 Minute sprudelnd kochen lassen, dabei gelegentlich umrühren. Das Gelee heiß in die Gläser füllen. Sofort verschließen.

Gleichmäßige Thymianwürze

Während das Gelee abkühlt, die Gläser zunächst umdrehen und etwa 5 Minuten auf dem Deckel stehen lassen. Anschließend die Gläser immer wieder umdrehen, damit sich die Thymianblättchen gleichmäßig im Gelee verteilen.

Apfel-Rotwein-Gelee mit Salbei

Für 6 Gläser (je ca. 250 ml)

6 frische Salbeiblätter
700 ml Apfelsaft
300 ml Spätburgunder
1 kg Gelierzucker 1:1
6 TL rote Pfefferkörner
Saft von 1 Zitrone

Haltbarkeit: 12 Monate

1 Die Gläser vorbereiten (siehe S. 19). Salbeiblätter waschen, trocken tupfen und in Streifen schneiden. Apfelsaft, Rotwein und Gelierzucker in einem großen Topf mischen. Aufkochen lassen und abschäumen. Roten Pfeffer und Zitronensaft in den Topf geben und alles 4 Minuten unter Rühren sprudelnd kochen lassen.

2 Die Salbeistreifen zu gleichen Teilen in die Gläser geben und das kochend heiße Gelee daraufgießen, bis die Gläser randvoll sind. (Darauf achten, dass die Pfefferkörner gleichmäßig auf die Gläser verteilt sind). Gläser verschließen, für etwa 20 Minuten auf den Kopf stellen, dann umdrehen und das Gelee abkühlen lassen.

Bratapfelkonfitüre

Für 4–5 Gläser (je ca. 400 ml)

1,5 kg Kochäpfel (z. B. Boskop)
1 unbehandelte Zitrone
Apfelsaft (nach Bedarf)
1 Zimtstange
500 g Gelierzucker 2:1

Haltbarkeit: 12 Monate

1 Backofen auf 180 °C vorheizen. Äpfel waschen und trocken reiben, Kerngehäuse ausstechen. Die Äpfel an der dicksten Stelle rundherum einritzen und in einer ofenfesten Form nebeneinander im Ofen 25–30 Minuten backen, bis sie weich sind und die Schalen sich lösen. Herausnehmen; etwas abkühlen lassen.

2 Die Gläser vorbereiten (siehe S. 19). Zitrone heiß waschen, trocken reiben und einen breiten Streifen Schale abschälen. Saft auspressen und mit der Schale in einen großen Topf geben. Das Fruchtfleisch der Äpfel aus den Schalen lösen und durch das Passiergerät rühren.

3 Vom Mus 1 kg abwiegen; falls es nicht ausreicht, mit etwas Apfelsaft auffüllen. Mit Zimt und Gelierzucker in den Topf geben. Unter Rühren aufkochen und 4–5 Minuten (oder nach Angabe auf der Zuckerpackung) unter ständigem Rühren sprudelnd kochen lassen. Randvoll in die Gläser füllen, Zimt und Zitronenschale dabei entfernen. Gläser fest verschließen und abkühlen lassen; kühl und dunkel lagern.

Äpfel in Calvados Abb. oben

Für 4 Gläser (je ca. 500 ml)

2 Zitronen
1,4 kg Äpfel
(z. B. Cox Orange)
100 g Sultaninen
12 Wacholderbeeren
12 Gewürznelken
250 g Zucker
ca. 600 ml Calvados

Haltbarkeit: 4 Monate

1 Die Gläser vorbereiten (siehe S. 19). Die Zitronen auspressen (Sie benötigen etwa 80 ml Saft). Die Äpfel schälen und die Kerngehäuse ausstechen. Die Äpfel in etwa 0,5 cm dicke Ringe schneiden, sofort mit 4 EL Zitronensaft beträufeln.

2 1 Liter Wasser mit restlichem Zitronensaft aufkochen. Apfelringe darin in zwei Portionen je 1 Minute sprudelnd kochen, herausheben und abtropfen lassen.

3 Die Apfelringe, die Sultaninen, die Wacholderbeeren und die Nelken auf die Gläser verteilen. 200 ml Kochwasser mit dem Zucker erhitzen, bis er sich auflöst.

4 Die kochend heiße Zuckerlösung auf die Gläser verteilen. Mit Calvados auffüllen, bis alle Apfelringe gut bedeckt sind. Die Gläser fest verschließen. Die Apfelringe in Calvados bei Raumtemperatur etwa 3 Wochen ziehen lassen.

Apfelkompott mit Trauben und Pinienkernen

Für 4 Gläser (je ca. 350 ml)

100 g grüne Weintrauben
1 kg Äpfel
3–4 EL Zitronensaft
50 g Pinienkerne
500 g Gelierzucker 2:1
gemahlener Zimt (nach Belieben)

Haltbarkeit: 6 Monate

1 Die Gläser vorbereiten (siehe S. 19). Die Weintrauben waschen, abzupfen und trocken tupfen. Die Äpfel waschen, schälen, vierteln und von den Kerngehäusen befreien. Die Viertel in dünne Stücke schneiden und mit Trauben, Zitronensaft und Pinienkernen in einem großen Topf mischen.

2 Den Gelierzucker unter das Obst mischen und alles aufkochen lassen. Die Masse 3 Minuten sprudelnd kochen lassen. Den Schaum abschöpfen, das Kompott nach Belieben mit Zimt würzen und in die Gläser füllen. Gläser für 5 Minuten auf den Kopf stellen, dann abkühlen lassen.

Apfelkraut

Für 3 Gläser (je ca. 200 ml)

1 kg süßsäuerliche Äpfel
250 g Birnen
500 ml Apfelsaft
½ TL gemahlener Piment
1 Zimtstange
2–3 EL Zitronensaft

Haltbarkeit: 12 Monate

1 Die Äpfel und Birnen waschen, in Viertel schneiden und im Apfelsaft mit Piment und Zimt aufkochen lassen. Bei schwacher Hitze etwa 1 Stunde kochen lassen, dabei gelegentlich umrühren.

2 Ein Sieb mit einem Tuch auslegen. Portionsweise die Äpfel und die Birnen mit Saft hineingeben; den Saft ablaufen lassen. Oder das Obst durch ein Passiergerät drücken. Die Masse leicht ausdrücken.

3 Den Saft mit dem Zitronensaft wieder in den Topf geben und offen unter häufigem Rühren einkochen, bis er dunkel und zähflüssig ist. Die Gläser vorbereiten (siehe S. 19). Mit dem Apfelkraut füllen und sofort verschließen.

Rheinische Spezialität

Apfelkraut ist im Prinzip ein dick eingekochter Apfelsaft. Der dunkle, süße Aufstrich sicherte in den Wintermonaten die Versorgung mit Äpfeln, wenn auch in stark veränderter Form. Er schmeckt aufs Brot, zu Braten (z. B. Rinder- oder Sauerbraten) oder zu Reibekuchen.

Vanilleäpfel

Für 3 Gläser (je ca. 750 ml)

1 unbehandelte Zitrone
1 Vanilleschote
300 ml Weißwein
100 g Gelierzucker 1:1
1,5 kg kleine Äpfel

Haltbarkeit: 6 Monate

1 Die Zitrone heiß waschen und trocken reiben. 4 dünne breite Streifen Schale abschälen. Die Zitrone halbieren und auspressen. Die Vanilleschote längs halbieren, jede Hälfte einmal durchschneiden, damit 4 Schotenstücke entstehen.

2 In einem großen Topf 300 ml Wasser und den Weißwein mit Zitronensaft, Vanilleschote und Gelierzucker aufkochen lassen. Den Topf vom Herd nehmen, den Deckel auflegen und den Sud ziehen lassen. Die Gläser vorbereiten (siehe S. 19).

3 Die Äpfel schälen und halbieren, die Kerngehäuse mit einem Apfelausstecher aus den ganzen Äpfeln lösen und die Äpfel halbieren. Die Apfelhälften in den heißen Sud legen. Den Topf wieder auf den Herd stellen. Den Sud mit den Äpfeln erneut aufkochen und etwa 5 Minuten köcheln lassen, bis die Äpfel weich, aber noch etwas bissfest sind.

4 Die Äpfel mit einem Schaumlöffel aus dem Sud heben und mit den Rundungen nach außen dicht an dicht in die Gläser schichten. Sud nochmals aufkochen lassen und die Äpfel damit vollständig bedecken. In jedes Glas 1 Streifen Zitronenschale und 1 Stück Vanilleschote geben. Die Gläser sofort verschließen.

Das passt dazu

Reichen Sie zu den Vanilleäpfeln eine Sauce, die aus dem Sud zubereitet wird: Dafür 125 ml Sud mit 20 g Zucker, 2 Eigelb und 50 g Sahne über dem heißen Wasserbad mit einem Schneebesen cremig aufschlagen.

Länger haltbar

Wer die Äpfel länger als 6 Monate aufbewahren möchte, kann sie in Einmachgläser mit Gummiringen füllen und einkochen (siehe S. 22). In diesem Fall die Äpfel nicht wie beschrieben im Sud garen, sondern roh in die Gläser schichten und mit dem Sud bedecken.

Apfel-Walnuss-Chutney

Abb. unten

Für 4 Gläser (je ca. 350 ml)

250 g Zwiebeln
200 ml Apfelessig
125 ml Apfelwein
1 kg rote Äpfel
Saft und Schale von
1 unbehandelten Zitrone
200 g Rohrohrzucker
1 TL Salz
1 Zimtstange
4 Gewürznelken
2 Msp. Ingwerpulver
50 g Walnusskerne
2 EL Calvados

Haltbarkeit: 4 Monate

1 Die Zwiebeln schälen und würfeln. 125 ml Essig und den Apfelwein in einem Topf erhitzen. Die Zwiebeln darin halb zugedeckt etwa 8 Minuten köcheln lassen.

2 Die Äpfel waschen, vierteln, von den Kerngehäusen befreien und grob würfeln. Äpfel, Zitronensaft und -schale sowie restlichen Essig zu den Zwiebeln geben. Mit Zucker, Salz, Zimt, Nelken und Ingwer würzen. Alles 30 Minuten köcheln lassen, dabei gelegentlich umrühren.

3 Die Gläser vorbereiten (siehe S. 19). Walnusskerne grob hacken und in einer trockenen Pfanne rösten. Nüsse und Calvados unter das Chutney rühren. Heiß in die Gläser füllen und sofort verschließen.

Das passt dazu

Das würzige, nussige Fruchtchutney schmeckt als Sauce zu Schinken, Schweinebraten oder Frikadellen, zu unterschiedlichsten Curry- oder orientalischen Gerichten und auch zu milden Käsesorten.

Apfel-Meerrettich

Für 4 Gläser (je ca. 150 ml)

500 g säuerliche Äpfel
150 g Zucker
1 TL Salz
125 ml Apfelessig
150 g Meerrettichwurzel
Öl zum Bedecken

Haltbarkeit: 4–6 Monate

1 Die Äpfel schälen, entkernen und klein würfeln. In einem Topf mit Zucker, Salz und Essig mischen. Alles zum Kochen bringen und bei schwacher Hitze etwa 15 Minuten köcheln lassen, bis die Äpfel sehr weich sind, dabei ab und zu umrühren.

2 Inzwischen die Gläser vorbereiten (siehe S. 19). Den Meerrettich schälen, sehr fein reiben und unter die heißen Äpfel rühren. Den heißen Apfel-Meerrettich knapp randvoll in die Gläser füllen und mit Öl bedecken. Gläser fest verschließen.

Das passt dazu

Der Apfel-Meerrettich schmeckt zu kaltem Braten, Tafelspitz, Schinken oder Räucherfisch.

Apfel-Aprikosen-Chutney mit Mandeln

Für 7 Gläser (je ca. 200 ml)

500 g säuerliche Äpfel
250 g getrocknete Aprikosen
4–5 Knoblauchzehen
10 g frischer Ingwer
400 ml Apfelessig
50 g Rosinen
350 g Rohrohrzucker
2 TL Salz
½ TL Chiliflocken
4 EL gehobelte Mandeln

Haltbarkeit: 3 Monate

1 Die Gläser vorbereiten (siehe S. 19). Äpfel schälen und fein würfeln. Aprikosen waschen, trocken reiben und ebenfalls würfeln. Den Knoblauch und den Ingwer schälen, klein schneiden und mit dem Essig in der Küchenmaschine oder mit dem Stabmixer pürieren.

2 Äpfel, Aprikosen, Würzessig, Rosinen, Zucker, Salz und Chiliflocken in einen großen Topf geben. Die Mischung unter Rühren aufkochen, dann bei mittlerer Hitze zu marmeladenähnlicher Konsistenz einkochen lassen. Die Mandeln untermischen und das Chutney randvoll in die Gläser füllen. Die Gläser fest verschließen, abkühlen lassen und kühl und dunkel lagern.

Das passt dazu

Auch dieses Chutney schmeckt zu geschmortem oder gebratenem Fleisch, zu Gemüseaufläufen und -gratins – eben zu allem, was eine süßsäuerliche fruchtige Würze verträgt.

Getrocknete Apfelringe

Abb. oben

Für 4 Gläser (je ca. 500 ml) oder Zellophantüten

1 Msp. Salz
1 EL Zitronensaft
1 kg Äpfel

Haltbarkeit: 6 Monate

1 In einer Schüssel 1 l Wasser mit Salz und Zitronensaft verrühren. Die Äpfel schälen, mit dem Kernausstecher entkernen und in etwa 0,5 cm dicke Scheiben schneiden. Die Ringe für etwa 10 Minuten in das Zitronenwasser legen, damit sie nicht braun werden. Anschließend auf Kuchengittern vollständig abtropfen lassen.

2 Den Backofenrost mit Backpapier belegen und die Apfelringe nebeneinander darauf verteilen. In den Backofen schieben; Ofen auf 50 °C (Umluft) stellen und die Äpfel in 4–5 Stunden trocknen lassen. Sie sind trocken, wenn sie sich ledrig anfühlen und brechen lassen. Die getrockneten Apfelringe in Gläser oder Zellophanbeutel füllen; fest verschließen. Kühl und dunkel aufbewahren.

Aprikosen

Die mit den Pflaumen verwandte Steinfrucht heißt in Österreich und Südtirol Marille. Sie wird seit über 4000 Jahren in Nordchina kultiviert, von wo aus sie über die Türkei nach Europa kam. Inzwischen werden Aprikosen in zahlreichen Sorten in Süd- (vor allem Südost-) und Mitteleuropa angebaut. Ihre pelzige hellgelbe bis orangegelbe Schale ist an der Sonnenseite oft gerötet; das Fruchtfleisch kann weiß, gelb oder orange sein. Aprikosen sollten möglichst reif gepflückt oder gekauft werden, damit ihr Aroma zur Geltung kommt. Vollreife Früchte sind goldgelb und duften süßlich. Ihr Fruchtfleisch ist sehr weich und druckempfindlich, der Kern lässt sich leicht auslösen. Im Kühlschrank halten sich reife Aprikosen bis zu 1 Woche. Nicht vollreife Früchte reifen in 1–2 Tagen bei Raumtemperatur nach.

Für den Vorrat

getrocknet	✓
tiefgekühlt	✓
Kompott, Mus	✓
Sauce, Sugo	
in Salz	
Saft, Sirup	✓
Chutney, Relish	✓
Konfitüre, Gelee	✓
in Essig, in Öl	✓
in Alkohol	✓

Saison

Die Haupternte- und damit Angebotszeit ist im Hochsommer, also im Juli und August. Früchte, die nicht aus dem eigenen Garten oder der Region stammen, kommen meist aus Spanien, der Türkei oder aus Griechenland.

Gut in Kombination mit

anderem Steinobst (z. B. Pflaumen, Pfirsiche, Nektarinen) sowie Himbeeren, Zitronen, Orangen oder Gemüse wie Möhren. Kerne und Nüsse, vor allem Mandeln, aber auch Kokosraspel und Kokosmilch, Marzipan und Zimt passen ebenfalls gut zu Aprikosen. Pikante Aprikosensaucen (z. B. Chutneys) runden Gerichte mit Geflügel, Lamm- oder Schweinefleisch ab.

Küchenpraxis

Für Konfitüren, Kompott oder zum Einlegen die Früchte waschen, eventuell trocken tupfen, halbieren und die Steine herauslösen. Das Fruchtfleisch nach Bedarf zerkleinern. Zum Einfrieren Aprikosen kurz in kochendes Wasser tauchen und schälen, dann entsteinen und halbieren. Einzeln anfrieren, anschließend in Gefrierbeuteln bis zu 12 Monate im Tiefkühlgerät lagern.

Marillenröster

Für 2 Gläser (je ca. 500 ml)

1 kg Aprikosen
200 g Zucker
1 Vanilleschote
200 ml Marillenschnaps (oder Apfelsaft oder halb und halb)

Haltbarkeit: 2–3 Monate

1 Die Aprikosen waschen, trocken reiben, halbieren und entsteinen. Zwei Steine mit einem Hammer aufschlagen. Die Früchte und die mandelähnlichen Kerne (aus dem Inneren der Steine) mit dem Zucker in einen Topf geben. Die Vanilleschote aufschlitzen, halbieren und hinzufügen. Das Ganze über Nacht zugedeckt durchziehen lassen.

2 Am nächsten Tag die Gläser vorbereiten (siehe S. 19). Die Aprikosenmischung aufkochen, dann unter Rühren köcheln lassen, bis die Früchte weich sind und fast die gesamte Flüssigkeit verdampft ist. Schnaps oder Apfelsaft unterrühren und alles noch einmal aufkochen lassen. Marillenröster kochend heiß in die Gläser füllen; die Gläser fest verschließen. Auf den Kopf stellen und abkühlen lassen. Anschließend kühl und dunkel lagern.

Deckel mit Alkohol sterilisieren

Die heiß ausgespülten Deckel mit Marillenschnaps ausschwenken. Die Gläser sofort mit den Deckeln zuschrauben. Das wirkt zusätzlich keimabtötend und fördert die Haltbarkeit des Glasinhalts.

Süßsaure Aprikosen

Für 4 Gläser (je ca. 500 ml)

1 kg Aprikosen
12 Gewürznelken
4 Stücke Zimtstange (je ca. 3 cm)
300 g Honig
700 ml Weißweinessig

Haltbarkeit: 9 Monate

1 Die Gläser vorbereiten (siehe S. 19). Die Aprikosen waschen und trocken reiben, dann rundherum mehrmals mit einer Gabel einstechen und mit den Gewürzen auf die Gläser verteilen.

2 Den Honig mit dem Essig in einen Topf geben. Bei schwacher Hitze rühren, bis er sich aufgelöst hat. Anschließend den Sirup aufkochen und 5 Minuten sprudelnd kochen lassen, bis er eindickt. Vom Herd nehmen und etwas abkühlen lassen.

3 Die Aprikosen mit dem Sirup bedecken. Die Gläser fest verschließen und das Obst vor dem Anbrechen mindestens 4 Wochen durchziehen lassen. Kühl und dunkel lagern.

Aprikosen-Mostarda Abb. links

Für 3 Gläser (je ca. 370 ml)

500 g Aprikosen
1 unbehandelte Zitrone
300 g Zucker
7 Kardamomkapseln
4 Gewürznelken
3 Sternanis
25 g Senfkörner
100 ml Marillen- oder Weißweinessig
50 g Honig

Haltbarkeit: 12 Monate

1 Die Aprikosen waschen, halbieren und entsteinen. Zitrone waschen, trocken reiben und in Scheiben schneiden. 150 ml Wasser mit Zucker, Kardamom, Nelken und Anis in einen Topf geben; unter gelegentlichem Rühren zum Kochen bringen. Sobald sich der Zucker aufgelöst hat, Aprikosen und Zitronenscheiben hinzugeben; zugedeckt 10 Minuten köcheln lassen, dabei gelegentlich rühren.

2 Senfkörner im Blitzhacker zu feinem Mehl zerkleinern, dann mit dem Essig verquirlen. Die Essigmischung und den Honig unter die Früchte im Topf rühren. Alles weitere 5 Minuten offen köcheln lassen. Topf vom Herd nehmen; Früchte im Sud über Nacht durchziehen lassen.

3 Am nächsten Tag die Früchte in einem Sieb abtropfen lassen, dabei den Sud auffangen. Gläser vorbereiten (siehe S. 19). Aprikosen und Zitronenscheiben in die Gläser schichten. Den Sud aufkochen, die Früchte damit bedecken und die Gläser sofort verschließen.

Mit Senfpulver

Wer Senfpulver (z. B. Mustard Powder) zur Verfügung hat, nimmt davon etwa 2 TL anstelle der Senfkörner und spart sich somit das Zerkleinern der Körner.

Das passt dazu

Schmeckt zu kaltem Schweinebraten, Schinken oder Wild, aber auch zu Käse. Der Senfsud eignet sich prima zum Würzen von Salat- oder Gemüsesaucen.

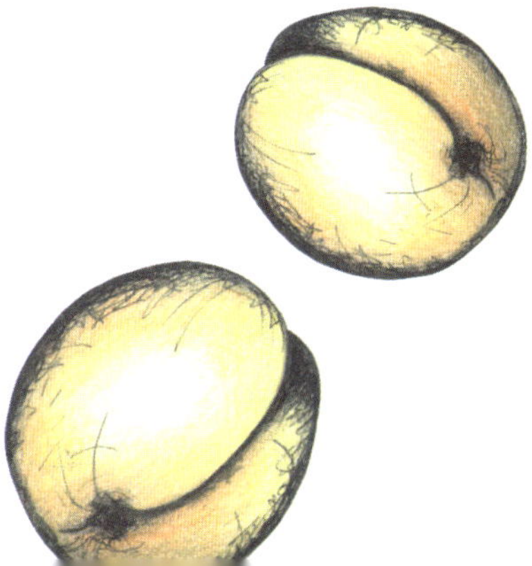

Beschwipste Aprikosen

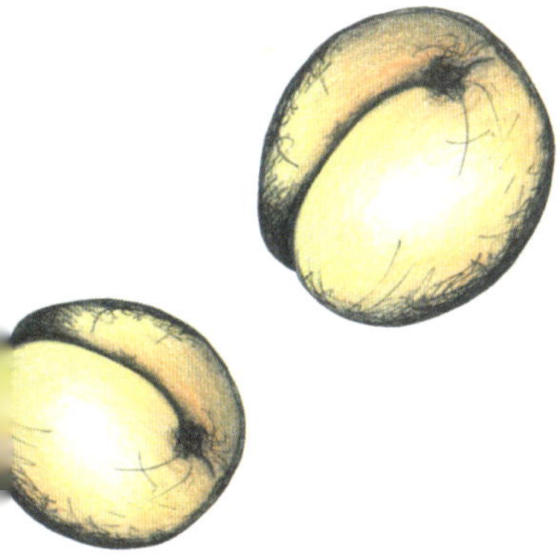

Für 2 Gläser (je ca. 500 ml)

1 kg Aprikosen
400 g Zucker
10 Pimentkörner
250 ml Apricot Brandy
ca. 750 ml Gin

Haltbarkeit: 8 Monate

1 Die Aprikosen mit kochend heißem Wasser übergießen, kalt abschrecken und häuten. Früchte mit dem Zucker mischen und zugedeckt über Nacht ziehen lassen. Die Gläser vorbereiten (siehe S. 19) und die Aprikosen mitsamt gebildetem Saft hineinfüllen. Die Pimentkörner hinzufügen.

2 Zuerst den Apricot Brandy auf die Gläser verteilen, dann so viel Gin in die Gläser gießen, bis die Aprikosen gut bedeckt sind. Die Gläser fest verschließen und die Früchte mindestens 6 Wochen ziehen lassen.

Mit Marzipannote

Zwei Aprikosen entsteinen und die Steine aufschlagen; die weichen inneren Kerne herauslösen. Mit den Früchten in jedes Glas einen Aprikosenkern geben – das verleiht den beschwipsten Früchten eine feine Marzipannote. Wer mag, kann auch ein paar geschälte Mandeln mit den Früchten in die Gläser geben.

Aprikosen-Chutney

Für 6 Gläser (je ca. 200 ml)

750 g Aprikosen
250 g Zwiebeln
1 große unbehandelte Orange
250 g Gelierzucker 1:1
125 ml Kräuteressig
½ TL Fenchelsamen
Salz
frisch gemahlener Pfeffer

Haltbarkeit: 6 Monate

1 Die Gläser vorbereiten (siehe S. 19). Die Aprikosen waschen, halbieren und entsteinen. Das Fruchtfleisch fein zerkleinern. Die Zwiebeln schälen und würfeln. Die Orange heiß waschen, abtrocknen und die Schale abreiben. Den Saft auspressen (Sie benötigen etwa 125 ml).

2 Aprikosen, Zwiebeln und Gelierzucker in einen großen Topf geben. Essig, Orangensaft und -schale hinzufügen. Den Topfinhalt unter Rühren zum Kochen bringen, dann zugedeckt unter gelegentlichem Rühren etwa 10 Minuten köcheln lassen.

3 Die Fenchelsamen grob zerstoßen, mit Salz und Pfeffer unter die Aprikosenmischung rühren. Das Aprikosen-Chutney kochend heiß in die Gläser füllen. Sofort verschließen.

Aprikosen-Feigen-Konfitüre Abb. oben

Für 6 Gläser (je ca. 250 ml)

750 g vollreife Aprikosen
250 g reife, weiche Feigen
1 kg Gelierzucker 1:1
1 Msp. abgeriebene Orangenschale
3 EL Anisschnaps (z. B. Pastis oder Ouzo)

Haltbarkeit: 12 Monate

1 Die Aprikosen abbrausen und abtropfen lassen. Anschließend die Früchte halbieren, entsteinen und in kleine Stücke schneiden. Die Feigen waschen, von Stielen und Blütenansätzen befreien und achteln.

2 Die Obststücke in einen großen Topf geben. Den Gelierzucker hinzufügen und gründlich unterrühren. Den Topf schließen und die Früchte etwa 2 Stunden ziehen lassen.

3 Die Gläser vorbereiten (siehe S. 19). Die Orangenschale unter die Früchtemischung rühren und alles bei starker Hitze aufkochen, dann 3–4 Minuten (siehe Packungsangabe) sprudelnd kochen lassen. Kurz vor Ablauf der Kochzeit den Schnaps hinzufügen.

4 Die Gelierprobe machen und die Konfitüre randvoll in die Gläser füllen. Die Gläser fest verschließen, für 15–20 Minuten auf die Deckel stellen. Wieder umdrehen und die Konfitüre ganz abkühlen lassen.

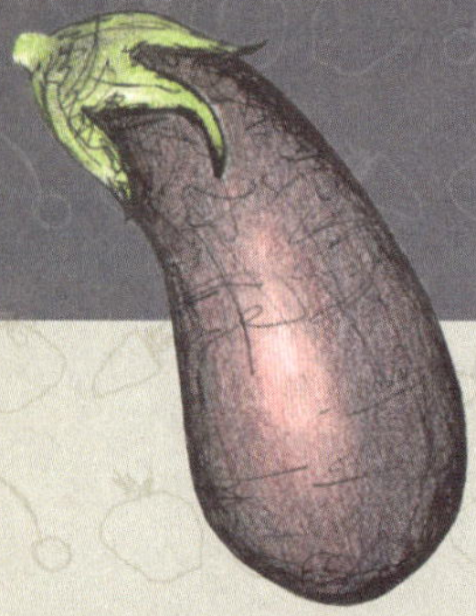

Auberginen

Die Bezeichnung „Eierfrucht" verdankt die Aubergine vermutlich ihrer cremefarbenen, eiförmigen Urform. Während die mit Tomaten, Paprika und Kartoffeln verwandten Früchte in Asien von jeher kultiviert werden, wurden sie in Südeuropa vor etwa 200 Jahren und in Deutschland sogar erst in den 1970er-Jahren eingeführt. Die meisten bei uns angebotenen Auberginen stammen aus Südeuropa, sie sind überwiegend oval, violett und einfarbig. Darüber hinaus gibt es erbsengroße, bis zu 30 cm lange, dicke und dünne Exemplare in violett, weiß, gelb oder grün, mit und ohne Streifen. Ihr Aroma variiert von fruchtig mild bis pilzartig würzig. Roh sind Auberginen nicht genießbar. Die Früchte halten sich bis zu 1 Woche an einem kühlen Ort, aber nicht im Kühlschrank.

Für den Vorrat

getrocknet	
tiefgekühlt	
Kompott, Mus	✓
Sauce, Sugo	✓
in Salz	
Saft, Sirup	
Chutney, Relish	✓
Konfitüre, Gelee	
in Essig, in Öl	✓
in Alkohol	

Saison
Im August und September sind auf den Märkten pralle Auberginen in unterschiedlichen Größen aus dem Freiland zu günstigen Preisen erhältlich. Sie stammen aus Italien, Spanien oder Griechenland. In Gewächshäusern angebaute Früchte werden ganzjährig angeboten.

Gut in Kombination mit
Kräutern wie Thymian, Oregano und Rosmarin sowie Fruchtgemüse wie Paprikaschoten und Tomaten. Ebenso schmecken Auberginen auch mit Curry gewürzt bzw. als Zutat in Currygerichten. Als Beilage passen sie z. B. zu Lammfleisch, Schafskäse und Oliven.

Küchenpraxis
Das Salzen von Auberginen, um Bitterstoffe zu entfernen, ist nicht unbedingt nötig. In Scheiben geschnitten und in Öl gebraten oder gegrillt bilden sie eine köstliche Beilage. Beliebt sind Auberginencremes, für die das weich gegarte Fruchtfleisch mit Gewürzen und anderen Zutaten fein zerkleinert wird.

Auberginenpüree

Für 2 Gläser (je ca. 375 ml)

750 g Auberginen
Salz
2 Knoblauchzehen
3 EL Zitronensaft
frisch gemahlener Pfeffer
1 EL Olivenöl, mehr zum Bedecken

Haltbarkeit: 2 Monate im Kühlschrank

1 Den Backofen auf 190 °C vorheizen. Ein Backblech mit Backpapier belegen. Auberginen waschen und längs halbieren. Schnittflächen salzen. Auberginen mit der Schnittseite nach unten auf das Backblech legen. Im heißen Ofen (Mitte) etwa 1 Stunde backen, bis das Fruchtfleisch ganz weich ist.

2 Die Gläser vorbereiten (siehe S. 19). Den Knoblauch schälen, salzen und mit dem Messerrücken zu feinem Mus zerdrücken. Auberginenfruchtfleisch aus den Schalen lösen und mit dem Zitronensaft pürieren. Mit Salz, Pfeffer und Knoblauch würzen. 1 EL Olivenöl unterrühren.

3 Das Püree in einem Topf aufkochen und 2 Minuten unter Rühren kochen lassen. Auberginenpüree kochend heiß in die Gläser füllen und mit Olivenöl bedecken. Die Gläser sofort verschließen.

Auberginen-Paprika-Chutney

Für 4 Gläser (je ca. 375 ml)

250 g Auberginen
250 g rote Paprikaschoten
250 g Äpfel
250 g Zwiebeln
1 TL Salz
frisch gemahlener Pfeffer
½ TL Senfpulver
250 ml Apfelessig
100 g Gelierzucker 1:1

Haltbarkeit: 6 Monate

1 Die Gläser vorbereiten (siehe S. 19). Auberginen und Paprikaschoten putzen und waschen. Äpfel schälen und entkernen. Auberginen, Paprikaschoten und Äpfel in kleine Würfel schneiden. Zwiebeln schälen und würfeln.

2 Das zerkleinerte Gemüse mitsamt Zwiebeln und Äpfeln in einen großen Topf geben. Mit Salz, Pfeffer und Senfpulver würzen. Den Apfelessig dazugießen und den Gelierzucker unterrühren. Alles unter gelegentlichem Rühren zum Kochen bringen und zugedeckt etwa 15 Minuten unter gelegentlichem Rühren köcheln lassen. Das Chutney kochend heiß in die Gläser füllen. Sofort verschließen.

Das passt dazu

Das Auberginen-Paprika-Chutney schmeckt besonders gut als würzige Sauce zu Geflügelcurrys oder zu Schweinekoteletts bzw. -steaks vom Grill.

Auberginensugo

Abb. oben

Für 3 Gläser (je ca. 350 ml)

500 g Auberginen
Salz
500 g Fleischtomaten
300 g Zwiebeln
6 Knoblauchzehen
6 EL Olivenöl
1 TL Zucker
frisch gemahlener Pfeffer
1 Bund Basilikum
2 EL Zitronensaft

Haltbarkeit: 3 Monate

1 Die Auberginen waschen, putzen, in Würfel (etwa 1 cm) schneiden und salzen. 15 Minuten ziehen lassen. Tomaten häuten, von den Stielansätzen befreien und grob würfeln. Zwiebeln und Knoblauch schälen und fein zerkleinern.

2 Das Öl in einem Topf erhitzen. Zwiebeln und Knoblauch darin glasig dünsten. Auberginen gut ausdrücken und mit den Tomaten in den Topf geben. Mit Salz, Zucker und Pfeffer würzen. Zugedeckt 20 Minuten köcheln lassen, dabei gelegentlich umrühren.

3 Die Gläser vorbereiten (siehe S. 19). Basilikum waschen, die Blättchen in Streifen schneiden und mit dem Zitronensaft zu den Auberginen geben. Alles offen 10 Minuten kochen lassen. Den Sugo heiß in die Gläser füllen und die Gläser sofort verschließen.

Auberginen-Kapern-Paste

Für 4 Gläser (je ca. 250 ml)

2 kleine Auberginen (400 g)
100 ml Olivenöl, mehr zum Bedecken
1 Knoblauchzehe
50 g glatte Petersilie
60 g abgetropfte Kapern und 4 EL Kapernsud
Salz
2 EL Weißweinessig
2 EL Zitronensaft

Haltbarkeit: 2 Wochen im Kühlschrank

1 Auberginen waschen, abtrocknen, von den Enden befreien und in Scheiben schneiden. Die Scheiben in der Hälfte des Öls weich braten. Auf Küchenpapier abtropfen und abkühlen lassen, dann mit einem schweren Messer fein hacken.

2 Die Gläser vorbereiten (siehe S. 19). Knoblauch schälen. Petersilie waschen, trocken schütteln und die Blätter mit dem Knoblauch fein hacken. Beides im Auberginenöl in der Pfanne kurz dünsten. Die gehackte Auberginen untermischen und 1 Minute unter Wenden braten. In eine Schüssel umfüllen.

3 Kapern hacken, unter die Auberginenmasse rühren. Mit Kapernsud, Salz, Essig und Zitronensaft abschmecken. Restliches Olivenöl (50 ml) unter kräftigem Rühren langsam hinzufügen. Paste in die Gläser füllen und mit etwas Olivenöl bedecken; Gläser fest verschließen und im Kühlschank aufbewahren.

Servieren

Mit Weißbrot reichen oder als Basis für eine Nudelsauce verwenden.

Auberginen pikant eingelegt

Für 2 Gläser (je ca. 350 ml)

500 g Auberginen
6 Knoblauchzehen
1 kleine rote Chilischote
150 ml Weißweinessig
60 g Zucker

Haltbarkeit: 3–4 Monate

1 Die Gläser vorbereiten (siehe S. 19). Die Auberginen waschen, abtrocknen, putzen und in Würfel schneiden. Den Knoblauch schälen. Die Chilischote aufschneiden, entkernen, waschen, trocken tupfen und in feine Streifen schneiden.

2 In einem Topf den Essig mit 350 ml Wasser und dem Zucker aufkochen und 5 Minuten kochen. Auberginen, Chili und Knoblauch hinzufügen. Alles 3–5 Minuten köcheln lassen, bis die Auberginen fast weich sind.

3 Die Auberginen mit den Knoblauchzehen in die Gläser geben und mit dem kochend heißen Sud bedecken. Die Gläser fest verschließen. Die Auberginen vor dem Öffnen mindestens 1 Woche durchziehen lassen.

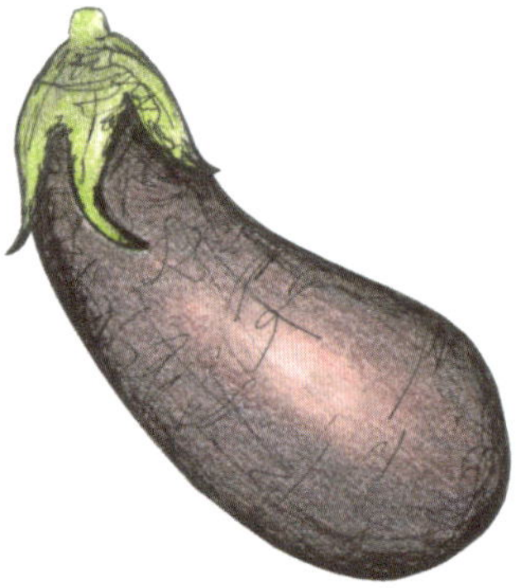

Auberginen in Kräuteröl Abb. rechts

Für 4 Gläser (je ca. 350 ml)

1 kg Auberginen
4 Knoblauchzehen
4 Zweige Thymian
50 ml Weißweinessig
4 TL Salz
½ TL Zucker
75 ml weißer Balsamico-Essig
ca. 350 ml Olivenöl
1 TL Meersalz
1 TL getrockneter Oregano

Haltbarkeit: 3 Monate

1 Die Auberginen waschen und die oberen Enden abschneiden. Auberginen in etwa 2 cm große Würfel schneiden. Knoblauch schälen und halbieren. Thymianzweige waschen.

2 In einem großen Topf etwa 2 l Wasser mit Weißweinessig, Salz und Zucker zum Kochen bringen. Auberginenwürfel, Knoblauchzehen und Thymianzweige hineingeben und alles 10 Minuten zugedeckt kochen lassen, dabei gelegentlich umrühren. Die Gläser vorbereiten (siehe S. 19).

3 Auberginen mit Knoblauch und Thymian in ein Sieb abgießen und abtropfen lassen. Balsamico-Essig mit Olivenöl verrühren, mit Meersalz und Oregano würzen.

4 Auberginen, Knoblauch und Thymian auf die Gläser verteilen. Mit der Essig-Öl-Mischung so übergießen, dass die Auberginen gut bedeckt sind. Falls nötig, mehr Olivenöl nachgießen. Die Gläser sofort verschließen.

Servieren

Die eingelegten Auberginenwürfel auf einer Servierplatte anrichten, mit ein paar Basilikumblättchen und Frühlingszwiebelringen bestreuen; Weißbrot als Beilage dazu reichen.

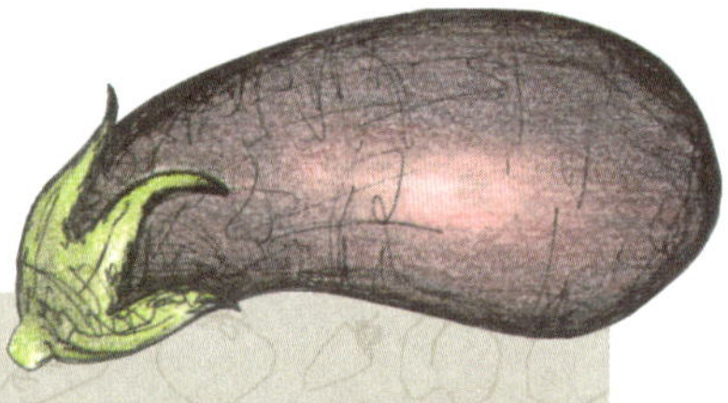

Vielseitiger Kräutersud

Der Sud aus Essig und Olivenöl nimmt von Knoblauch und Kräutern das Aroma sehr gut auf und gibt es an die Auberginen weiter. Wenn alle Auberginen verspeist sind, sollten Sie den Kräutersud im Kühlschrank aufbewahren und zum Würzen von Pastagerichten, Salaten und Saucen verwenden.

Birnen

Sie gehören wie Äpfel zu den Kernobstfrüchten. Im Gegensatz zu ihnen gedeihen Birnen im gemäßigten Klima nicht ganz so gut und haben nur eine relativ kurze Erntezeit. Darüber hinaus sind die reifen Früchte transportempfindlich, weshalb sie meist hartreif gepflückt werden und bei kühlen Temperaturen langsam nachreifen. Birnen haben Aromen von süß über fein säuerlich bis muskatartig, ihre Schalen sind gelb, grün oder rot und teilweise rau überzogen. Williams Christ, Alexander Lucas und Conference sind die hierzulande am meisten angebauten Birnen. Aus Williamsbirnen wird der gleichnamige Birnenbrand hergestellt. Birnen sollten nicht zusammen mit Äpfeln gelagert werden (sie reifen sonst weiter), sondern möglichst im Gemüsefach des Kühlschranks.

Für den Vorrat

getrocknet	✓
tiefgekühlt	✓
Kompott, Mus	✓
Sauce, Sugo	
in Salz	
Saft, Sirup	✓
Chutney, Relish	✓
Konfitüre, Gelee	✓
in Essig, in Öl	✓
in Alkohol	✓

Saison

Im September und Oktober werden Birnen in unseren Breitengraden geerntet und sind dann aus regionalem Anbau auf den Märkten erhältlich. Importware wird das ganze Jahr über angeboten.

Gut in Kombination mit

anderem Kernobst wie Äpfeln, aber auch mit Steinobst wie Pflaumen bzw. Zwetschgen oder Nüssen. Ideale Gewürze sind z. B. Gewürznelken, Zimt, Ingwer oder Piment; besonders gern werden Birnen mit Schokolade gegessen. Hervorragend schmecken frische und eingemachte Birnen auch zu Käse, Wild- und Schweinefleisch.

Küchenpraxis

Reife, weiche Birnen schmecken roh wunderbar oder lassen sich zu Mus verarbeiten, das eingefroren werden kann. Festere Sorten sind gut geeignet zum Kochen, Einkochen und zum Einlegen in Alkohol. Zum Einmachen sollte man möglichst feste, nicht voll ausgereifte Früchte verwenden.

Birnenkonfitüre mit Zimt

Für 4–5 Gläser (je ca. 400 ml)

1 kg reife Birnen
4 EL Zitronensaft
1 kg Gelierzucker 1:1
1 Zimtstange
5 Gewürznelken

Haltbarkeit: 12 Monate

1 Die Birnen schälen, von den Kerngehäusen befreien und in feine Spalten schneiden. Sofort mit Zitronensaft und Gelierzucker in einen großen Topf geben und alles mischen. Die Birnenmischung zugedeckt kühl stellen und über Nacht ziehen lassen.

2 Die Gläser vorbereiten (siehe S. 19). Zimtstange und Gewürznelken zu den Birnen geben. Alles unter Rühren aufkochen und 4 Minuten unter gelegentlichem Rühren sprudelnd kochen lassen. Die Zimtstange entfernen. Die Konfitüre kochend heiß in Gläser füllen und sofort verschließen.

Mit Zitronenaroma

Nach Belieben die Birnenkonfitüre zusätzlich mit etwas abgeriebener Zitronenschale aromatisieren.

Birnenkonfitüre mit Ingwer

Für 5 Gläser (je ca. 200 ml)

2 Zitronen
ca. 1 kg weiche Birnen
1½ TL Ingwerpulver
½ TL gemahlener Koriander (nach Belieben)
60 ml Weißwein, Birnengeist oder Birnensaft
2–3 EL Zucker oder anderes Süßungsmittel
1 TL Agar-Agar

Haltbarkeit: 2 Monate

1 Die Zitronen auspressen und den Saft in einen großen Topf geben. Die Birnen schälen, vierteln und entkernen. Die Viertel in kleine Würfel schneiden, in den Topf geben und im Zitronensaft wenden.

2 Ingwer, Koriander nach Belieben und die Hälfte vom Wein bzw. Birnengeist oder -saft mit dem Zucker bzw. Süßungsmittel unter die Birnen mischen und die Birnen etwa 10 Minuten ziehen lassen. Die Gläser vorbereiten (siehe S. 19).

3 Die Fruchtmischung pürieren, Agar-Agar unterrühren, alles aufkochen und unter Rühren 4 Minuten sprudelnd kochen lassen. Am Ende der Kochzeit restlichen Wein bzw. andere Flüssigkeit (30 ml) unterrühren.

4 Die kochend heiße Birnenmasse in die Gläser füllen. Die Gläser fest verschließen; abkühlen lassen. Die Konfitüre nach dem Anbrechen rasch verbrauchen.

Birnen in Rotwein

Abb. oben

Für 4 Gläser mit Gummiring (je ca. 750 ml)

1 Stück frischer Ingwer
2 unbehandelte Zitronen
1,5 kg feste kleine Birnen (ca. 10 Stück)
2 Zimtstangen
4 Gewürznelken
700 ml Rotwein
250 g Zucker
80 ml Birnenschnaps

Haltbarkeit: 4–6 Monate

1 Die Gläser vorbereiten (siehe S. 19). Ingwer schälen und in dünne Scheiben schneiden. Zitronen heiß waschen, trocken reiben und die Schalen dünn abschneiden. Birnen dünn schälen, die Stiele dabei an den Früchten lassen. Die Früchte halbieren, Kerngehäuse und Blütenansätze entfernen.

2 Die Zimtstangen in acht Stücke brechen. Birnen mit Zimt, Gewürznelken, Ingwer und Zitronenschalen in die Gläser schichten. Wein mit Zucker und Schnaps nur erhitzen, nicht aufkochen. Über die Birnen gießen, so dass die Gläser bis etwa 2 cm unter den Rand gefüllt und die Birnen bedeckt sind. Die Gläser mit Gummiringen, Deckeln und Klammern verschließen.

3 Das tiefe Backblech in den kalten Backofen (unten) schieben. Gläser daraufstellen, das Blech mit lauwarmem Wasser füllen. Den Ofen auf 160 °C (Umluft) einstellen. Sobald in den Gläsern Bläschen aufsteigen, den Ofen ausschalten und die Gläser 30 Minuten darin lassen; dann vorsichtig herausnehmen und bei Raumtemperatur abkühlen lassen.

Senfbirnen

Für 4 Gläser (je ca. 500 ml)

400 ml trockener Weißwein
400 ml Weißweinessig
400 g Zucker
1 TL Korianderkörner
4 Gewürznelken
1 TL weiße Pfefferkörner
1,7 kg kleine Birnen
4 EL Zitronensaft
100 g Senfpulver

Haltbarkeit: 6 Monate

1 Wein und Essig mit dem Zucker in einen großen Topf geben und zum Kochen bringen. Koriander, Nelken und Pfeffer dazugeben und alles zugedeckt bei schwacher Hitze etwa 10 Minuten ziehen lassen.

2 Inzwischen die Birnen schälen, halbieren und die Kerngehäuse entfernen. Das funktioniert sehr gut mit einem Melonenkugelausstecher. Die Birnenhälften sofort mit Zitronensaft beträufeln, damit sie sich nicht verfärben.

3 Die Birnenhälften mit Zitronensaft in den Wein-Essig-Sud geben und darin halb zugedeckt etwa 7 Minuten köcheln lassen. Die Früchte sollten dabei mit dem Sud bedeckt sein. Die Früchte im Sud über Nacht abkühlen lassen. Die Gläser vorbereiten (siehe S. 19).

4 Die Birnen in einem Sieb abtropfen lassen, dabei den Sud auffangen. Das Senfpulver mit etwa 200 ml Sud glatt rühren. Den restlichen Sud aufkochen. Die Senfpulvermischung einrühren und etwa 2 Minuten köcheln lassen. Die Birnen locker in die Gläser schichten, dann mit dem kochend heißen Senfsud bedecken. Gläser sofort verschließen.

Das passt dazu

Die Senfbirnen sind feine Begleiter zu Wild, z. B. zu Hirsch- oder Rehbraten. Wer mag, füllt die Birnenhälften mit Preiselbeeren oder Johannisbeergelee.

Passende Birnensorten

Für die Senfbirnen eignen sich vor allem aromatische Birnensorten wie Gute Luise oder Clapps Liebling.

Karamell-Birnen Abb. links

Für 4 Gläser (je ca. 500 ml)

1 unbehandelte Orange
2 unbehandelte Zitronen
1 kg Birnen
150 g Zucker
1 Vanilleschote
1 Zimtstange

Haltbarkeit: 12 Monate

Mit Walnüssen

Etwa 100 g Walnusshälften in den Topf geben, sobald der Zucker beginnt, braun zu werden. Die Nüsse unter Rühren kurz karamellisieren, dann die Karamellbirnen wie beschrieben fertigstellen.

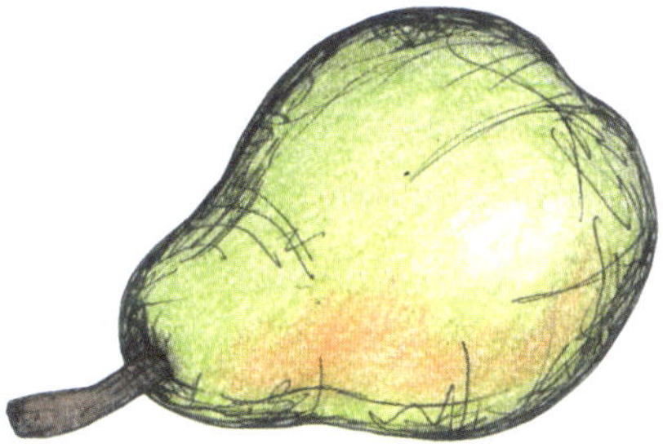

1 Die Zitrusfrüchte waschen und trocken reiben. Die Orangenschale in dünnen, langen Streifen abschälen, den Saft auspressen. Die Zitronen in Scheiben schneiden. Die Birnen schälen, halbieren, vierteln und entkernen. Orangenschale, Zitronenscheiben und Birnenviertel in einer großen Schüssel mischen.

2 Vanilleschote längs aufschneiden. Gläser vorbereiten (siehe S. 19). Zucker mit 3 EL Wasser unter Rühren aufkochen und kochen, bis er goldbraun wird. Vorsichtig 500 ml Wasser und den Orangensaft (Spritzgefahr!) dazugießen, dabei weiterrühren.

3 Sobald ein homogener Sud entstanden ist, Birnen, Zitronen, Orangenschale, Vanille und Zimt dazugeben; Birnen in 2–4 Minuten (je nach Größe und Reifegrad) bissfest, aber nicht weich kochen.

4 Birnen mit einem Schaumlöffel aus dem Sud heben und auf die Gläser verteilen. Sud aufkochen lassen, Vanilleschote, Zimt und Orangenschale herausnehmen. Den Sud über die Birnen gießen, die Zitronen dabei mit einfüllen. Die Gläser sofort verschließen.

Das passt dazu

Den Einlegsud einkochen oder mit Speisestärke binden und als Sauce zu den Birnen servieren.

Blumenkohl / Brokkoli

In der Antike kannten Griechen und Römer Blütenkohlsorten, die vermutlich dem heutigen Brokkoli ähnelten; seit dem Mittelalter wird Blumenkohl in ganz Europa kultiviert. Brokkoli war dagegen zunächst nur in Italien bekannt, später in Frankreich und England. In Deutschland wurde er erst in den 1970er-Jahren eingeführt. Je nach Sorte hat Blumenkohl weiße bis elfenbeinfarbene, grüne oder violette Blütenköpfe, Brokkoli ist tiefgrün bis blaugrün oder auch violett. Geerntet werden die Kohlköpfe mit geschlossenen Blütenständen. Um eventuell darin versteckte Insekten zu entfernen, den Kohl kopfunter für ein paar Minuten in lauwarmes Salzwasser tauchen – die Insekten schwimmen dann nach oben. Brokkoli nicht länger als 3 Tage, Blumenkohl bis zu 10 Tage im Kühlschrank lagern.

Für den Vorrat

getrocknet	
tiefgekühlt	✓
Kompott, Mus	
Sauce, Sugo	
in Salz	
Saft, Sirup	
Chutney, Relish	✓
Konfitüre, Gelee	
in Essig, in Öl	✓
in Alkohol	

Saison

Blumenkohl ist von Mitte April bis Ende Dezember, Brokkoli von Juli bis Oktober aus heimischem Anbau erhältlich. Beim Kauf oder bei der Ernte darauf achten, dass beim Brokkoli die Blüten fest geschlossen sind und Blumenkohl keine dunkel gefärbten Stellen aufweist.

Gut in Kombination mit

Möhren, Pilzen und Perlzwiebeln – vor allem für Mixed Pickles. Blumenkohl und Brokkoli passen beide gut zu Tomaten. Sauce hollandaise, kurzgebratenes Fleisch und Geflügel, aber auch pochierter Fisch sind beliebte Begleiter. Zum Würzen eignen sich beispielsweise Muskatnuss, Currypulver, Lorbeer, Käse (z. B. bei Gratins), Mandeln oder Zironen (Saft und Schale).

Küchenpraxis

Immer geschlossene, knackige Blütenköpfe verwenden. Brokkoli und Blumenkohl können roh als Salat zubereitet werden. Zum Einfrieren die Köpfe waschen, in Röschen teilen und 2–3 Minuten blanchieren (bei Brokkoli die Stängel mitverwenden). Auf einem Blech oder Gefriertablett einzeln anfrieren, dann in Gefrierdosen oder -beuteln bis zu 9 Monate im Tiefkühlgerät lagern.

Blumenkohl-Brokkoli-Pickles

Für 3 Gläser (je ca. 500 ml)

1 l Weißweinessig
3 TL Korianderkörner
2 getrocknete Chilischoten
1 kleiner Blumenkohl
700 g Brokkoli

Haltbarkeit: 3 Monate

1 Den Essig mit Koriander und Chilis in einem Topf aufkochen, dann bei schwacher Hitze zugedeckt 10 Minuten köcheln lassen. Den Topf vom Herd nehmen und den Essig auskühlen lassen. Den kalten Essig durch ein Sieb in einen Krug gießen.

2 Die Gläser vorbereiten (siehe S. 19). Blumenkohl und Brokkoli in Röschen teilen. In einem Topf reichlich Wasser aufkochen lassen. Zuerst den Blumenkohl hineingeben und 2 Minuten kochen lassen, dann den Brokkoli hinzufügen und alles noch 1 Minute kochen lassen. Die Röschen in ein Sieb schütten und kalt abspülen. Abkühlen lassen.

3 Blumenkohl und Brokkoli auf die Gläser verteilen und mit dem Essig bedecken. Die Gläser sofort verschließen und kühl und dunkel lagern. Das Gemüse mindestens 3 Wochen durchziehen lassen.

Blumenkohlröschen süßsauer

Für 3 Gläser (je ca. 500 ml)

1 kleiner Blumenkohl
1 rote Zwiebel
1 Knoblauchzehe
500 ml Weißweinessig
100 g Zucker
½ TL Salz

Haltbarkeit: 3 Monate

1 Die Gläser vorbereiten (siehe S. 19). Reichlich Wasser aufkochen lassen. Den Blumenkohl waschen, putzen und in Röschen teilen. Die Röschen in ein Sieb geben und mit dem kochend heißen Wasser begießen, dann sofort kalt abspülen und gut abtropfen lassen.

2 Zwiebel schälen, halbieren und in Halbringe schneiden. Knoblauch schälen und in dünne Scheiben schneiden. Blumenkohl, Zwiebel und Knoblauch in die Gläser schichten. Essig mit 500 ml Wasser, dem Zucker und Salz aufkochen; 2–3 Minuten sprudelnd kochen lassen. Gemüse mit dem heißen Sud bedecken. Gläser fest verschließen; kühl und dunkel lagern. Blumenkohl 2 Wochen durchziehen lassen.

Mit Möhren

Sie können die Hälfte des Blumenkohls durch Möhrenscheiben ersetzen. Diese mit den Blumenkohlröschen in das Sieb geben, mit heißem Wasser begießen und anschließend abschrecken.

Zweierlei Kohl im Asiasud

Abb. rechts

Für 3 Gläser (je ca. 750 ml)

750 g Blumenkohl
350 g Brokkoli
1 EL Salz
100 g Schalotten
3 Stängel Zitronengras
4 cm frischer Ingwer
1 unbehandelte Zitrone
750 ml Apfelessig
100 g Zucker
4 getrocknete Chilischoten
2 Lorbeerblätter

Haltbarkeit: 3 Monate

1 Blumenkohl und Brokkoli waschen und beides in Röschen teilen. Die Stiele schälen und in mundgerechte Stücke schneiden. In einem großen Topf 4 l Wasser mit Salz aufkochen. Das Gemüse darin zugedeckt 5 Minuten sprudelnd kochen lassen. Anschließend in ein Sieb abgießen und dabei den Kochsud auffangen. Das Gemüse kalt abschrecken.

2 Schalotten schälen und vierteln. Zitronengras waschen und in etwa 4 cm lange Stücke schneiden. Ingwer schälen und in Scheiben schneiden. Zitrone heiß waschen, trocken reiben und in Scheiben schneiden.

3 Die Gläser vorbereiten (siehe S. 19). Essig und 750 ml Kochsud mit dem Zucker in einem Topf aufkochen lassen. Schalotten, Zitronenscheiben, Zitronengras, Chilischoten, Ingwer und Lorbeerblätter hinzufügen. Den Würzsud zugedeckt 5 Minuten köcheln lassen.

4 Blumenkohl und Brokkoli in den Würzsud geben; alles einmal aufkochen lassen. Das Gemüse mitsamt Sud kochend heiß in die Gläser füllen. Die Gläser sofort verschließen.

Suppenzutat und Beilage

Das würzige Blumenkohl- und Brokkoligemüse ist eine gute Basis für Suppen. Außerdem ist es eine feine Beilage zu asiatischen Reis- und Wokgerichten.

Kleine Blumenkohl-Brokkoli-Terrinen

Für 3 Gläser mit weiter Öffnung und Gummiring (je ca. 400 ml)

500 g Brokkoli
Salz
500 g Blumenkohl
4 Eiweiß
frisch gemahlener Pfeffer
Muskatnuss
gemahlener Ingwer
200 g Sahne
1 EL mildes Currypulver
Butter für die Gläser

Haltbarkeit: 2 Wochen im Kühlschrank

1 Den Brokkoli waschen, putzen, zerkleinern und in kochendem Salzwasser in 10–12 Minuten weich garen. Abgießen, abtropfen und abkühlen lassen. Gleichzeitig den Blumenkohl genauso zubereiten und erkalten lassen.

2 Brokkoli und Blumenkohl separat pürieren. 2 Eiweiß in kleinen Portionen unter den Brokkoli schlagen und diesen mit ½ TL Salz, Pfeffer, Muskat und Ingwer würzen. 100 g Sahne halb steif schlagen. Die Schüssel mit dem Püree in eine größere Schüssel mit Eiswürfeln stellen und die Sahne unter die Masse rühren.

3 Die übrigen 2 Eiweiß unter das Blumenkohlpüree schlagen und das Ganze mit Salz und Currypulver würzen. Die restliche Sahne (100 g) steif schlagen und auf Eis unter die Masse heben.

4 Die Gläser vorbereiten (siehe S. 19), mit Butter ausfetten und die Farcen lagenweise einschichten. Die Gläser verschließen und in einen breiten Topf stellen. Heißes Wasser (etwa 80 °C heiß) angießen, bis die Gläser zur Hälfte darin stehen. Den Topf schließen und die Terrinen etwa 45 Minuten im Wasserbad garen, bis sie gestockt sind. (Das Wasser darf nicht kochen!) Herausnehmen und erkalten lassen; im Kühlschrank aufbewahren.

Das passt dazu

Die Terrine stürzen, in Scheiben schneiden und z. B. mit kalter Tomaten- oder Paprikasauce servieren.

Garen im Backofen

Sie können die Gläser auch in das tiefe Backblech stellen, dieses mit warmem Wasser füllen und die Terrinen im 180 °C heißen Backofen (unten) etwa 45 Minuten garen. Das Wasser soll dabei nicht heißer als 80 °C werden; die Temperatur mit einem Thermometer öfter prüfen und die Ofenhitze ggf. regulieren.

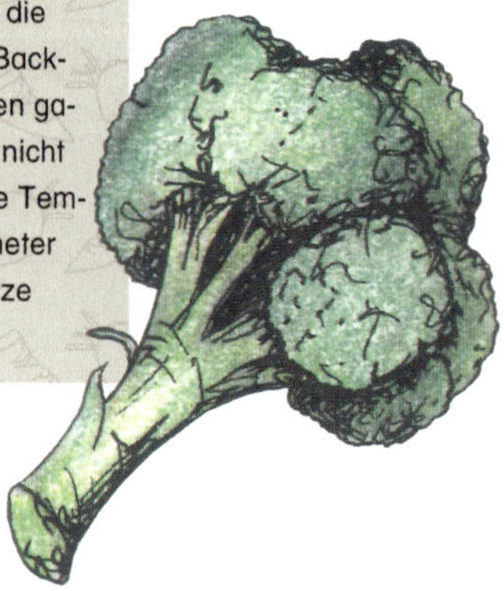

Blumenkohl grün-weiß

Abb. oben

Für 2 Gläser (je ca. 1l)

1 Blumenkohl (ca. 500g)
1 Romanesco (ca. 500g)
Salz
300ml Weißweinessig
50 g Zucker
1EL schwarze Pfefferkörner
1EL gelbe Senfkörner
6 Pimentkörner
6 Lorbeerblätter
2 Zweige Thymian
4 kleine rote Chilischoten

Haltbarkeit: 12 Monate

1 Vom Blumenkohl und Romanesco sämtliche Blätter entfernen und die Kohlköpfe für 5–10 Minuten in kaltes gesalzenes Wasser legen. Anschließend die Kohlköpfe in Röschen teilen und für 5 Minuten in kochendes Salzwasser geben. Die Röschen abgießen, abschrecken und abtropfen lassen.

2 In einem Topf den Essig und 500ml Wasser mit Zucker, 1½EL Salz sowie Pfeffer-, Senf- und Pimentkörnern 5 Minuten kochen lassen. Inzwischen die Gläser vorbereiten (siehe S. 19). Kohlröschen mit Lorbeer, Thymian und Chilischoten auf die Gläser verteilen. Den kochend heißen Sud mit den Gewürzen über das Gemüse gießen, bis es vollständig bedeckt ist.

3 Die Gläser fest verschließen. Den Inhalt abkühlen lassen, dann kühl und dunkel lagern. Vor dem Anbrechen mindestens 1 Woche durchziehen lassen.

Bohnen / Erbsen

Diese sortenreichen Hülsenfrüchte sichern in vielen Ländern die Versorgung mit wertvollem Eiweiß. Erbsen gelangten über den Vorderen Orient nach Mitteleuropa, und Gartenbohnen kamen im 16. Jh. durch Kolumbus aus Südamerika zu uns. Dagegen wurde die Sau-, Acker- oder Dicke Bohne zu dieser Zeit hier bereits angebaut und gilt bis heute als Delikatesse. Bei grünen und gelben Busch- und Stangenbohnen werden die ganzen Schoten, bei Erbsen (bis auf Zuckerschoten) die zarten Samen im Inneren der Schoten zubereitet. Bohnen dürfen nicht roh verzehrt werden; erst durch Hitze (Kochen) wird das schädliche Phasin zerstört. Frische Bohnen sind knackig und frei von braunen Stellen, frische Erbsen haben glänzende, kräftig grüne Schoten. Erbsen und Bohnen sollte man nicht länger als 2–3 Tage im Kühlschrank lagern.

Für den Vorrat

getrocknet	✓
tiefgekühlt	✓
Kompott, Mus	
Sauce, Sugo	
in Salz	✓
Saft, Sirup	
Chutney, Relish	
Konfitüre, Gelee	
in Essig, in Öl	✓
in Alkohol	✓

Saison

Grüne Bohnen werden von Juni bis Oktober geerntet, wobei die Haupternte im August und September stattfindet. Frische Erbsen (meist Mark- oder Palerbsen) kann man zwischen Juni und August aus regionalem Angebot kaufen oder selbst ernten.

Gut in Kombination mit

Kräutern wie Bohnenkraut und Thymian (Bohnen) bzw. Minze oder Petersilie (Erbsen). Chilischoten verleihen sowohl Bohnen als auch Erbsen Schärfe. Möhren, Paprikaschoten und Tomaten passen zu beiden Hülsenfrüchten. Bohnen und Erbsen schmecken auch gemeinsam sehr gut.

Küchenpraxis

Beide Hülsenfrüchte können als Gemüsebeilage, Salate, deftige Eintöpfe, aber auch als feine Suppen zubereitet werden. Bohnen und Erbsen sind prima für den Tiefkühlvorrat geeignet. Dafür Erbsen 2 Minuten und Bohnen 3–4 Minuten blanchieren; beide halten sich tiefgefroren 12 Monate.

Bohnen milchsauer eingelegt

Für 3 Gläser (je ca. 800 ml)

800 g grüne Bohnen
15 g Meersalz
8–10 Stängel Petersilie
8–10 Zweige Bohnenkraut
200 g Molke oder Buttermilch
Bohnenblätter (nach Belieben)

Haltbarkeit: 3–4 Monate

1 Die Bohnen waschen, putzen und nach Belieben zerkleinern. In kochendem Wasser (ohne Salz) 10–15 Minuten garen. Abgießen, abschrecken und abkühlen lassen. Inzwischen 800 ml Wasser mit dem Salz aufkochen, bis das Salz vollständig aufgelöst ist, dann abkühlen lassen. Die Gläser vorbereiten (siehe S. 19).

2 Die Bohnen mit je 2 Stängeln Petersilie und Bohnenkraut so dicht in die Gläser füllen, dass diese zu etwa vier Fünfteln voll sind. Molke oder Buttermilch mit dem Salzwasser mischen und die Bohnen mit der Flüssigkeit bedecken. (Insgesamt sollen die Gläser nur bis zu vier Fünfteln gefüllt sein.) Nach Belieben gewaschene Bohnen- oder Weißkohlblätter darauflegen.

3 Die Gläser fest verschließen und bei Raumtemperatur (ca. 20 °C) dunkel (z. B. in einem Karton) 8–10 Tage stehen lassen. Anschließend an einem kühlen Ort (4–10 °C) reifen lassen. Nach 4–6 Wochen ist das Gemüse genussfertig.

Das passt dazu

Die Bohnen (ohne Flüssigkeit) mit einer Vinaigrette aus Olivenöl, Balsamico-Essig, Salz, Pfeffer und frischem Oregano anmachen. Oder die Bohnen mit Zwiebel und Knoblauch in Öl andünsten und als Gemüse servieren.

Gut für die Gesundheit

Die Gärflüssigkeit ist reich an wertvollen Nährstoffen und kann beispielsweise zum Würzen von Salatsaucen verwendet oder als Aperitif getrunken werden.

Süßsaure Erbsen mit Minze Abb. oben

Für 6 Gläser (je ca. 250 ml)

2,5 kg frische Erbsenschoten
30 g frische Minze
500 ml Essig
200 ml Olivenöl
100 g Zucker
5 g Salz

Haltbarkeit: 6–8 Monate

1 Die Erbsen enthülsen. (Sie benötigen 1 kg Erbsen.) Die Minze waschen und trocken schütteln, die Blätter abzupfen und in feine Streifen schneiden.

2 Den Essig in einem großen Topf mit Öl, Zucker und Salz aufkochen lassen. Die Erbsen hinzufügen und 4 Minuten garen, dann die Minzestreifen untermischen.

3 Die Gläser vorbereiten (siehe S. 19). Die Erbsen mit einem Schaumlöffel aus dem Sud heben, auf die Gläser verteilen und mit dem Sud bedecken. Die Gläser fest verschließen, 24 Stunden ruhen lassen, dann kühl und dunkel lagern. Die Erbsen vor dem Verzehr mindestens 1 Monat durchziehen lassen.

Gemüseterrine

Für 1 Terrinen- oder Kastenform (ca. 1,7 l)

600 g Erbsenschoten
300 g dünne grüne Bohnen
Salz
250 g Möhren
250 g rote Paprikaschoten
4 Schalotten
2 Knoblauchzehen
2 EL Öl
250 ml Gemüsebrühe
½ Handvoll Kerbel
12 Blatt Gelatine
200 g Sahne
200 g Joghurt
frisch gemahlener Pfeffer

Haltbarkeit: 3–4 Tage im Kühlschrank oder 3 Monate im Tiefkühlgerät

1 Die Erbsenschoten enthülsen. (Sie benötigen etwa 250 g Erbsen.) Die Bohnen waschen und die Enden abschneiden. Salzwasser zum Kochen bringen. Die Bohnen darin 3 Minuten köcheln lassen. Die Erbsen hinzufügen und alles zugedeckt noch 2 Minuten im sprudelnd kochendem Wasser garen. Abgießen; kalt abschrecken und abtropfen lassen.

2 Möhren schälen und in Scheiben schneiden. Paprika putzen, waschen und in Streifen schneiden. Schalotten und Knoblauch schälen und würfeln bzw. fein hacken. Öl in einem Topf erhitzen, Schalotten und Knoblauch darin glasig dünsten. Möhren und Paprika kurz mitdünsten. Die Brühe dazugießen und das Gemüse zugedeckt in etwa 5 Minuten bissfest garen. Den Kerbel waschen und trocken tupfen.

3 Die Form mit Frischhaltefolie so auskleiden, dass sie rundherum über den Formrand hängt, dann mit Kerbelblättchen auslegen. Gelatine in kaltem Wasser 5 Minuten einweichen. Gemüsemischung abgießen, dabei die Brühe auffangen. Die Gelatine ausdrücken und in der heißen Brühe auflösen.

4 Sahne und Joghurt verrühren, mit Salz und Pfeffer würzen. Aufgelöste Gelatine unterrühren. Das abgekühlte Gemüse dekorativ in die Form schichten. Das Joghurt-Sahne-Gelee darübergießen. Die Terrine mit Frischhaltefolie bedecken und für mindestens 6 Stunden kühl stellen, bis sie fest ist. Vor dem Servieren die obere Folie entfernen und die Terrine stürzen. Die restliche Folie abziehen und anschließend die Terrine in Scheiben schneiden.

Für Buffet oder Picknick

Die Gemüseterrine macht sich besonders gut auf einem kalten Buffet. Am besten Kräuter-Vinaigrette und frisches Brot dazu reichen. Für ein Picknick die gekühlte Terrine in der Form möglichst in einer Kühltasche transportieren und vor Ort aufschneiden.

Feine Senfkreationen

Für einen einfachen Senf benötigen Sie Senfkörner, Essig, Wasser, Salz und Zucker. Dabei sorgen gelbe bzw. weiße Senfkörner für eine mildere, braune bzw. schwarze für eine kräftigere Schärfe.

Die Schärfe der Senfkörner entwickelt sich erst nach dem Mahlen und in Verbindung mit Flüssigkeit. Gewürze oder Kräuter, Honig oder zerkleinerte Früchte machen aus einfachem Senf individuelle Kreationen. Damit fertiger Senf seinen Geschmack entfalten kann, braucht er ein paar Wochen Zeit zum Reifen.
Wichtig: Achten Sie auch hier auf Sauberkeit. Füllen Sie Ihre Senfkreationen stets in heiß ausgespülte Gläser (siehe S. 19) mit fest schließenden Deckeln.

Apfel-Ingwer-Senf

Für ca. 500 ml

100 g gelbe, 50 g braune Senfkörner und **½ TL schwarze Pfefferkörner** fein mahlen. In einem kleinen Topf mit **125 ml Cidre** verrühren; zugedeckt etwa 4 Stunden ziehen lassen. Anschließend **1 kleinen Apfel** und **20 g frischen Ingwer** schälen und fein reiben. Mit **100 ml Apfelessig, 50 g Rohrohrzucker** und **1 TL Meersalz** unter die Senfmasse rühren. Alles aufkochen und bei schwacher Hitze köcheln lassen, bis der Senf die gewünschte Konsistenz hat. Senf heiß in Gläser füllen; fest verschließen und 3–4 Wochen durchziehen lassen.

Einfacher Senf

Für ca. 150 ml

50 g gelbe Senfkörner zu feinem oder gröberem Senfmehl mahlen – je feiner das Senfmehl, desto feiner wird der Senf. Das Senfmehl mit **10 g Zucker** und **5 g Salz** in einer Schüssel mischen. 40 ml Wasser mit **30 g Weißweinessig** kurz aufkochen, dann etwas abkühlen lassen und unter die Senfmehlmischung rühren. Das Ganze etwa 4 Stunden zugedeckt quellen lassen, zwischendurch gelegentlich umrühren. Den Senf in das Glas füllen und das Glas fest verschließen. An einem kühlen Ort 3–4 Wochen reifen lassen, dann erst genießen.

Kräutersenf

Für ca. 400 ml

100 g gelbes Senfmehl mit **15 g Mehl** mischen. Mit **60 ml Kräuteressig, 4 EL Maiskeimöl** und 75 ml lauwarmem Wasser zu einer Paste verrühren. Zugedeckt 1 Stunde stehen lassen. Anschließend **1 Knoblauchzehe** schälen und zur Paste drücken, **1 EL Honig** und **1 EL Salz** unterrühren. **1 Bund gemischte Kräuter (Schnittlauch, Petersilie, Estragon, Thymian, Oregano)** waschen und gut trocken schütteln. Die Blättchen abzupfen und im Blitzhacker zerkleinern. Unter die Senfpaste rühren. Senf mit Salz und Essig abschmecken, in Gläser füllen und gut 2 Wochen durchziehen lassen.

Süßer Senf

Für ca. 500 ml

120 g gelbe Senfkörner und **60 g braune Senfkörner** nicht zu fein mahlen. Das Senfmehl mit je **1 Prise Salz, gemahlener Gewürznelke, gemahlenem Koriander** und **gemahlenem Zimt** vermischen. 175 ml Wasser, **175 ml Weißweinessig** und **250 g Rohrohrzucker** aufkochen. Die heiße Flüssigkeit unter die Senfmehlmischung rühren. Den Senf in Gläser füllen und mindestens 3 Wochen ziehen lassen.

Chilisenf

Für ca. 400 ml

1 rote Chilischote waschen, entkernen und grob zerkleinern. **100 g gelbe Senfkörne**r und **1 Stück Lorbeerblatt** hinzufügen und alles im Mörser oder im Blitzhacker fein mahlen. **2 TL Salz** und **2 Msp. edelsüßes Paprikapulver** dazugeben. In einem kleinen Topf **60 ml Weißweinessig**, 80 ml Wasser und **2 EL Zucker** aufkochen. Die Senfmischung damit begießen und alles etwa 1 Stunde zugedeckt ziehen lassen. Den Senf durchrühren, abschmecken, in Gläser füllen und mindestens 2 Wochen durchziehen lassen.

Hauptzutat: Senfkörner

Senfkörner sind die Samen der Senfpflanze, die (genau wie Kohl) zur botanischen Familie der Kreuzblütler gehört. Je nachdem, von welcher Senfpflanze sie stammen, sind die Samen gelb oder braunschwarz. Ihr Mischungsverhältnis bestimmt die Schärfe des Senfs.

Senfkörner können im Mörser zerstoßen, im Blitzhacker oder in einer Kaffeemühle gemahlen werden. Sehr feines Pulver entsteht, wenn man das erhaltene Senfmehl zusätzlich durch ein feines Sieb schüttelt. Fertiges Senfmehl gibt es im Gewürzhandel oder Reformhaus zu kaufen.

Das mit Flüssigkeit (z. B. Essig) angerührte Senfmehl einige Zeit (je nach Rezept) zugedeckt ziehen lassen, damit sich die Schärfe entwickeln kann. Danach weitere Aromazutaten untermischen und den Senf nach Belieben mit dem Stabmixer aufschlagen; in Gläser füllen.

Bohnen mit Tomaten

Abb. links

Für 8 Gläser (je ca. 350 ml)

600 g getrocknete Tomaten
1 kg grüne Bohnen
Salz
4 Knoblauchzehen
1 l Weißweinessig
4 EL Senfkörner
4 EL schwarze Pfefferkörner
8 Lorbeerblätter
150 g Zucker

Haltbarkeit: 12 Monate

1 Getrocknete Tomaten mit heißem Wasser bedecken und 15 Minuten ziehen lassen. Die Bohnen waschen, von den Enden befreien und in 4–5 cm lange Stücke schneiden. Falls nötig, auch die Fäden abziehen. Die Bohnen für 3 Minuten in kochendes Salzwasser geben. Abgießen, mit Eiswasser abschrecken (so bleibt die Farbe gut erhalten) und abtropfen lassen. Die Gläser vorbereiten (siehe S. 19).

2 Die Tomaten abtropfen lassen und in große Stücke schneiden. Den Knoblauch schälen und in Scheiben schneiden. Den Weißweinessig mit Knoblauch, Gewürzen, Lorbeerblättern und Zucker mischen, erhitzen und 10 Minuten köcheln lassen.

3 Die Bohnen in die Gläser schichten, die Tomaten darauflegen. Den heißen Essigsud daraufgießen, die Gläser gut verschließen. Die Bohnen mit Tomaten an einem dunklen, kühlen Ort vor dem Anbrechen mindestens 2 Wochen ziehen lassen.

Servieren

Die eingelegten Bohnen eignen sich gut für ein kaltes Buffet.

Für Feinschmecker

Nach diesem Rezept können Sie auch Kerne von Dicken Bohnen einlegen. Das macht zwar etwas mehr Arbeit, denn die kleinen Kerne sollten nach dem Blanchieren vorsichtig aus den Häutchen gedrückt werden – dann sind sie besonders zart und fein.

Bohnen mit Kräutern und Meerrettich

Für 4 Gläser (je ca. 500 ml)

1 kg zarte grüne Bohnen
Salz
4 Zweige Bohnenkraut
4 Stängel Estragon
4 Stängel Dill
4 Scheiben Meerrettichwurzel
650 ml Essig
30 g Salz

Haltbarkeit: 6 Monate

1 Die Bohnen waschen und putzen. In kochendem Salzwasser in etwa 10 Minuten bissfest garen. Anschließend in ein Sieb schütten und kalt abspülen; gut abtropfen und abkühlen lassen.

2 Inzwischen die Gläser vorbereiten (siehe S. 19). Die Kräuter waschen und trocken tupfen, die Blättchen abzupfen. Die Bohnen mit dem Meerrettich und der Hälfte der Kräuter in die Gläser schichten, die restlichen Kräuter darauf verteilen.

3 500 ml Essig mit 250 ml Wasser und dem Salz aufkochen lassen. Den kochend heißen Sud auf die Gläser verteilen und die Gläser fest verschließen. Die Bohnen 3 Tage durchziehen lassen.

4 Den Sud aus den Gläsern durch ein Sieb in einen Topf gießen und aufkochen lassen. Den restlichen Essig (150 ml) untermischen und die Bohnen in den Gläsern mit dem heißen Sud bedecken. Die Gläser fest verschließen. Kühl und dunkel aufbewahren, vor dem Anbrechen mindestens 2 Wochen durchziehen lassen.

Grüne Bohnen süßsauer

Für 3 Gläser (je ca. 500 ml)

1 kg grüne Bohnen
Salz
3 Zweige Bohnenkraut
500 ml Weißweinessig
125 g Zucker
1 Zimtstange
1 TL Gewürznelken
1 TL weiße Pfefferkörner

Haltbarkeit: 6 Monate

1 Die Gläser vorbereiten (siehe S. 19). Die Bohnen waschen, putzen und nach Belieben in kleinere Stücke schneiden. In kochendes Salzwasser geben und je nach Dicke in etwa 10 Minuten bissfest garen.

2 Die Bohnen mit einem Schaumlöffel aus dem Wasser nehmen, abtropfen lassen und mit dem Bohnenkraut dicht in die Gläser schichten.

3 Den Essig mit Zucker, 1 TL Salz und den Gewürzen aufkochen lassen und die Bohnen in den Gläsern damit bedecken. Die Gläser sofort verschließen und kühl lagern.

Piccalilli-Bohnen

Abb. oben

Für 6 Gläser (je ca. 350 ml)

2 kg Wachsbohnen
700 g rote Paprikaschoten
150 g Salz
1 EL gemahlene Kurkuma
1 EL mildes Currypulver
1 EL gemahlener Koriander
4 EL Senfpulver
175 g Zucker
1,25 l Weißweinessig
300 g Zwiebeln
25 g Speisestärke
100 g frisch geriebener Meerrettich

Haltbarkeit: 12 Monate

1 Bohnen waschen, putzen und in 3 cm lange Stücke schneiden. Paprika vierteln, putzen, waschen und ebenfalls in 3 cm lange Stücke schneiden. Beides mit dem Salz mischen, mit kaltem Wasser bedecken und zugedeckt für 24 Stunden kühl stellen.

2 Anschließend das Gemüse abgießen, abspülen und abtropfen lassen. Gewürze und Zucker mischen, unter den Essig rühren und das Gemüse dazugeben. Bei starker Hitze zum Kochen bringen. Köcheln lassen, bis das Gemüse weich ist.

3 Die Gläser vorbereiten (siehe S. 19). Das Gemüse abgießen, abtropfen lassen und heiß auf die Gläser verteilen. Sud auffangen und erhitzen. Zwiebeln schälen und sehr fein würfeln. Speisestärke mit 2 EL Wasser anrühren und den heißen Sud damit andicken. Zwiebeln und Meerrettich untermischen. Den Sud abschmecken und kochend heiß über das Gemüse füllen. Die Gläser verschließen, umdrehen und langsam abkühlen lassen.

Erdbeeren

Die roten ovalen bis spitzen, bisweilen auch rundlichen Gartenerdbeeren gehören zu den Rosengewächsen und werden in allen gemäßigten Klimazonen angebaut. Entstanden ist die „Königin der Beerenfrüchte" vor mehr als 200 Jahren in Amerika aus einer Kreuzung der kleinen Scharlach- mit der großen Chili-Erdbeere; in Deutschland wurde sie erst gegen Ende des 19. Jh. erstmalig angebaut. Mittlerweile gibt es Tausende von Sorten, die sich in Aroma, Farbe und Struktur unterscheiden. Bevorzugen Sie aromatische Beeren aus der Region, die reif geerntet wurden – eine tiefrote Farbe ist dabei nicht gleichbedeutend mit vollem Aroma. Erdbeerfelder zum Selbstpflücken sind ideal für alle, die Beeren in größerer Menge benötigen. Erdbeeren innerhalb von 1–2 Tagen verarbeiten.

Für den Vorrat

getrocknet	
tiefgekühlt	✓
Kompott, Mus	✓
Sauce, Sugo	
in Salz	
Saft, Sirup	✓
Chutney, Relish	
Konfitüre, Gelee	✓
in Essig, in Öl	
in Alkohol	✓

Saison

Frische Erdbeeren aus der Region sind von Mai bis Juli auf den Märkten oder direkt beim Erdbeerbauern erhältlich. Wer mag, kann sie auch selber auf dem Feld pflücken.

Gut in Kombination mit

anderen Beeren sowie Aprikosen, Pfirsichen, Nektarinen und Kirschen, aber auch Bananen, Kiwi und Orangen. Schwarzer Pfeffer und Balsamico-Essig sorgen für eine angenehme Schärfe, Minze oder Melisse für Extrafrische; Zitrone unterstreicht das Aroma. Mit Milch, Milchprodukten und Schokolade werden Erdbeeren von jeher gern kombiniert.

Küchenpraxis

Pur schmecken Erdbeeren am besten. Sie lassen sich gut einfrieren; entweder als Püree oder die ganzen Früchte. Diese zunächst auf einem Gefriertablett anfrieren, dann in Beuteln oder Dosen verpackt im Tiefkühlgerät 8–10 Monate lagern. Damit Farbe und Aroma erhalten bleiben, die Beeren vor dem Einfrieren mit Zucker (50 g Zucker auf 500 g Früchte) bestreuen.

Klassische Erdbeerkonfitüre

Für 5 Gläser (je ca. 250 ml)

1 unbehandelte Zitrone
1,2 kg Erdbeeren
1 kg Gelierzucker 1:1
1 Vanilleschote, in 5 Stücke geschnitten (nach Belieben)

Haltbarkeit: 12 Monate

1 Die Gläser vorbereiten (siehe S. 19). Die Zitrone heiß waschen, trocken reiben und die Schale abziehen; den Saft auspressen. Die Beeren waschen, gut abtropfen lassen und putzen; größere Beeren klein schneiden. Die Beeren wiegen (Sie benötigen 1 kg), in einen großen Topf geben und mit dem Stabmixer grob zerkleinern.

2 Gelierzucker, Zitronensaft und -schale unter die Beeren mischen. Die Masse unter gelegentlichem Rühren zum Kochen bringen und 3–4 Minuten bzw. nach Packungsangabe unter Rühren sprudelnd kochen lassen. Die Konfitüre sofort in die Gläser füllen, in jedes Glas nach Belieben 1 Stück Vanilleschote stecken und die Gläser verschließen.

Das passt dazu

Die Konfitüre schmeckt nicht nur als feiner Aufstrich, sondern auch als schnelle Fruchteinlage, z. B. in Joghurt oder Quark.

Erdbeerkonfitüre mit Balsamico

Für 5 Gläser (je ca. 250 ml)

etwa 900 g Erdbeeren
1 kg Gelierzucker 1:1
100 ml Weißwein (z. B. Grauburgunder)
4 EL Balsamico-Essig

Haltbarkeit: 12 Monate

1 Die Gläser vorbereiten (siehe S. 19). Die Erdbeeren waschen, gut abtropfen lassen und putzen. (Sie benötigen etwa 850 g geputzte Beeren.) Die Erdbeeren in einem großen Topf mit dem Gelierzucker mischen und pürieren. Den Wein dazugießen.

2 Die Mischung unter Rühren zum Kochen bringen. 4 Minuten sprudelnd kochen lassen, dabei ständig rühren und, falls nötig, die Konfitüre abschäumen. Den Balsamico-Essig unterrühren. Die Erdbeerkonfitüre kochend heiß in die Gläser füllen. Gläser sofort verschließen.

Ohne Wein

Wer die Erdbeerkonfitüre ohne Wein zubereiten möchte, verwendet stattdessen hellen Traubensaft oder erhöht die Menge der geputzten Früchte auf 950 g.

Erdbeer-Aprikosen-Konfitüre Abb. links

Für 4 Gläser (je ca. 400 ml)

500 g Erdbeeren
750 g Aprikosen
Saft von 1 Zitrone
1 Vanilleschote
500 g Gelierzucker 2:1

Haltbarkeit: 6 Monate

1 Erdbeeren und Aprikosen waschen, putzen bzw. entsteinen und klein schneiden. Die Obststücke mit dem Zitronensaft in einen Topf füllen.

2 Die Vanilleschote längs aufschneiden, das Mark herauskratzen und zum Obst geben. Die Schote in Stücke schneiden. Das Obst mit dem Stabmixer grob pürieren, dann den Gelierzucker und die Vanilleschotenstücke unter die Masse rühren. Alles 3 Stunden durchziehen lassen.

3 Die Gläser vorbereiten (siehe S. 19). Die Obstmasse unter ständigem Rühren bei starker Hitze aufkochen und 4 Minuten sprudelnd kochen lassen. Randvoll in die Gläser füllen, die Gläser sofort verschließen und die Konfitüre ganz abkühlen lassen.

Russische Sitten

In Russland gibt man gern einen Löffel glatte, nicht zu feste Konfitüre in ein Glas schwarzen Tee. Auch in Preußen kannte man diesen Brauch.

Erdbeer-Rhabarber-Konfitüre

Für 4–5 Gläser (je ca. 400 ml)

500 g Rhabarber
250 ml Orangensaft
500 g Erdbeeren
500 g Gelierzucker 2:1

Haltbarkeit: 6 Monate

1 Den Rhabarber waschen, putzen, schälen und in Stücke schneiden; mit dem Orangensaft in einen Topf geben. Die Mischung aufkochen und in etwa 5 Minuten weich köcheln lassen. Vom Herd nehmen und etwas abkühlen lassen.

2 Die Gläser vorbereiten (siehe S. 19). Erdbeeren waschen, putzen und grob schneiden. Zum Rhabarber geben und alles mit dem Stabmixer pürieren. Den Gelierzucker unterrühren. Die Masse unter Rühren aufkochen und 4 Minuten sprudelnd kochen lassen; kochend heiß und randvoll in die Gläser füllen. Die Gläser abkühlen lassen; kühl und dunkel lagern.

Erdbeer-Lime Abb. oben

Für 3 Flaschen (je ca. 400 ml)

ca. 5 Limetten oder 4 Zitronen
500 g Erdbeeren
150 g Puderzucker
350 ml Wodka

Haltbarkeit: 3 Monate

1 Die Flaschen vorbereiten (siehe S. 19). Limetten oder Zitronen auspressen. (Sie benötigen etwa 150 ml Saft.) Die Erdbeeren verlesen, waschen und abtropfen lassen. Die Blütenkelche entfernen.

2 Die Erdbeeren mit Limetten- bzw. Zitronensaft und Puderzucker im Mixer pürieren. 150 ml Wasser dazugießen und alles 1 Minute auf hoher Stufe mixen. Den Wodka dazugeben und untermixen. Den Erdbeer-Lime in die Flaschen gießen und die Flaschen fest verschließen.

Servieren

Für einen sommerlichen Aperitif den Erdbeer-Lime gut kühlen, in Cocktailgläser füllen und nach Belieben mit Minze garnieren.

Erdbeerlikör mit Zitrone

Für 2 Flaschen (je ca. 500 ml)

500 g reife Erdbeeren
250 g Kandiszucker
1 unbehandelte Zitrone
½ Vanilleschote
1 l weißer Rum

Haltbarkeit: 6 Monate

1 Ein großes Glas mit Deckel heiß ausspülen und zum Abtropfen umgedreht auf ein sauberes Geschirrtuch stellen. Die Erdbeeren waschen, putzen, trocken tupfen und je nach Größe halbieren oder vierteln. Die Früchte und den Kandiszucker lagenweise in das Glas schichten.

2 Die Zitrone heiß waschen und abtrocknen. Die Schale mit einem scharfen Messer dünn abschneiden und mit der Vanilleschote zu den Erdbeeren in das Glas geben. Den Rum dazugießen und das Glas fest verschließen. Für 4–5 Wochen an einen warmen, hellen Platz stellen.

3 Danach den Likör durch ein Sieb in einen Krug gießen. Die Erdbeeren wegwerfen. Die Flaschen vorbereiten (siehe S. 19) und den Likör in die Flaschen umfüllen. Kühl und dunkel lagern.

Erdbeer-Rhabarber-Sirup mit Minze

Für 3 Flaschen (je ca. 250 ml)

1 kg Rhabarber
1 kg Erdbeeren
4 unbehandelte Orangen
1 unbehandelte Zitrone
250 g Rohrohrzucker
50 g frische Minzezweige

Haltbarkeit: 2 Monate

1 Rhabarber und Erdbeeren waschen und putzen; Rhabarber klein schneiden. 2 Orangen und die Zitrone heiß abwaschen, trocken reiben und die Schalen hauchdünn abschälen. Den Saft von allen Orangen und der Zitrone auspressen.

2 Rhabarber, Erdbeeren, Zitrusschale und -saft, 300 ml Wasser und den Zucker in einen großen Topf geben und etwa 20 Minuten köcheln lassen. Die Flaschen vorbereiten (siehe S. 19).

3 Den Sud durch ein feines Sieb gießen, zurück in den Topf geben und sirupartig auf 750 ml Flüssigkeit einkochen lassen. Die Minzezweige hinzufügen und den Sirup weitere 10 Minuten köcheln lassen. Nochmals durch das Sieb gießen und kochend heiß randvoll in die Flaschen füllen. Sofort verschließen und abkühlen lassen.

Erdbeerlimonade

Einen Teil Sirup, zwei Teile Mineralwasser, einige zerstoßene Eiswürfel, Minzeblätter und Orangenscheiben in Longdrinkgläser geben und genießen.

Erdbeer-Joghurt-Sahneeis

Ergibt ca. 1 l

400 g Erdbeeren
Saft von 1 Zitrone
200 g Agavendicksaft
250 g Joghurt
250 g Sahne

Haltbarkeit: ca. 1 Monat im Tiefkühlgerät

1 Die Erdbeeren waschen, putzen und in Stücke schneiden. Die Stücke in eine große Schüssel geben und mit dem Stabmixer pürieren. Zitronensaft und Agavendicksaft hinzufügen und untermixen. Joghurt und Sahne dazugeben und alles glatt rühren.

2 Die Masse in die Schüssel der Eismaschine füllen und nach Herstellerangabe zu Speiseeis verarbeiten; im Tiefkühlgerät aufbewahren. Alternativ die Masse in eine Edelstahlschüssel geben, mit Frischhaltefolie bedecken und ins Tiefkühlgerät stellen. Ungefähr 5 Stunden lang einmal pro Stunde herausnehmen, kräftig durchrühren, damit sich keine Eiskristalle bilden, und wieder einfrieren.

Mit Sirup süßen

100 ml Wasser mit 150 g Zucker aufkochen und kurz köcheln lassen, bis ein dünner Sirup entstanden ist; abkühlen lassen und anstelle des Agavendicksafts zum Süßen verwenden.

Erdbeer-Himbeer-Granita

Ergibt ca. 500 ml

250 g Erdbeeren
250 g Himbeeren
125 g Puderzucker
1 EL Zitronensaft

Haltbarkeit: ca. 1 Monat im Tiefkühlgerät

1 Die Beeren waschen, gut abtropfen lassen und putzen. Größere Erdbeeren grob zerkleinern. Puderzucker und Zitronensaft mit 150 ml kochend heißem Wasser im Mixer oder mit dem Stabmixer aufschlagen, bis sich der Zucker gelöst hat. Die Beeren hinzufügen und pürieren.

2 Die Masse in eine flache Edelstahlform geben und für 2 Stunden ins Tiefkühlgerät stellen; herausnehmen und mit einer Gabel durchschlagen. Erneut 2 Stunden tiefkühlen und wieder durchschlagen. Die Granita mit Folie oder einem passenden Deckel bedecken und im Tiefkühlgerät lagern.

Erdbeer-Smoothies mit Zitronengras Abb. oben

Für 4 Trinkgläser (je ca. 250 ml)

600 g Erdbeeren
3 EL Agavendicksaft
1 Pck. Vanillezucker
1 unbehandelte Zitrone
1–2 Zweige Minze
4 dünne Stängel Zitronengras
150 g Joghurt
2 Kugeln Zitronensorbet
400 ml zerstoßene Eiswürfel

Haltbarkeit: keine

1 Die Erdbeeren waschen. 8 schöne Exemplare samt Kelchen beiseitelegen, die restlichen Beeren putzen und in Stücke schneiden. Mit Agavendicksaft und Vanillezucker im Mixer fein zerkleinern.

2 Die Zitrone heiß abwaschen und trocken reiben. Von einer Hälfte die Schale in langen dünnen Streifen abschneiden. Den Rest der Schale fein abreiben. Für die Garnitur die übrigen Erdbeeren abwechselnd mit Minzeblättchen auf die Zitronengrasstängel stecken, mit den Schalenstreifen dekorieren.

3 Den Joghurt mit der abgeriebenen Zitronenschale verrühren. Mit den Zitronensorbetkugeln zu den Erdbeeren geben und alles kurz durchmixen. Die zerstoßenen Eiswürfel auf vier Gläser verteilen; die Erdbeermischung daraufgießen. Die Smoothies mit den Erdbeer-Zitronengras-Spießen garnieren; servieren.

Beeren-Kirsch-Kompott

Abb. rechts

Für 2 Gläser (je ca. 500 ml)

je 200 g kleine Erdbeeren, Himbeeren, Rote Johannisbeeren und Kirschen
1 Vanilleschote
500 ml Rotwein oder 400 ml roter Fruchtsaft plus 100 ml Wasser
150 g Zucker
1 Zimtstange
1 Stück unbehandelte Zitronenschale
100 ml Erdbeer-Lime (siehe S. 86)

Haltbarkeit: 3 Monate

1 Beeren und Kirschen waschen und abtropfen lassen. Erd- und Himbeeren von den Blütenansätzen befreien, die Johannisbeeren von den Stielen streifen und die Kirschen entsteinen. Die Gläser vorbereiten (siehe S. 19).

2 Die Vanilleschote längs aufschneiden. Den Rotwein bzw. Saft und Wasser mit Zucker, Vanilleschote, Zimtstange und Zitronenschale in einem Topf zum Kochen bringen. Beeren und Kirschen dazugeben und das Kompott 5 Minuten köcheln lassen.

3 Die Früchte mit einem Schaumlöffel aus dem Sud heben und auf die Gläser verteilen. Den Sud noch 5 Minuten weiterköcheln lassen, dabei den Erdbeer-Lime unterrühren und mitkochen.

4 Vanilleschote, Zimtstange und Zitronenschale aus dem Sud nehmen und den kochend heißen Sud sofort auf die Beeren gießen, bis die Gläser randvoll sind. Die Gläser fest verschließen und das Kompott abkühlen lassen.

Servieren

Das Kompott auf Schälchen verteilen, mit Schlagsahne und gerösteten Mandelstiften garnieren.

Wunderbares Vanillearoma

Verwenden Sie die mitgekochte Vanilleschote bespielsweise zum Aromatisieren von Spirituosen oder Zucker: Die Schote abspülen, trocken tupfen und in eine Flasche mit Wodka oder Brandy geben. Für Vanillezucker die abgespülte Schote trocknen lassen und in ein Glas mit Zucker stecken.

Gurken

Die Verwandten von Kürbis, Zucchini und Melone werden seit dem Mittelalter in Europa kultiviert. Heute werden sie weltweit in gemäßigten und tropischen Klimazonen angebaut. Die sehr wasserreichen, schlanken Salatgurken eignen sich für den Frischverzehr, können aber auch eingelegt werden. Die festeren, kleineren Einlegegurken werden hauptsächlich eingelegt, können aber auch roh wie Salatgurken zubereitet werden; sie enthalten allerdings mehr Bitterstoffe als diese. Mithilfe der Milchsäuregärung entstehen Salz- bzw. saure Gurken, durch Einlegen in Essig mit Gewürzen und Kräutern Gewürz- oder auch Senfgurken. Gurken gehören nicht in den Kühlschrank. Luftdicht verpackt um die 12 °C halten sich Salatgurken mehrere Tage, Einlegegurken sogar bis zu 3 Wochen frisch.

Für den Vorrat

getrocknet	
tiefgekühlt	✓
Kompott, Mus	
Sauce, Sugo	✓
in Salz	✓
Saft, Sirup	
Chutney, Relish	✓
Konfitüre, Gelee	
in Essig, in Öl	✓
in Alkohol	

Saison

Einlegegurken werden fast ausschließlich als Freilandware von Juni bis in den Oktober hinein angeboten, in dieser Zeit kann man sie auch im eigenen Garten ernten. Salatgurken aus Unter-Glas-Anbau gibt es ganzjährig.

Gut in Kombination mit

Gewürzen und Kräutern wie Pfefferkörnern, Senfkörnern, Dillblüten und Dillkraut, Fencheldolden, Piment- und Wacholderbeeren, Lorbeerblättern, Minze oder Borretsch. Außerdem harmonieren Gurken gut mit Fenchelknollen, Tomaten, Paprikaschoten, Champignons oder Pfifferlingen; auch Äpfel ergänzen das Gurkenaroma.

Küchenpraxis

Zum Einlegen feste und fleckenfreie unbehandelte Gurken nehmen, denn meist werden sie mit Schale verarbeitet. Wenn sie große und viele Kerne enthalten, die Früchte längs halbieren und die Kerne mit einem scharfkantigen Löffel herauskratzen. Man kann rohe Gurken in Stücken einfrieren, um daraus Gemüse oder Suppen zu kochen.

Senfgurken

Für 3 Gläser (je ca. 400 ml)

2 Stängel Estragon
3 Stängel Dill
2 gelbe Gartengurken oder Salatgurken
250 ml Weißweinessig
100 g Zucker
1 EL Salz
1 EL gelbe Senfkörner

Haltbarkeit: 12 Monate

1 Die Kräuter waschen und trocken tupfen. Vom Estragon die Blätter abzupfen, die Dillspitzen abzupfen und hacken. Die Gläser vorbereiten (siehe S. 19). Die Gurken schälen, längs halbieren und die Kerne mit einem Löffel herausschaben. Das Fruchtfleisch in Stifte schneiden.

2 Den Essig mit 500 ml kaltem Wasser, Zucker und Salz in einen Topf geben. 5 Minuten sprudelnd kochen lassen, dann bei schwacher Hitze die Gurken hinzufügen und 5 Minuten mitköcheln lassen.

3 Den Backofen auf 100 °C vorheizen. Die Gurkenstifte mit einem Schaumlöffel aus dem Sud heben und mit Kräutern und Senf in die Gläser füllen. Den Sud dazugießen und die Gläser verschließen.

4 Die Gläser in das tiefe Backblech stellen und das Blech in den Ofen (Mitte) schieben. 2 cm hoch heißes Wasser in das Blech gießen. Die Gurken etwa 1 Stunde sterilisieren, dann die Gläser herausnehmen und abkühlen lassen. Die Gurken kühl und trocken lagern.

Einfache Essiggurken

Für 5–6 Gläser (je ca. 500 ml)

2 kg sehr kleine Gurken (Cornichons)
Salz
3 Knoblauchzehen
6 Lorbeerblätter
ca. 1,5 l Branntweinessig

Haltbarkeit: 6 Monate

1 Gurken waschen und sorgfältig trocken reiben. In eine große Schüssel geben und großzügig mit Salz bestreuen. Die Gurken über Nacht bzw. 12 Stunden durchziehen lassen, dabei gelegentlich wenden.

2 Am nächsten Tag die Gläser vorbereiten (siehe S. 19). Den Knoblauch schälen und halbieren. Die Gurken in ein Sieb schütten und gut abtropfen lassen, dann trocken reiben. Mit Lorbeer und Knoblauch auf die Gläser verteilen. So viel Essig in die Gläser füllen, dass die Gurken davon bedeckt sind. Die Gläser fest verschließen; kühl und dunkel lagern. Die Gurken 4 Wochen durchziehen lassen.

Pfeffer-Cornichons Abb. oben

Für 2 Gläser (je ca. 750 ml)

1 kg sehr kleine Einmachgurken
85 g Salz
250 ml Weißweinessig
2 EL Zucker
2 Lorbeerblätter
1 EL Senfkörner
je 1 EL schwarze und weiße Pfefferkörner
4 Schalotten

Haltbarkeit: 12 Monate

1 Die Gürkchen unter fließendem Wasser abbürsten. In eine große Schüssel legen, mit 80 g Salz bestreuen und mit 1,5 l kaltem Wasser bedecken. Die Gürkchen 24 Stunden wässern.

2 Den Essig mit 500 ml Wasser in einem Topf aufkochen und wieder abkühlen lassen. Gurken abgießen, abtropfen lassen und in den Topf geben. Zugedeckt 12 Stunden oder über Nacht ziehen lassen.

3 Anschließend die Gurken aus dem Sud nehmen, den Sud erneut aufkochen und abkühlen lassen. Die Gurken wieder in den Sud geben und nochmals zugedeckt 3 Tage ziehen lassen. Die Gläser vorbereiten (siehe S. 19). Die Gurken aus dem Sud nehmen. Den Sud mit Zucker, restlichem Salz (5 g), Lorbeerblättern sowie Senf- und Pfefferkörnern aufkochen. Die Schalotten schälen und vierteln. Mit den Gurken in den Sud geben; aufkochen und 30 Sekunden kochen lassen.

4 Gurken und Schalotten auf die Gläser verteilen, mit dem heißen Sud bedecken und die Gläser fest verschließen. Die Cornichons vor dem Anbrechen mindestens 2 Wochen durchziehen lassen.

Essig-Wein-Gurken in Olivenöl

Für 4 Gläser (je ca. 400 ml)

1 kleine unbehandelte Zitrone
1 kg sehr kleine Gurken (Cornichons)
175 g Salz
2 Lorbeerblätter
2 Knoblauchzehen
1 getrocknete Chilischote
1 EL schwarze Pfefferkörner
500 ml Weißweinessig
750 ml Weißwein
Olivenöl zum Auffüllen

Haltbarkeit: 6 Monate

1 Die Zitrone heiß waschen und trocken reiben. Von einer Hälfte die Schale in schmalen Streifen abschneiden, die Streifen in Stücke schneiden. Die Gurken waschen und trocken reiben. In eine Schüssel geben und mit der Zitronenschale und 75 g Salz mischen. 2 Tage durchziehen lassen.

2 Die Gurken in einem Sieb abtropfen lassen. Auf einem sauberen Tuch 2 Stunden trocknen lassen. Gläser vorbereiten (siehe S. 19). Lorbeerblätter halbieren. Knoblauch schälen und halbieren, Chilischote zerbröckeln. Die Gurken mit Lorbeer, Knoblauch, Chili und Pfeffer auf die Gläser verteilen. Den Essig mit dem Wein und dem restlichen Salz (100 g) aufkochen lassen. Die Gurken mit dem Sud begießen. Die Gläser schließen und die Gurken 1 Woche durchziehen lassen.

3 Den Sud abgießen und die Gurken mit Olivenöl bedecken. Die Gläser fest verschließen und kühl und dunkel lagern. Die Gurken vor dem Anbrechen 1 Monat durchziehen lassen.

Gurkenketchup

Für 1 Flasche (ca. 400 ml)

2 unbehandelte Salatgurken
1 TL Salz
2 Schalotten
3 Stängel Dill oder Fenchelgrün
2 EL Olivenöl
4 TL gelbe Senfkörner
2 TL Currypulver
2 EL Rohrohrzucker
125 ml Apfelessig
frisch gemahlener schwarzer Pfeffer

Haltbarkeit: 2 Monate

1 Die Gurken unter warmem Wasser gründlich waschen und trocken reiben. Die Enden abschneiden, die Gurken in Stücke schneiden und fein pürieren. Das Püree mit Salz mischen, in ein feines Sieb geben und etwa 30 Minuten abtropfen lassen. Inzwischen die Schalotten schälen und fein würfeln. Die Kräuter waschen, trocken schütteln, die Blätter abzupfen und fein hacken. Flasche vorbereiten (siehe S. 19).

2 Das Öl in einem Topf erhitzen. Schalotten, Senfkörner und Currypulver darin dünsten, den Zucker darüberstreuen und etwas karamellisieren lassen. Essig und Gurkenpüree untermischen. Das Ganze aufkochen lassen, mit Salz und Pfeffer abschmecken und sofort in die Flasche füllen. Fest verschließen, für 10 Minuten auf den Kopf stellen und den Ketchup abkühlen lassen. Mindestens 3 Tage durchziehen lassen.

Das passt dazu

Als Sauce zu Pellkartoffeln oder als Würze für Quark.

Eingelegte Borretsch-Gurken Abb. rechts

Für 2 Gläser (je ca. 750 ml)

1 kg große Einlegegurken
4 TL Salz
4 Borretschblätter
400 ml Kräuteressig
100 g Zucker
1 Lorbeerblatt
2 EL Senfkörner
1 EL Pimentkörner
2 Gewürznelken
1 EL weiße Pfefferkörner

Haltbarkeit: 3 Monate

1 Die Gurken schälen, längs halbieren, entkernen und in 1 cm dicke Scheiben schneiden. In eine Schüssel geben, mit Salz bestreuen und über Nacht ziehen lassen. Die Gläser vorbereiten (siehe S. 19).

2 Die Gurken in ein Sieb geben und abtropfen lassen. Borretsch waschen, trocken tupfen und in Streifen schneiden. Essig mit Zucker, Gewürzen und 400 ml Wasser zum Kochen bringen. Gurken und Borretsch hinzufügen, 1 Minute zugedeckt im Sud kochen lassen. Gurken mit dem Sud kochend heiß in die Gläser füllen. Gläser sofort verschließen.

Das passt dazu

Die pikanten Gurkenscheiben schmecken prima zu einer deftigen Brotzeit mit Schinken, Wurst und Käse.

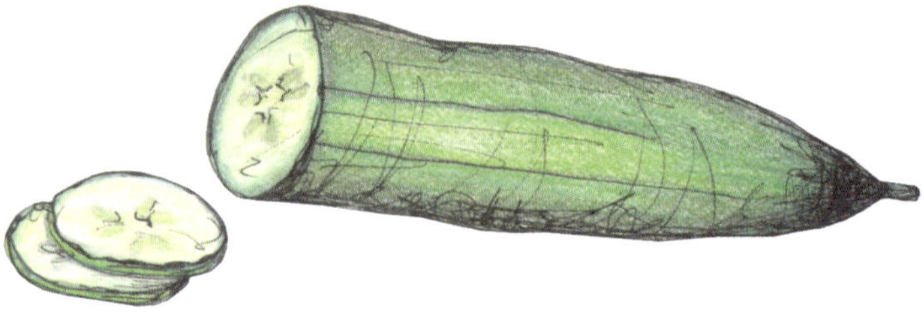

Süßsaure Gurkentaler

Für 4 Gläser (je ca. 500 ml)

3 Bund Dill
1,5 kg unbehandelte Salatgurken
3 Zwiebeln
1 l Apfelessig
1 EL schwarze Pfefferkörner
1 EL Pimentkörner
250 g Zucker

Haltbarkeit: 6 Monate

1 Die Gläser vorbereiten (siehe S. 19). Den Dill waschen und trocken schütteln, die Spitzen abzupfen und hacken. Die Gurken waschen, trocken reiben und ungeschält in Scheiben schneiden. Die Gurkenscheiben mit dem Dill in die Gläser schichten.

2 Die Zwiebeln schälen und in dünne Ringe schneiden. Den Essig mit 750 ml Wasser, den Zwiebelringen, dem Pfeffer und dem Piment in einem Topf aufkochen und 30 Minuten köcheln lassen. Den Zucker hinzufügen und rühren, bis er sich aufgelöst hat.

3 Den heißen Sud mit Gewürzen und Zwiebeln auf die Gläser verteilen; die Gurken müssen bedeckt sein. Sofort fest verschließen. Abkühlen lassen, dann kühl und dunkel lagern.

Buttermilch-Gurken-Mix mit Kräutern Abb. oben

Für 4 Trinkgläser
(je ca. 250 ml)

1 große Salatgurke
500 g Buttermilch
4 EL Quark
1 EL Olivenöl
3 EL Zitronensaft
Salz
frisch gemahlener Pfeffer
1 kleine Knoblauchzehe
1 Bund Dill
12 Minzeblättchen
12 Eiswürfel
4 Zitronenscheiben

Haltbarkeit: keine

1 Von der Gurke die Enden abschneiden. Die Gurke dünn schälen, längs halbieren und entkernen. Die Gurkenhälften würfeln und mit Buttermilch, Quark, Olivenöl, Zitronensaft, ½ TL Salz und 1 Prise Pfeffer in den Mixer geben.

2 Den Knoblauch schälen und grob zerkleinern. Die Kräuter waschen. 4 Stängel Dill beiseitelegen; restlichen Dill und die Minze hacken und mit dem Knoblauch zu den übrigen Zutaten in den Mixer geben. Alles kräftig mixen.

3 In vier hohe Gläser je 3 Eiswürfel geben und den Buttermilch-Gurken-Mix daraufgießen. Jede Portion mit 1 Dillstängel und 1 Zitronenscheibe garnieren. Sofort servieren.

Gurken mit Fenchel und Meerrettich

Für 2 Gläser (je ca. 500 ml)

1 kg gelbe Gartengurken oder Salatgurken
50 g Salz
1 kleine Fenchelknolle
30 g Meerrettichwurzel
4 Dillkronen mit Samenkörnern
250 ml Kräuteressig
70 g Zucker
4 EL gelbe Senfkörner
4 kleine Lorbeerblätter
10 Pimentkörner
20 weiße Pfefferkörner

Haltbarkeit: 6–8 Monate

1 Die Gurken von den Enden befreien, schälen und längs halbieren. Die Hälften entkernen, in etwa 5 cm lange Stücke schneiden und in eine Schüssel geben. Mit Salz bestreuen und zugedeckt über Nacht ziehen lassen. Am nächsten Tag die Gläser vorbereiten (siehe S. 19). Fenchel putzen, waschen und in Streifen schneiden. Den Meerrettich schälen und in dünne Scheiben schneiden. Die Gurken in einem Sieb abtropfen lassen. Mit Fenchel, Meerrettich und Dill in die Gläser schichten.

2 Essig mit 250 ml Wasser sowie Zucker, Senfkörnern, Lorbeerblättern, Piment- und Pfefferkörnern aufkochen lassen. Die Zutaten in den Gläsern mit dem heißen Sud bedecken. Die Gläser sofort verschließen, den Inhalt abkühlen und 4 Wochen durchziehen lassen.

Gelbe Gartengurken

Dabei handelt es sich nicht um eine eigene Sorte, sondern um überreife Gurken. Sie sind größer, haben einen niedrigeren Wasseranteil sowie größere Kerne als die reifen Gurken und eignen sich besonders gut zum Einlegen.

Gurken-Möhren-Pickles

Für 3 Gläser (je ca. 300 ml)

500 g kleine Einlegegurken
250 g Möhren
50 g Salz
2 Zwiebeln
400 ml Champagneressig
50 g Zucker
50 g gelbe Senfkörner
50 g braune Senfkörner

Haltbarkeit: 3–6 Monate

1 Die Gurken waschen, trocken tupfen und längs in sehr dünne Scheiben schneiden bzw. hobeln. Möhren putzen, schälen und ebenfalls in Längsscheiben schneiden. Gurken und Möhren mit dem Salz bestreuen und zugedeckt etwa 1 Stunde ziehen, dann abtropfen lassen und trocken tupfen. Die Zwiebeln schälen und fein hacken. Die Gläser vorbereiten (siehe S. 19).

2 Den Essig in einen Topf geben, Zwiebeln, Zucker und Senfkörner hinzufügen. Alles aufkochen und 15 Minuten köcheln lassen, dabei zum Schluss die Möhren 2 Minuten und die Gurken 1 Minute mitkochen. Das Gemüse mit einem Schaumlöffel aus dem Sud heben und auf die Gläser verteilen, anschließend mit dem kochend heißen Sud bedecken. Fest verschließen, abkühlen und 1 Woche durchziehen lassen.

Heidelbeeren

Die auch als Blau-, Schwarz- oder Bickbeeren bezeichneten kugelrunden Beeren gehören zu den Heidekrautgewächsen. In Europa ist die kleine (Wald)Heidelbeere am verbreitetsten; die große Kulturheidelbeere stammt aus Nordamerika. Kreuzungen dieser Art werden in großem Stil in Plantagen oder in Gärten angebaut. Im Gegensatz zum dunklen, färbenden Fruchtfleisch der Waldheidelbeere ist das der Kulturheidelbeere weiß. Für Konfitüre, Gelee oder andere Köstlichkeiten sind beide Arten geeignet, wobei die Waldheidelbeeren aromatischer sind. Heidelbeeren enthalten neben Vitaminen und Mineralstoffen auch Anthocyane – hochwirksame Farbstoffe, die die Beeren gesundheitlich besonders wertvoll machen. Heidelbeeren sind sehr empfindlich, deshalb sofort verbrauchen.

Für den Vorrat

getrocknet	
tiefgekühlt	✓
Kompott, Mus	✓
Sauce, Sugo	
in Salz	
Saft, Sirup	✓
Chutney, Relish	✓
Konfitüre, Gelee	✓
in Essig, in Öl	
in Alkohol	✓

Saison

Die blauschwarzen Beeren reifen von Ende Juni bis September. In dieser Zeit findet man sie in Wäldern am Rand von Lichtungen auf sandigen oder auch steinigen Böden oder kauft sie auf Märkten. Bei Kulturheidelbeeren auf die Herkunft achten: Oft wird Importware angeboten, obwohl die Beeren aus regionalem Anbau ebenfalls zur Verfügung stehen.

Gut in Kombination mit

anderen Beeren und Obst wie Pfirsichen, Nektarinen, Äpfeln oder auch Bananen. Zitronen, Vanille, auch Zimt, Nelken und Piment unterstreichen das Aroma. Heidelbeeren verleihen nicht nur Quark- und Joghurtspeisen eine beerige Note, sondern auch Saucen, z. B. zu Geflügel.

Küchenpraxis

Waldheidelbeeren vor dem Verzehr gründlich waschen. Das ohnehin geringe Risiko einer Infektion mit dem Fuchsbandwurm kann so noch minimiert werden – gar kein Risiko besteht, wenn die Beeren über 70 °C erhitzt werden. Beeren, die nicht sofort verarbeitet werden, am besten einfrieren. Angedrückte oder gar angeschimmelte Beeren wegwerfen!

Heidelbeerkuchen

Für 4 Gläser mit weiter Öffnung (je ca. 500 ml)

250 g weiche Butter, mehr für die Gläser
1 unbehandelte Zitrone
400 g Heidelbeeren
250 g Zucker
4 Eier
125 g Mehl
125 g gemahlene Mandeln
2 TL Backpulver

Haltbarkeit: 1 Monat

1 Die Gläser mit Butter ausfetten. Den Backofen auf 180 °C vorheizen. Die Zitrone heiß waschen und abtrocknen. Die Schale abreiben und den Saft auspressen. Heidelbeeren abbrausen und gut abtropfen lassen. Die Butter mit dem Zucker cremig schlagen. Die Eier nacheinander gründlich unterrühren, Zitronenschale und -saft dazugeben.

2 Mehl mit Mandeln und Backpulver mischen; die Mehlmischung unter die Buttercreme rühren. Die Hälfte der Heidelbeeren unter den Teig ziehen. Die Gläser halb- bis dreiviertelvoll mit dem Teig füllen, die übrigen Heidelbeeren darüberstreuen.

3 Die Küchlein im heißen Ofen (Mitte) etwa 50 Minuten backen. Garprobe machen: Mit einem Holzstäbchen in einen Kuchen stechen und wieder herausziehen; bleibt am Stäbchen nichts hängen, sind die Kuchen gar. Ansonsten noch ein paar Minuten backen.

4 Die Gläser aus dem Ofen nehmen, sofort mit den Deckeln fest verschließen. (Gläser mit Ofenhandschuhen festhalten, damit man sich nicht die Finger verbrennt.) Die Küchlein abkühlen lassen und kühl aufbewahren.

Das passt dazu

Servieren Sie die Beerenküchlein direkt im Glas mit Limoncello-Sahne oder Schlagsahne darauf. Für Limoncello-Sahne 200 g kalte Sahne halb steif schlagen, dann 2–3 EL Limoncello (siehe S. 292) dazugeben und weiterschlagen, bis die Sahne steif ist.

Schnelle Törtchen

Einen Kuchen aus dem Glas stürzen und quer in Scheiben schneiden. Die Scheiben mit Schlagsahne und frischen Beeren belegen und servieren.

Heidelbeerkompott Abb. links

Für 3 Gläser mit Gummiring (je ca. 500 ml)

1 kg Heidelbeeren
300 g Einmachzucker
Saft von 1 Zitrone
4 EL Schwarzer Johannisbeerlikör (z. B. Cassis)
1 Zimtstange, in 3 Stücke gebrochen

Haltbarkeit: 6–12 Monate

1 Die Gläser vorbereiten (siehe S. 19). Die Heidelbeeren abbrausen, gut abtropfen lassen und verlesen. Anschließend mit dem Einmachzucker, dem Zitronensaft und dem Likör gleichmäßig in die Gläser schichten. In jedes Glas ein Stück Zimtstange stecken; fest verschließen.

2 Das tiefe Backblech 2 cm hoch mit lauwarmem Wasser füllen und auf die unterste Schiene im Backofen schieben. Die Gläser mit Abstand zueinander in das Blech stellen, ohne dass sie sich oder den Rand des Blechs berühren. Die Backofentemperatur auf 180 °C schalten.

3 Sobald sich in den Gläsern Luftbläschen bilden, den Ofen ausschalten und die Gläser noch 30 Minuten darin stehen lassen. Nach dieser Zeit die Gläser aus dem Ofen nehmen und das Kompott ganz abkühlen lassen. Prüfen, ob die Deckel fest verschlossen sind und die Gläser an einem dunklen, kühlen Ort lagern.

Heidelbeer-Vanille-Konfitüre

Für 4 Gläser (je ca. 200 ml)

600 g Heidelbeeren
300 g Agavendicksaft
5 g Zitronensäure
½ TL gemahlene Vanille

Haltbarkeit: 6 Monate

1 Die Gläser vorbereiten (siehe S. 19). Die Heidelbeeren verlesen, abbrausen und gut abtropfen lassen. Mit Agavendicksaft, Zitronensäure und Vanille in einen großen Topf geben.

2 Die Mischung mit dem Stabmixer nur grob pürieren, anschließend die Masse unter Rühren aufkochen und unter weiterem Rühren 10 Minuten sprudelnd kochen lassen. Die Konfitüre kochend heiß randvoll in die Gläser füllen; Gläser fest verschließen und abkühlen lassen.

Besonders cremig

Noch 100 g Crème fraîche 2 Minuten vor Ende der Kochzeit unter die Beerenmasse rühren und mitkochen. Zum Abkühlen die Gläser auf den Kopf stellen, damit sich die Sahne nicht oben absetzt. Unbedingt kühl lagern und nicht länger als 3 Monate.

Heidelbeer-Ingwer-Konfitüre Abb. oben

Für 5 Gläser (je ca. 200 ml)

1 kg Heidelbeeren
50 g kandierter Ingwer
1 unbehandelte Zitrone
500 g Gelierzucker 2:1

Haltbarkeit: 6 Monate

1 Die Heidelbeeren abbrausen, verlesen und abtropfen lassen. Den Ingwer in sehr feine Streifen schneiden. Die Zitrone heiß abwaschen und trocken reiben. Die Schale in sehr dünnen Streifen abschneiden. Die Frucht auspressen.

2 Die Beeren in einen großen Topf geben; Ingwer, Zitronenschale und -saft sowie den Gelierzucker hinzufügen. Das Ganze gründlich durchrühren und im geschlossenen Topf etwa 2 Stunden ziehen lassen.

3 Die Gläser vorbereiten (siehe S. 19). Die Frucht-Zucker-Mischung aufkochen und offen unter Rühren 4–5 Minuten sprudelnd kochen lassen. Die Konfitüre sofort in die Gläser füllen. Die Gläser fest verschließen und die Konfitüre abkühlen lassen.

Schwedischer Beerenaufstrich

Für 8 Gläser (je ca. 200 ml)

1 kg Heidelbeeren
500 g Himbeeren
100 g Marzipanrohmasse
1 TL gemahlener Zimt
500 g Gelierzucker 2:1

Haltbarkeit: 6 Monate

1 Die Gläser vorbereiten (siehe S. 19). Die Beeren verlesen und waschen. Die Heidelbeeren fein pürieren und die Himbeeren durch ein feines Sieb passieren. Heidelbeerpüree und Himbeermark in einem großen Topf mischen.

2 Die Marzipanmasse fein würfeln oder auf der Gemüsereibe raspeln und zu der Fruchtmasse geben. Zimt und Gelierzucker hinzufügen; alles gründlich verrühren. Unter Rühren bei starker Hitze zum Kochen bringen und unter weiterem Rühren 3–4 Minuten sprudelnd kochen lassen. Falls nötig, dabei die Masse abschäumen. Die kochend heiße Beerenmasse randvoll in die Gläser füllen; Gläser verschließen und abkühlen lassen.

Süß-scharfe Heidelbeersauce

Für 3 Gläser (je ca. 250 ml)

500 g Heidelbeeren
1 rote Chilischote
20 g frischer Ingwer
1 unbehandelte Limette
100 ml Apfelsaft
½ TL Salz
frisch gemahlener schwarzer Pfeffer
125 g Gelierzucker 2:1

Haltbarkeit: 6 Monate

1 Heidelbeeren verlesen, abbrausen und grob pürieren. Chilischote putzen, entkernen und fein hacken. Ingwer schälen und fein reiben. Limette heiß abwaschen und abtrocknen. Die Schale abreiben und den Saft auspressen.

2 Beerenpüree mit Chili, Ingwer, Limettenschale und -saft, Apfelsaft, Salz, Pfeffer und Gelierzucker in einem Topf verrühren. Unter Rühren aufkochen und 4–5 Minuten kochen lassen; salzen und pfeffern. Die Sauce kochend heiß randvoll in die Gläser füllen. Fest verschließen; abkühlen lassen.

Das passt dazu

Schmeckt zu Wild und Käse, aber auch als Aufstrich.

Ohne Gelierzucker

Wer auf Gelierzucker 2:1 verzichten möchte, kann statt Apfelsaft und Gelierzucker 250 g Apfeldicksaft und 5 g Pektin bzw. pektinhaltiges Geliermittel mit den Zutaten verrühren. Alles zum Kochen bringen und nur 2–3 Minuten kochen lassen. Die so zubereitete Sauce hält sich bis zu 2 Monate.

Himbeeren/Brombeeren

Sie gedeihen in gemäßigten Klimazonen und gehören zur Familie der Rosengewächse. Botanisch betrachtet sind es keine Beeren, sondern Sammelsteinfrüchte: Winzige zusammenhängende Steinfrüchte bilden eine Beere – jedes Kernchen ist also der Stein eines Früchtchens. Neben den sehr aromatischen, kleinen wilden Beeren gibt es zahlreiche größere Zuchtsorten, die auf Plantagen oder in Gärten wachsen. Eine Kreuzung aus Brombeere und Himbeere ist die Loganbeere; Boysenbeeren sind wiederum eine Kreuzung aus Logan- und Brombeeren. Brombeeren werden mit Blütenboden gepflückt, während sich Himbeeren beim Pflücken davon lösen. Beide Beeren reifen nicht nach. Reife, pralle Beeren sind sehr empfindlich; nicht länger als 1–3 Tage im Kühlschrank aufbewahren.

Für den Vorrat

getrocknet	
tiefgekühlt	✓
Kompott, Mus	✓
Sauce, Sugo	
in Salz	
Saft, Sirup	✓
Chutney, Relish	✓
Konfitüre, Gelee	✓
in Essig, in Öl	✓
in Alkohol	✓

Saison

Voll ausgereift bieten Brombeeren und Himbeeren das meiste Aroma. Kultur-Brombeeren werden von Juli bis Oktober angeboten; im Wald kann man oft noch bis zum Frost Brombeeren pflücken. Bei Himbeeren unterscheidet man zwischen Sommer-Himbeeren, die im Juni und Juli erntereif sind, und Herbst-Himbeeren, die zwischen August und Oktober geerntet werden können.

Gut in Kombination mit

anderen Beeren und Kirschen (z. B. für Grütze), Aprikosen und Pfirsichen. Brombeeren harmonieren sehr gut mit Äpfeln und Birnen. Die Beeren ergänzen in Form von Chutney oder Sauce auch pikante Gerichte wie Schweinefleisch, Wild oder (Wild) Geflügel gut. Außerdem passen sie in Salate (z. B. Blattsalat mit Hähnchenbrust und Himbeeren).

Küchenpraxis

Beschädigte Beeren schimmeln schnell, diese besser wegwerfen! Zum Säubern Brombeeren kurz in stehendes, kaltes Wasser tauchen und zwischen Küchenpapier trocken tupfen; Himbeeren möglichst nicht waschen, damit sie nicht matschig werden. Zum Einfrieren die Beeren auf einem Tablett anfrieren, dann verpackt bis zu 10 Monate tiefkühlen.

Dreifruchtkonfitüre mit Rotwein

Für 6 Gläser (je ca. 225 ml)

350 g Himbeeren
300 g Brombeeren
350 g Johannisbeeren
2 EL Zitronensaft
1 kg Gelierzucker 1:1
2 Gewürznelken
50 ml Rotwein (z. B. Spätburgunder)
2 EL Himbeergeist

Haltbarkeit: 12 Monate

1 Die Gläser vorbereiten (siehe S. 19). Himbeeren und Brombeeren verlesen. Brombeeren und Johannisbeeren waschen und abtropfen lassen. Johannisbeeren von den Rispen streifen und abtropfen lassen. (Insgesamt benötigen Sie etwa 900 g geputzte Beeren.) Beeren, Zitronensaft und Gelierzucker in einem großen Topf mischen und bei Raumtemperatur zugedeckt mindestens 4 Stunden oder über Nacht ziehen lassen.

2 Die Gewürznelken und den Rotwein zur Fruchtmischung geben. Alles unter Rühren zum Kochen bringen und 4 Minuten unter ständigem Rühren sprudelnd kochen lassen. Falls nötig, die Konfitüre dabei abschäumen. Den Himbeergeist unterrühren und die Konfitüre kochend heiß in die Gläser füllen. Gläser sofort verschließen.

Brombeer-Apfel-Konfitüre

Für 5–6 Gläser (je ca. 400 ml)

650 g Brombeeren
750 g saure Äpfel
1 kleine unbehandelte Zitrone
Apfelsaft (nach Bedarf)
500 g Gelierzucker 2:1

Haltbarkeit: 6 Monate

1 Die Gläser vorbereiten (siehe S. 19). Die Brombeeren verlesen, waschen und in einen Topf geben. Die Äpfel schälen, vierteln, entkernen, in kleine Stücke schneiden und ebenfalls in den Topf geben. Die Zitrone heiß waschen und in Stücke schneiden; zu Beeren und Äpfeln geben. Etwas Wasser hinzufügen. Alles aufkochen und bei schwacher Hitze köcheln lassen, bis die Beeren aufgeplatzt und die Apfelstücke weich sind.

2 Die Mischung mit der Flüssigkeit durch das Passiergerät in eine Schüssel rühren, die Zitronenschalen dabei entfernen. Von der Masse 1 kg abwiegen; falls nötig, mit etwas Apfelsaft auffüllen.

3 Die Masse mit dem Gelierzucker in einen großen Topf geben. Unter Rühren aufkochen und 3–4 Minuten sprudelnd kochen lassen; kochend heiß randvoll in die Gläser füllen. Gläser sofort verschließen.

Himbeergelee Abb. rechts

Für 6–8 Trinkgläser (je ca. 150 ml)

800 g Himbeeren
1 unbehandelte Zitrone
50 g Zucker
2 Päckchen gemahlene rote Gelatine
Beeren zum Garnieren

Haltbarkeit: 3 Tage im Kühlschrank

1 Die Himbeeren abbrausen, verlesen und gut abtropfen lassen. Die Zitrone heiß waschen und abtrocknen. Die Schale abreiben und den Saft auspressen. 500 g Himbeeren in einem großen Topf mit Zitronenschale, Zucker und 800 ml kaltem Wasser aufkochen, dann 10 Minuten köcheln, bis die Beeren weich sind. Die Himbeermasse durch ein feines Sieb in eine Schüssel streichen.

2 Gelatine in kaltem Wasser 10 Minuten quellen lassen (siehe Packungsangabe). Anschließend vorsichtig erwärmen, bis sie sich auflöst. Zuerst mit 2 EL Himbeermasse verrühren, dann die Mischung unter die restliche Himbeermasse rühren und leicht abkühlen lassen.

3 Die Hälfte der Himbeermasse auf die Gläser verteilen und im Kühlschrank leicht fest werden lassen. Eine Lage frische Himbeeren einschichten, dann die restliche Himbeermasse daraufgeben. Kalt stellen und fest werden lassen. Die Geleeportionen mit frischen Beeren garnieren und servieren.

Kaltgerührtes Himbeer-Brombeer-Gelee

Für 3 Gläser (je ca. 200 ml)

250 g Brombeeren
250 g Himbeeren
500 g Gelierzucker 1:1

Haltbarkeit: 1 Monat im Kühlschrank

1 Die Gläser vorbereiten (siehe S. 19). Die Beeren sorgfältig verlesen. Die Brombeeren waschen und zwischen Küchenpapier trocken tupfen. Die Beeren durch ein feines Sieb streichen oder durch ein Passiergerät mit feinem Locheinsatz drehen.

2 Das Beerenmus und den Gelierzucker im Mixer oder in der Küchenmaschine auf kleiner Stufe etwa 10 Minuten lang schlagen, bis das Gelee andickt. Das Gelee in die Gläser füllen; fest verschließen.

Das passt dazu

Kaltgerührtes Gelee schmeckt nicht nur als Brotaufstrich, sondern auch sehr gut als Sauce zu Quarkspeisen oder Eiscreme.

Himbeersorbet

Für 4 Portionen

750 g Himbeeren
4 EL Zitronensaft
75 g Zucker
2 EL Honig

Haltbarkeit: 2 Monate im Tiefkühlgerät

1 Die Himbeeren sorgfältig verlesen. Anschließend pürieren, dabei Zitronensaft, Zucker und Honig hinzufügen. Die Fruchtmasse in flache Tiefkühldosen füllen und mindestens 6 Stunden tiefkühlen, bis sie fest ist. Für den Vorrat kann die Masse natürlich länger im Tiefkühlgerät bleiben.

2 Vor dem Servieren die gefrorene Fruchtmasse grob zerkleinern und im Mixer oder in der Küchenmaschine mit Schlagmesser cremig schlagen. Sofort servieren.

Ein feines Dessert

Das cremige Sorbet mit einem Eiskugelportionierer auf Schälchen verteilen und mit frischen Himbeeren oder anderen Früchten, z. B. Kirschen garnieren. Nach Belieben können Sie geschlagene Sahne oder cremigen Joghurt dazu reichen.

Himbeer-Grappa

Für 1 Flasche mit weitem Hals (ca. 1,5 l)

500 g Himbeeren
1 Zimtstange
4 Gewürznelken
100 g Zucker
1 l Grappa

Haltbarkeit: 6 Monate

1 Die Flasche heiß ausspülen und umgedreht abtropfen lassen. Die Himbeeren verlesen, vorsichtig waschen und zwischen Küchenpapier trocken tupfen. Mit der Zimtstange, den Gewürznelken und dem Zucker in die Flasche geben.

2 Beeren und Gewürze mit dem Grappa bedecken. Die Flasche verschließen und an einem warmen, dunklen Ort 3 Wochen stehen lassen. Anschließend den Ansatz durch ein Passiertuch gießen und die Flüssigkeit auffangen.

3 Die Flasche heiß ausspülen, gut abtropfen lassen und den gefilterten Ansatz hineingießen. Die Flasche verschließen und den Himbeer-Grappa noch 1 Monat bei Raumtemperatur ziehen lassen, nach Belieben in kleinere Flaschen umfüllen.

Süßsaure Brombeeren

Abb. oben

Für 5–6 Gläser (je ca. 250 ml)

500 ml klarer Apfelessig
2 EL Pimentkörner
4 Gewürznelken
3 cm Zimtstange
10 g frischer Ingwer
1,25 kg Brombeeren
400 g Rohrohrzucker

Haltbarkeit: 6–8 Monate

1 Den Essig mit Piment, Nelken, Zimt und Ingwer in einen kleinen Topf geben. Aufkochen, dann zugedeckt 10 Minuten köcheln lassen. Die Brombeeren waschen und verlesen. Den heißen Gewürzessig durch ein Sieb in eine Schüssel gießen. Die Brombeeren hinzufügen. Zugedeckt 12 Stunden durchziehen lassen.

2 Die Gläser vorbereiten (siehe S. 19). Ein Sieb auf einen größeren Topf setzen, die Beeren hineinschütten und den Essig in den Topf abtropfen lassen. Den Zucker zum Essig geben und alles zum Kochen bringen. Die Beeren hinzufügen und offen etwa 10 Minuten im Sud köcheln lassen, bis sie weich sind, aber nicht zerfallen. Mit einem Schaumlöffel aus dem Sirup heben und auf die Gläser verteilen. So viel Sirup dazugießen, dass die Gläser randvoll sind. Gläser sofort verschließen. Die Beeren mindestens 1 Woche durchziehen lassen.

Das passt dazu

Die Brombeeren schmecken zu Wild und Geflügel, aber auch als Dessert mit Crème fraîche oder als Kompott, z. B. zu Milchreis.

Essig aromatisieren

Ganz von selber entsteht aromatisierter Essig, wenn Sie Kräuter, Gewürze oder Früchte mit Weißwein-, Rotwein- oder Obstessig in Gläser oder Flaschen mit weitem Hals füllen und diese für mehrere Wochen an einen hellen, warmen Platz (z. B. auf die Fensterbank) stellen. Die Gläser sollten zwischendurch ab und zu geschüttelt werden, damit sich alle Inhaltsstoffe gut mischen. Die geschmacksgebenden Zutaten sehen dann nicht mehr so attraktiv aus, weshalb man sie nach dem Aromatisieren aus dem Essig herausnimmt. Der klare aromatisierte Essig kann anschließend mit frischen Zutaten in Schmuckflaschen abgefüllt und verschenkt werden.

Wichtig: Achten Sie auch hier auf Sauberkeit. Füllen Sie Ihre Essigkreationen stets in heiß ausgespülte verschließbare Gläser oder Flaschen (siehe S. 19).

Estragonessig

Für ca. 500 ml

3–4 Stängel Estragon waschen, trocken schütteln, sorgfältig zwischen Küchenpapier trocken tupfen und in ein Glasgefäß geben. **500 ml Weißweinessig** erwärmen und zu den Kräutern gießen. Gefäß verschließen und die Estragon-Essig-Mischung 2–3 Wochen bei Raumtemperatur ziehen lassen. Den Estragon entfernen und den fertigen Essig in Schmuckflaschen umfüllen, nach Belieben frische Estragonstängel in den Essig geben.

Tipp: *Estragonessig bietet sich für die Zubereitung einer Vinaigrette oder von Sauce Béarnaise an sowie zum Abschmecken von Fischsaucen, Kartoffelsuppen und Hühnerfrikassee.*

Knoblauchessig

Für ca. 500 ml

12 Knoblauchzehen schälen, grob hacken, in ein Glasgefäß geben und mit **½ TL Salz** bestreuen. **500 ml Weißweinessig** aufkochen und über den Knoblauch gießen. Das Gefäß verschließen und die Knoblauch-Essig-Mischung 1 Woche bei Raumtemperatur ziehen lassen. Anschließend durch ein Sieb gießen und in Schmuckflaschen füllen.

Tipp: *Knoblauchessig passt gut in Vinaigrettes für Blatt- und Tomatensalate, in Marinaden für Antipasti mit Auberginen oder Zucchini, und er eignet sich auch hervorragend für Chutneys und zum Abschmecken deftiger Eintöpfe.*

Orangenessig

Für ca. 500 ml
1 unbehandelte Orange heiß waschen und abtrocknen. Die Schale dünn (ohne die weißen Anteile) abschneiden und den Saft auspressen. Orangensaft und -schale in ein Glasgefäß geben. Mit **250 ml Obstessig** übergießen und das Gefäß verschließen. Die Mischung 1 Woche bei Raumtemperatur ziehen lassen. Danach den Orangenessig durch ein feinmaschiges Sieb gießen und in Schmuckflaschen füllen. Nach Belieben die Orangenschale wieder hinzufügen.
Tipp: *Orangenessig passt gut zu Möhren- und Fenchelsalat sowie zu pikanten Salaten mit Früchten.*

Zitronengras-Ingwer-Essig

Für ca. 500 ml
2 Zweige Koriandergrün waschen und trocken tupfen. **60 g frischen Ingwer** schälen und in Scheiben schneiden. **3 Stängel Zitronengras** putzen, waschen und trocken tupfen. Koriander, Zitronengras und Ingwer in eine Flasche geben und mit **500 ml weißem Balsamico-Essig** übergießen. Die Mischung 1 Woche bei Raumtemperatur ziehen lassen. Anschließend den aromatisierten Essig durch ein Sieb gießen und in eine Schmuckflasche füllen.
Tipp: *Passt gut in Saucen zu Fisch und Meeresfrüchten und eignet sich zum Abschmecken von asiatischen Gerichten.*

Himbeeressig

Für ca. 500 ml
200 g frische Himbeeren verlesen und in eine Flasche mit weitem Hals geben (alternativ 200 g TK-Himbeeren unaufgetaut in die Flasche geben). Die Beeren mit **300 ml Weißweinessig** und **100 ml trockenem Roséwein** übergießen. Das Ganze 1 Woche bei Raumtemperatur ziehen lassen. Danach durch ein mit einem sauberen Tuch ausgelegtes Sieb in einen Krug gießen und abtropfen lassen (siehe unten Abb. Mitte). Den Essig in eine Schmuckflasche füllen. Himbeeren im Tuch ausdrücken und die Flüssigkeit bald verbrauchen (z. B. für einen Drink, siehe unten Abb. rechts).
Tipp: *Himbeeressig passt in Vinaigrettes für Blattsalate und Rote Bete (vor allem mit Walnussöl) und eignet sich zum Abschmecken von Saucen zu Wild oder Entenbrust.*

Essig plus Aromazutat

Für Knoblauchessig den grob gehackten Knoblauch mit Salz in ein Glas schichten und mit dem heißen Essig bedecken. Das Glas verschließen und an einen warmen, hellen Platz stellen. Auf diese Weise können Sie auch Schalottenessig herstellen.

Wenn der Himbeeressig lange genug gezogen hat, wird er durch ein mit einem Mull- oder Passiertuch ausgelegtes Sieb gegossen. So bleibt ein klarer Essig zurück, den Sie mit frischen Zutaten in Schmuckflaschen füllen und verschenken oder selbst verbrauchen können.

Fruchtig aromatisierte Essige verleihen Drinks eine erfrischende Note. Gießen Sie z. B. 1 EL Himbeeressig mit 50 ml Ananassaft und 1 EL Grenadine in ein Longdrinkglas und füllen Sie das Ganze mit Mineralwasser auf. Nach Belieben noch Eiswürfel dazugeben.

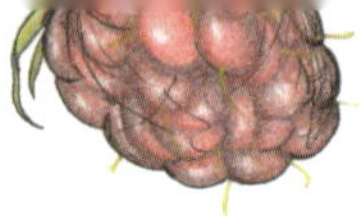

Beeren mit Schwips

Für 2 Gläser (je ca. 500 ml)

150 g Brombeeren
150 g Himbeeren
150 g Johannisbeeren
200 g Zwetschgen
ca. 300 g Rohrohrzucker
½ Zimtstange
2 Sternanis
2 Streifen Orangenschale
400 ml Himbeergeist

Haltbarkeit: 4–6 Monate

1 Die Beeren vorsichtig waschen oder säubern, die Johannisbeeren von den Rispen zupfen. Die Zwetschgen waschen, halbieren und entsteinen. Das Obst wiegen und mit halb so viel Zucker in eine Schüssel geben. Durchmischen und 1 Stunde ziehen lassen.

2 Die Gläser vorbereiten (siehe S. 19). Die Zimtstange halbieren. In jedes Glas ¼ Stange Zimt, 1 Sternanis und 1 Streifen Orangenschale geben. Das Obst auf die Gläser verteilen und den Alkohol daraufgießen. Gläser fest verschließen und die Brombeeren 4 Wochen an einem dunklen Platz durchziehen lassen.

Das passt dazu

Die beschwipsten Beeren schmecken zu Milchreis, Grieß- oder Vanillepudding. Für einen belebenden Drink einfach ein paar Beeren und etwas Einlegflüssigkeit mit Sekt aufgießen.

Brombeeren in Sirup

Für 3 Gläser (je ca. 400 ml)

1 kg Brombeeren
350 g Zucker
Saft von 1 Zitrone

Haltbarkeit: 4 Monate

1 Gläser vorbereiten (siehe S. 19). Beeren verlesen und auf die Gläser verteilen. Den Zucker mit 250 ml Wasser unter Rühren aufkochen; abkühlen lassen. Zitronensaft unter den abgekühlten Sirup rühren und die Beeren damit höchstens zu drei Vierteln bedecken. Gläser verschließen.

2 Die Gläser in einen großen Topf bis unter den Rand in Wasser stellen. Topf schließen, das Wasser aufkochen und 15 Minuten sprudelnd kochen lassen; vom Herd nehmen. Gläser im Wasser abkühlen lassen. Kühl und dunkel lagern; mindestens 2 Wochen durchziehen lassen.

Vielseitige Köstlichkeit

Die Beeren und etwas Sirup mit Sahnequark oder Joghurt verrühren – fertig ist eine leckere Creme. Für einen Tortenbelag die Beeren aus dem Sirup nehmen und abtropfen lassen. Den Sirup mit Sodawasser oder Sekt aufgießen, nach Belieben noch eine oder mehrere Beeren hineingeben und das Ganze als erfrischenden Drink genießen.

Brombeeren in weißem Rum Abb. oben

Für 4 Gläser (je ca. 500 ml)

850 g Brombeeren
2 unbehandelte Zitronen
2 Vanilleschoten
650 g weißer Kandis
ca. 1 l weißer Rum

Haltbarkeit: 12 Monate

1 Die Gläser vorbereiten (siehe S. 19). Die Brombeeren verlesen, waschen und sorgfältig zwischen Küchenpapier trocken tupfen. Die Zitronen heiß abspülen und trocken reiben. Die Schale von beiden Früchten spiralförmig dünn abschälen. Die Vanilleschoten längs aufschneiden.

2 Die Brombeeren und den Kandiszucker in die Gläser schichten. Zitronenschalen und Vanilleschotenhälften hinzufügen. Alles mit dem Rum bedecken. Die Gläser gut verschließen und die Beeren bei Raumtemperatur etwa 2 Wochen ziehen lassen.

Johannisbeeren

Die schwarzen, roten, weißen und auch rosaroten Beeren gehören botanisch zur Familie der Stachelbeergewächse. Sie wachsen in kleinen Trauben an Sträuchern, vor allem in gemäßigten Klimazonen der Nordhalbkugel. Sie heißen auch Gichtbeeren (schwarze), Ribisl, Kostbeere oder Träuble. Die roten Beeren schmecken frisch-säuerlich, die weißen süß und die schwarzen ziemlich sauer bis herb-aromatisch. Schwarze Johannisbeeren haben gegenüber den anderen Sorten einen höheren Fruchtsäuregehalt und den höchsten Vitamin-C-Gehalt. Johannisbeeren sollten möglichst rasch verzehrt bzw. verarbeitet werden, im Kühlschrank halten sich die Beeren an den Rispen gut 2–3 Tage; Sorten mit festen Beeren können bis zu 5 Tage aufbewahrt werden.

Für den Vorrat

getrocknet	
tiefgekühlt	✓
Kompott, Mus	✓
Sauce, Sugo	✓
in Salz	
Saft, Sirup	✓
Chutney, Relish	✓
Konfitüre, Gelee	✓
in Essig, in Öl	✓
in Alkohol	✓

Saison

Ab dem Johannitag (24. Juni) werden Johannisbeeren an den Rispen hängend geerntet und entsprechend im Handel angeboten. Die besten Johannisbeeren kann man von Mitte Juni bis Ende August auf dem Markt kaufen oder im Garten pflücken.

Gut in Kombination mit

süßen Beeren wie Himbeeren, die die Säure der Johannisbeeren abschwächen und das Aroma verstärken. Die Beeren ergänzen oft auch herzhafte Gerichte mit Fleisch, Wild und Geflügel; mit Käse (z. B. Feta) und Blattsalat lassen sich köstliche Salate kreieren, außerdem sind Johannisbeeren ein unersetzlicher Bestandteil von Cumberlandsauce.

Küchenpraxis

Beeren an den Stielen abbrausen und abtropfen lassen, dann mit einer Gabel abstreifen. Mehr Saft geben sie ab, wenn man sie mit dem Kartoffelstampfer andrückt. Zum Einfrieren an den Stielen lassen, einzeln vorgefrieren und in Beutel o. Ä. füllen; so verlieren sie weniger Saft. Die aufgetauten Beeren fallen fast von selbst von den Stielen.

Johannisbeergelee mit Brombeeren

Für 6 Gläser (je ca. 350 ml)

500 g Brombeeren
gut 1 l Johannisbeersaft (aus ca. 2,5 kg Roten Johannisbeeren)
1,5 kg Gelierzucker 1:1
2 EL Cassislikör

Haltbarkeit: 12 Monate

1 Die Brombeeren verlesen und in eine Schüssel geben. 100 g Gelierzucker untermischen und das Ganze zugedeckt etwa 1 Stunde bei Raumtemperatur ziehen lassen. Die Gläser vorbereiten (siehe S. 19).

2 Den Johannisbeersaft in einem großen Topf auf etwa 1 l einkochen lassen. Den restlichen Gelierzucker (1,4 kg) und die gezuckerten Brombeeren hinzufügen. Alles unter Rühren aufkochen und 4 Minuten sprudelnd kochen lassen, dabei gelegentlich umrühren. Den Cassislikör untermischen. Das Gelee kochend heiß in die Gläser füllen, die Gläser sofort verschließen. Für 20 Minuten auf den Kopf stellen, dann ganz abkühlen lassen.

Cassislikör

Für 3 Flaschen (je ca. 500 ml)

700 g Schwarze Johannisbeeren
350 g Zucker
700 ml Rotwein (z. B. Spätburgunder)
2 Gewürznelken
250 ml Weingeist (70 %; aus der Apotheke)

Haltbarkeit: 12 Monate

1 Die Johannisbeeren waschen, von den Rispen streifen und zwischen Küchenpapier trocken tupfen. Beeren und Zucker in ein passendes großes Gefäß geben. Rotwein dazugießen und die Nelken hinzufügen. Die Mischung zudecken und bei Raumtemperatur etwa 7 Tage ziehen lassen. Die Flaschen vorbereiten (siehe S. 19).

2 Die durchgezogene Beerenmischung in einen Topf geben und einmal aufkochen lassen. Den Topfinhalt durch ein mit einem Tuch ausgelegtes Sieb gießen und den Saft gut ablaufen lassen, dabei die Beeren ausdrücken. Die Flüssigkeit abkühlen lassen, dann den Alkohol unterrühren. Den Likör in die Flaschen füllen.

Ein Drink mit Stil

Cassislikör einfach pur servieren oder mit gut gekühltem Sekt oder Weißwein aufgießen.

Dreierlei Johannisbeerkonfitüre

Abb. links

Für 9 Gläser (je ca. 250 ml)

je 500 g Schwarze, Weiße und Rote Johannisbeeren
1,5 kg Gelierzucker 1:1
1 unbehandelte Orange
2 unbehandelte Limetten
1 Zweig Zitronenmelisse
3 EL Himbeergeist

Haltbarkeit: 12 Monate

1 Die Beeren waschen, gut abtropfen lassen und getrennt von den Rispen streifen. Jede Sorte mit je 500 g Gelierzucker in einen Topf geben. Beeren und Zucker mit dem Kartoffelstampfer durchmischen, die Beeren dabei andrücken. Die Mischungen zugedeckt mindestens 3 Stunden Saft ziehen lassen.

2 Inzwischen Orange und die Limetten heiß waschen und trocken reiben; die Schalen abreiben und den Saft auspressen (nicht mischen). Die Zitronenmelisse waschen und trocken schütteln; Blättchen abzupfen und in Streifen schneiden. Die Gläser vorbereiten (siehe S. 19).

3 Die schwarze Beerenmischung zum Kochen bringen. Orangensaft und -schale hinzufügen und das Ganze 3 Minuten unter Rühren sprudelnd kochen lassen. Topf vom Herd nehmen und die Konfitüre randvoll in 3 Gläser füllen. Sofort verschließen.

4 Die weißen Beeren zu Konfitüre kochen, kurz vor Ende der Kochzeit die Melissestreifen untermischen. Die Konfitüre ebenfalls randvoll in 3 Gläser geben; fest verschließen. Nun die roten Beeren mit Limettensaft und -schale zu Konfitüre kochen. Den Himbeergeist zum Schluss untermischen. Randvoll in die Gläser füllen und die Gläser fest verschließen. Die Konfitüren auskühlen lassen; kühl und dunkel lagern.

Mit Streifenmuster

Ein besonderes Mitbringsel können Sie kreieren, indem Sie die Konfitüren in drei Schichten in die Gläser füllen. Dafür die schwarze Konfitüre ein Drittel hoch auf die Gläser verteilen und fest werden lassen. Darauf die weiße Konfitüre geben, ebenfalls fest werden lassen und mit der roten Konfitüre abschließen. Gläser fest verschließen. Die Konfitüre innerhalb von 2 Monaten verbrauchen; bis dahin kühl lagern.

Cumberlandsauce

Abb. oben

Für 4 Flaschen oder Gläser (je ca. 200 ml)

2 unbehandelte Orangen
250 ml roter Johannisbeersaft (aus ca. 600 g Beeren)
150 ml Rotwein
2 EL Rotweinessig
250 g Gelierzucker 1:1
2 EL Portwein
2 Msp. Ingwerpulver
1 TL Senfpulver
2 Msp. rosenscharfes Paprikapulver

Haltbarkeit: 6 Monate

1 Die Flaschen oder Gläser vorbereiten (siehe S. 19). Die Orangen heiß waschen und trocken reiben. Die Schalen von beiden Früchten dünn abschneiden und in feine Streifen schneiden. Die Orangen auspressen. (Sie benötigen etwa 180 ml Saft.) Johannisbeer- und Orangensaft sowie Rotwein und Essig mit dem Gelierzucker in einem Topf unter gelegentlichem Rühren zum Kochen bringen. Portwein und Orangenschalenstreifen hinzufügen.

2 Den Topfinhalt 4 Minuten unter Rühren sprudelnd kochen lassen. Mit Ingwer-, Senf-, und Paprikapulver würzen. Die pikante Fruchtsauce heiß in die Flaschen oder Gläser füllen. Sofort verschließen.

Das passt dazu

Die fruchtig-pikante Sauce schmeckt wunderbar zu Wildgerichten und zu kaltem Braten, aber auch zu Fondue oder gegrilltem Fleisch.

Pikante Johannisbeersauce

Für 3 Gläser oder Flaschen (je ca. 200 ml)

100 g Rote Johannisbeeren
150 ml schwarzer Johannisbeersaft (aus ca. 500 g Beeren)
250 g Gelierzucker 1:1
2 EL Worcestersauce
2 EL Balsamico-Essig
2 TL grüner eingelegter Pfeffer, abgetropft
1 Msp. Salz

Haltbarkeit: 6 Wochen

1 Die Gläser vorbereiten (siehe S. 19). Die Roten Johannisbeeren waschen, entstielen und abtropfen lassen. Den Johannisbeersaft in einen Topf geben, Gelierzucker, Worcestersauce und Balsamico-Essig hinzufügen und alles aufkochen lassen.

2 Die Roten Johannisbeeren, die grünen Pfefferkörner und das Salz in den Topf geben. Alles offen 5 Minuten köcheln lassen. Sofort kochend heiß in die Gläser oder Flaschen füllen und diese sofort verschließen.

Das passt dazu

Servieren Sie die pikant-fruchtige Sauce zu gebratener Ente oder zu Wildgeflügel.

Johannisbeer-Chutney

Für 3 Gläser (ca. 250 ml)

500 g Rote Johannisbeeren
3 Schalotten
1 rote Chilischote
1 Apfel
100 ml Apfelessig oder weißer Balsamico-Essig
100 ml Orangensaft
150 g Rohrohrzucker
1 TL Salz
1 TL gelbe Senfkörner

Haltbarkeit: 6 Monate

1 Johannisbeeren waschen und von den Rispen streifen. Schalotten schälen und fein würfeln. Chili waschen, entkernen und in feine Streifen schneiden. Apfel schälen, entkernen und fein würfeln.

2 Schalotten und Chili in einem Topf ohne Fett bei schwacher Hitze kurz anrösten. Essig und Orangensaft dazugießen. Johannisbeeren, Apfel, Zucker, Salz und Senfkörner in den Topf geben. Alles offen etwa 1 Stunde köcheln lassen, bis die Masse angedickt ist. Die Gläser vorbereiten (siehe S. 19).

3 Das Chutney kochend heiß und randvoll in die Gläser füllen und diese sofort verschließen.

Das passt dazu

Das Chutney schmeckt statt Preiselbeeren zu Wild, als Würze in Rotkohl und anderem Gemüse oder zu Käse.

Kirschen

Wildkirschen haben die Römer schon geschätzt, bevor Kirschen in Europa in großem Stil kultiviert wurden. Wie Pflaumen oder Pfirsiche sind sie Steinfrüchte und gehören zu den Rosengewächsen. Den größten Anteil an den Sorten machen Süß- und Sauerkirschen aus. Süßkirschen (Knorpel- bzw. Herzkirschen) sind je nach Sorte rund bis oval und gelb bis dunkelrot. Sie sind roh ein Genuss, aber auch gut für den Vorrat geeignet. Hell- bis schwarzrote Sauerkirschen oder Weichseln sind dagegen teilweise sehr sauer und ideale Einmachfrüchte; am bekanntesten sind die Schattenmorellen. Frische Kirschen halten sich 1–2 Tage in einem Plastikbeutel im Kühlschrank (Stiele nicht entfernen). Erst kurz vor dem Verzehr bzw. der Verarbeitung waschen, damit sie nicht faulen.

Für den Vorrat

getrocknet	
tiefgekühlt	✓
Kompott, Mus	✓
Sauce, Sugo	
in Salz	
Saft, Sirup	✓
Chutney, Relish	✓
Konfitüre, Gelee	✓
in Essig, in Öl	✓
in Alkohol	✓

Saison

Süßkirschen werden, je nach Sorte, hierzulande von Juni bis in den August hinein geerntet; Herzkirschen reifen etwas früher als Knorpelkirschen. Die Sauerkirschernte dauert normalerweise von Anfang Juli bis Mitte August. Kirschen reifen nicht nach und müssen deshalb vollreif gepflückt werden.

Gut in Kombination mit

Beeren (z. B. in Grütze), aber auch Mandeln, Marzipan und Schokolade. Kirschsauce passt nicht nur zu Milchreis, Eiscreme oder Quarkspeisen, sondern genauso gut zu Braten aus Wild-, Schweine- oder Geflügelfleisch.

Küchenpraxis

Früchte mit Rissen oder Quetschungen aussortieren, denn sie könnten schimmeln. Kirschen erst nach dem Waschen entstielen, damit sie nicht an Aroma verlieren. Wenn man sie für kurze Zeit ins Gefriergerät legt, lassen sie sich leichter entsteinen. Kirschen am besten mit Steinen einmachen oder einfrieren, so haben sie mehr Geschmack.

Kirschkonfitüre mit Pfirsich

Für 4 Gläser (je ca. 300 ml)

etwa 600 g Sauerkirschen
etwa 600 g Pfirsiche
1 kg Gelierzucker 1:1
1 Zimtstange
2 Sternanis

Haltbarkeit: 6 Monate

1 Die Gläser vorbereiten (siehe S. 19). Sauerkirschen waschen, entstielen und entsteinen. Pfirsiche mit kochend heißem Wasser übergießen, kalt abschrecken und häuten. Pfirsiche entsteinen und in kleine Stücke schneiden.

2 Kirschen und Pfirsiche (Sie benötigen etwa 1 kg vorbereitete Früchte) mit dem Gelierzucker in einem großen Topf mischen. Zugedeckt bei Raumtemperatur mindestens 4 Stunden ziehen lassen.

3 Zimtstange und Sternanis zur Fruchtmischung geben. Alles unter Rühren zum Kochen bringen. Die Masse unter ständigem Rühren 4 Minuten sprudelnd kochen lassen. Falls nötig, dabei abschäumen. Die Konfitüre kochend heiß in die Gläser füllen und diese sofort verschließen.

Sauerkirschkonfitüre mit Schokolade

Für 5 Gläser (je ca. 250 ml)

1,2 kg Sauerkirschen
500 g Gelierzucker 2:1
2 EL Zitronensaft
50 g Zartbitterschokolade, grob geraspelt oder fein gehackt

Haltbarkeit: 6 Monate

1 Die Gläser vorbereiten (siehe S. 19). Die Kirschen waschen, entsteinen und die Hälfte pürieren. Das Püree mit den ganzen Kirschen, dem Gelierzucker und dem Zitronensaft in einen großen Topf geben und alles gründlich vermischen.

2 Die Mischung zum Kochen bringen und unter ständigem Rühren 4 Minuten sprudelnd kochen lassen. Die Schokolade unterrühren und die Konfitüre kochend heiß in die Gläser füllen. Die Gläser fest verschließen und für 5 Minuten auf den Kopf stellen. Wieder umdrehen und abkühlen lassen.

Sauerkirsch-Mandel-Konfitüre

Dafür die Schokolade ganz oder zur Hälfte durch die entsprechende Menge gehackte geschälte Mandeln ersetzen und den Zitronensaft durch Amaretto.

Kirschlikör Abb. rechts

Für 1 Flasche (ca. 750 ml)

500 g Sauerkirschen (z. B. Schattenmorellen)
75 g Zucker
600 ml Weinbrand

Haltbarkeit: 12 Monate

1 Die Kirschen waschen, abtropfen lassen und mit Küchenpapier trocken tupfen. Die Stiele entfernen. Die Kirschen nicht entsteinen. Jede Kirsche mit einer sauberen Nadel oder einem kleinen Spieß einstechen.

2 Ein großes Gefäß aus Steingut (z. B. Rumtopf) oder dunklem Glas gründlich reinigen. Abwechselnd Kirschen und Zucker in das Gefäß schichten. Den Weinbrand darübergießen. Falls nötig, die Kirschen mit zerknülltem Pergamentpapier nach unten drücken, damit sie vom Weinbrand bedeckt bleiben und nicht nach oben steigen.

3 Das Gefäß fest verschließen und an einem kühlen, dunklen Ort gut 3 Monate stehen lassen. Gelegentlich hin und her schwenken, bis der Weinbrand schön rot ist.

4 Den Liköransatz durch ein mit einem Passiertuch ausgelegtes Sieb in eine Schüssel gießen, die Kirschen ausdrücken. Die Flasche mit kochend heißem Wasser ausspülen und abtropfen lassen. Einen Trichter daraufsetzen und den fertigen Likör in die Flasche gießen. Die Flasche verschließen.

Kirschlikör mit Gewürzen

Die Kirschen wie beschrieben vorbereiten und mit dem Zucker sowie einem Stück Zimtstange, 1–2 Gewürznelken und ein paar Streifen Orangenschale in das Gefäß geben. Alles mit Weinbrand oder anderem Alkohol, beispielsweise Weingeist, Wodka oder braunem Rum, aufgießen.

Beschwipste Schokokirschen

Für 30 Stück

30 Sauerkirschen mit Stielen
100 ml Mandellikör
5 EL Kirschwasser
300 g Marzipanrohmasse
50 g Puderzucker
10 g Zitronat
300 g Bitterkuvertüre

Haltbarkeit: 7–10 Tage im Kühlschrank

1 Die Kirschen waschen, abtropfen lassen und zwischen Küchenpapier trocken tupfen. Jede Kirsche mit einer Gabel mehrmals einstechen. Likör und Kirschwasser in einer Schale mischen und die Kirschen darin marinieren. Kirschen 2 Tage zugedeckt im Kühlschrank ziehen lassen.

2 Die Kirschen in ein Sieb gießen und abtropfen lassen. Die Likörmischung anderweitig verwenden, z. B. für ein Dessert. Die Kirschen zwischen Küchenpapier trocken tupfen. Die Marzipanrohmasse mit dem Puderzucker verkneten und in 30 Portionen teilen.

3 Jedes Marzipanstück zwischen den Händen flach drücken und damit jeweils 1 Kirsche umhüllen. Ein Kuchengitter mit Backpapier belegen. Zitronat in feine, kurze Streifen schneiden.

4 Die Kuvertüre fein hacken und in einer Schüssel über einem heißen Wasserbad schmelzen. Die Kirschen am Stiel festhalten und in die Kuvertüre tauchen. Anschließend auf das Backpapier setzen.

5 Die Zitronatstreifen auf die noch feuchte Schokolade geben und leicht andrücken. Die Schokolade fest werden lassen. Die Schokokirschen im Kühlschrank aufbewahren.

Servieren

Reichen Sie die Schokokirschen zum Dessert oder als kleine Süßigkeit zu Kaffee oder Tee.

Auch so gelingt´s

Wer Kirschen ohne Stiel hat, taucht sie mithilfe von einer Pralinengabel oder zwei Gabeln in die Kuvertüre. Wer Zitronat nicht so gern mag, lässt es einfach weg. Die Schokokirschen schmecken auch mit Süßkirschen.

Sauerkirschen mit Mandeln

Abb. oben

Für 5 Gläser mit Gummiring (je ca. 500 ml)

2 kg Sauerkirschen
100 g ungeschälte Mandeln
250 g Zucker
80 ml Mandellikör

Haltbarkeit: 6 Monate

1 Die Gläser vorbereiten (siehe S. 19). Die Kirschen entstielen, waschen und in einem Sieb gut abtropfen lassen. Anschließend mit den Mandeln in die Gläser schichten.

2 500 ml Wasser mit dem Zucker in einem Topf unter gelegentlichem Rühren zum Kochen bringen. Den Mandellikör dazugießen.

3 Kirschen und Mandeln in den Gläsern mit dem heißen Sud bedecken. Die Gläser verschließen und die Kirschen anschließend im Einkochtopf bei 90 °C in etwa 25 Minuten sterilisieren.

Einkochen im Backofen

Die gefüllten Gläser in das tiefe Backblech setzen; in den Ofen schieben. Das Blech zur Hälfte mit lauwarmem Wasser füllen und die Ofentemperatur auf 160 °C (Umluft) stellen. Sobald Bläschen in den Gläsern aufsteigen, den Ofen ausstellen und die Gläser noch 30 Minuten darin lassen. Herausnehmen und ganz abkühlen lassen.

Kirschkaltschale Abb. oben

Für 3 Gläser (je ca. 400 ml)

500 g Sauerkirschen
20 g frischer Ingwer
Schale von ½ unbehandelten Zitrone
75 g Zucker
1 Zimtstange
500 ml Roséwein
4 EL (40 g) Speisestärke
60 ml Kirschwasser

Haltbarkeit: 3–4 Monate

1 Die Gläser vorbereiten (siehe S. 19). Die Kirschen waschen, entsteinen und gut abtropfen lassen. Den Ingwer schälen und in Scheiben schneiden. Die Zitrone heiß abspülen und trocken reiben. Die Schale dünn abschälen und in feine Streifen schneiden.

2 Die Kirschen mit dem Zucker in einen Topf geben. Ingwerscheiben, Zimtstange und Zitronenschale hinzufügen. Den Wein dazugießen und alles zum Kochen bringen. 5 Minuten köcheln lassen, dabei gelegentlich umrühren.

3 Inzwischen die Speisestärke mit dem Kirschwasser anrühren. Unter die Kirschen mischen und alles 1 Minute unter Rühren köcheln lassen. Die heiße Kirschmischung in die vorbereiteten Gläser füllen. Sofort verschließen.

Vanillekirschen

Für 2 Gläser (je ca. 500 ml)

1 kg Süßkirschen, am besten Herzkirschen
1 Vanilleschote
250 ml Rotweinessig
125 ml roter Johannisbeersaft
2 EL brauner Rum
500 g weißer Kandiszucker

Haltbarkeit: 6 Monate

1 Kirschen waschen, entstielen und entsteinen. Vanilleschote längs halbieren. Kirschen und Vanilleschote in ein großes Glas oder eine Schüssel geben. Essig und Saft dazugießen. Zugedeckt 2 Tage kühl stellen und ziehen lassen.

2 Gläser vorbereiten (siehe S. 19). In jedes Glas 1 EL Rum geben und im Glas schwenken. Kirschen durch ein Sieb gießen, dabei den Sud auffangen. Sud aufkochen und den Kandiszucker darin auflösen. Kirschen dazugeben und 2 Minuten köcheln lassen.

3 Kirschen mit einem Schaumlöffel herausheben und auf die Gläser verteilen. In jedes Glas ½ Vanilleschote geben. Den Sud nochmals aufkochen, offen etwa 5 Minuten köcheln lassen. Anschließend die Kirschen mit dem kochend heißen Sud bedecken. Die Gläser sofort verschließen.

Kirsch-Beeren-Kompott

Für 2 Gläser (je ca. 500 ml)

400 g Süßkirschen
400 g Himbeeren und Rote Johannisbeeren
500 ml Rotwein
150 g Zucker
2 kleine Stücke Zimtstange
5 EL Mandellikör (z. B. Amaretto)
2 EL Zitronensaft
1 EL Himbeerkonfitüre

Haltbarkeit: 3–4 Monate

1 Gläser vorbereiten (siehe S. 19). Kirschen und Beeren waschen und abtropfen lassen. Kirschen entsteinen (4 Kirschsteine beiseitelegen), Johannisbeeren abzupfen. Wein mit Zucker, Zimtstange und Kirschkernen aufkochen. Kirschen und Beeren in den kochenden Sud geben und 5 Minuten mitköcheln.

2 Kompott mit Likör, Zitronensaft und Konfitüre abschmecken. Sofort heiß und randvoll in die Gläser füllen. Fest verschließen; für etwa 10 Minuten auf den Kopf stellen, dann ganz abkühlen lassen.

Kirsch-Beeren-Grütze

Die Hälfte der Kirschen und Beeren im Sud weich garen. Kirschkerne und Zimt entfernen. Früchte im Sud grob pürieren, dann die übrigen Früchte hinzufügen, alles aufkochen und mit 2 EL angerührter Speisestärke binden. Abschmecken, abkühlen lassen und servieren.

Knoblauch

Die Knolle gehört zur Familie der Zwiebelgewächse und ist eine der ältesten Kulturpflanzen. Knoblauch wird weltweit angebaut und verdankt seine gesundheitsfördernde und antibiotische Wirkung sowie seinen typischen Geschmack bestimmten schwefelhaltigen Substanzen. Experten empfehlen, als Gesundheitsprophylaxe zwei Zehen täglich zu essen. Am häufigsten findet man weißen Knoblauch, seltener den etwas süßeren und würzigeren mit rosa bis rötlicher Farbe. Frische Knoblauchknollen sind fest und haben eine gleichmäßige (weiße) Farbe. Sie halten sich im Gemüsefach des Kühlschranks 6–8 Wochen. Getrocknete Knollen lassen sich mindestens genauso lang an einem trockenem, kühlen und luftigen Ort lagern. Knoblauch gibt sein Aroma gut an andere Zutaten ab (z. B. an Essig und Öl), weshalb er sich bestens zum Einlegen eignet.

Für den Vorrat

getrocknet	✓
tiefgekühlt	✓
Kompott, Mus	
Sauce, Paste	✓
in Salz	✓
Saft, Sirup	
Chutney, Relish	
Konfitüre, Gelee	
in Essig, in Öl	✓
in Alkohol	

Saison

Frischer Knoblauch ist etwa von Juni bis September zu bekommen, Hauptsaison ist im Mai. Aufgrund seiner guten Lagerfähigkeit ist Knoblauch aber das ganze Jahr erhältlich. Knollen mit dunklen, weichen Stellen aussortieren.

Gut in Kombination mit

Zutaten der mediterranen und asiatischen Küche, vor allem Tomaten, Auberginen, Paprikaschoten, Zucchini und Pilzen. Er eignet sich zum Würzen von Fleisch-, Geflügel- und Fischgerichte sowie pikantem Gebäck, Saucen, Marinaden und Butter.

Küchenpraxis

Den bitteren grünen Keim ggf. vor der Verwendung entfernen. Knoblauch bei schwacher Hitze braten, damit er nicht verbrennt und bitter wird. Pürierte Zehen kann man einfrieren, dabei leidet allerdings der Geschmack etwas. Alternativ kann man fein zerkleinerten Knoblauch mit Salz in ein Glas schichten und im Kühlschrank bis zu 6 Monate aufbewahren.

Knoblauch-Petersilien-Butter

Für ca. 300 g

2 Knoblauchzehen
½ Bund Schnittlauch
½ Bund Petersilie
250 g weiche Butter
abgeriebene Schale und Saft von ½ unbehandelten Zitrone
Salz
frisch gemahlener Pfeffer
1 Prise Zucker

Haltbarkeit: 3 Monate im Tiefkühlgerät

1 Den Knoblauch schälen und fein hacken. Die Kräuter waschen und trocken schütteln. Die Petersilie fein hacken und den Schnittlauch in Röllchen schneiden.

2 Alles mit Butter und Zitronenschale verrühren. Mit Salz, Pfeffer, Zucker und Zitronensaft würzen. Die Butter in Frischhaltefolie wickeln, dabei zur Rolle formen und bis zur Verwendung in den Kühlschrank stellen.

Praktisch: Portionsweise einfrieren

Die Butterrolle im Kühlschrank fest werden lassen. Dann in Scheiben schneiden, die Butterportionen nebeneinander auf Alufolie legen und im Tiefkühlgerät gefrieren lassen. Anschließend in einen Gefrierbeutel oder eine Gefrierdose füllen und bis zu 3 Monate einfrieren. Nach Bedarf entnehmen.

Knoblauchpaste

Für 2 Gläser (ca. je 200 ml)

1 Knoblauchknolle
4 EL trockener Weißwein
300 ml Raps- oder Distelöl

Haltbarkeit: 6 Monate

1 Die Gläser vorbereiten (siehe S. 19). Die Knoblauchknolle in Zehen teilen und diese schälen. In den Mixer geben, den Wein hinzufügen und das Ganze fein pürieren.

2 Das Öl bei laufendem Motor in dünnem Strahl dazugeben, bis eine dicke Paste entstanden ist. Die Knoblauchpaste in die Gläser geben und fest verschließen. Kühl und dunkel aufbewahren.

Das passt dazu

Die Paste kann teelöffelweise zum Würzen von Dressings, Braten und Saucen verwendet werden.

Eingelegte Knoblauchzehen

Abb. rechts

Für 4 Gläser (je ca. 220 ml)

5 Knoblauchknollen
2 frische rote Chilischoten
2 Zweige Rosmarin
2 Zweige Thymian
250 ml Weißwein
250 ml Weißweinessig
75 g Zucker
2 TL Salz
8 Gewürznelken
1 TL weiße Pfefferkörner
4 Lorbeerblätter
6 EL Rapsöl

Haltbarkeit: 3 Monate

1 Knoblauchknollen in Zehen teilen und schälen. Die Chilis waschen, längs halbieren und ggf. entkernen. Die Kräuter waschen und trocken schütteln.

2 Wein, Essig und Zucker in einem Topf aufkochen lassen. Knoblauch, Salz, Nelken, Pfeffer, Lorbeerblätter, Rosmarin und Thymian hinzufügen. Alles zugedeckt 5 Minuten kochen lassen. Den Topfinhalt über Nacht ziehen lassen.

3 Gläser vorbereiten (siehe S. 19). Den Topfinhalt aufkochen und kochend heiß in die Gläser füllen. Das Öl darüber verteilen. Die Gläser sofort verschließen.

Universalwürze

Die ganzen Knoblauchzehen passen prima zu Gegrilltem. Fein gehackt machen sie sich gut in deftigen Kartoffel- und Nudelsalaten.

Kubanische Knoblauchsauce

Für 2 Gläser (je ca. 200 ml)

8 Knoblauchzehen
6–7 Limetten
125 ml Olivenöl
1 TL gemahlener Kreuzkümmel
1 TL getrockneter Oregano
2 TL Meersalz
frisch gemahlener Pfeffer
4 Stängel Koriandergrün

Haltbarkeit: 2 Wochen im Kühlschrank

1 Knoblauch schälen und fein hacken. Die Limetten auspressen. (Sie benötigen etwa 150 ml Saft.) Das Olivenöl vorsichtig erhitzen, es darf auf keinen Fall rauchen. Den Knoblauch darin hellgelb werden lassen. 125 ml Wasser und den Limettensaft vorsichtig dazugeben. Mit Kreuzkümmel und Oregano würzen. Alles einmal aufkochen, salzen, pfeffern und abkühlen lassen.

2 Die Gläser vorbereiten (siehe S. 19). Koriandergrün waschen, trocken tupfen und die Blättchen fein hacken. Unter die abgekühlte Flüssigkeit rühren. Knoblauchsauce in Flaschen füllen und verschließen.

Das passt dazu

Die Sauce passt zu Garnelen, Hähnchenfleisch und als Dip zu Nachos.

Knoblauchgarnelen Abb. oben

Für 1 Glas (ca. 500 ml)

1 Bund Petersilie
2 Knoblauchzehen
1 Zitrone
300 g mittelgroße TK-Garnelen, aufgetaut
150 ml Soja- oder Rapsöl
2 getrocknete Chilischoten
Salz
frisch gemahlener Pfeffer

Haltbarkeit: 2 Wochen im Kühlschrank

1 Die Gläser vorbereiten (siehe S. 19). Petersilie waschen, trocken schütteln und trocken tupfen. Die Blätter abzupfen und hacken. Knoblauch schälen und in Scheiben schneiden. Zitrone auspressen. Die Garnelen trocken tupfen.

2 Das Öl mit Knoblauch und Chilischoten erwärmen. Die Garnelen hinzufügen und im Öl erhitzen. Den Zitronensaft dazugießen, alles mit Salz und Pfeffer würzen und die Petersilie untermischen. Das Ganze einmal aufkochen lassen, dann sofort in die Gläser füllen und diese fest verschließen. Abkühlen lassen und im Kühlschrank lagern.

Aïoli – Knoblauchmayonnaise

Für ca. 400 g

4 Knoblauchzehen
2 Eigelb
250 ml Olivenöl
Salz
frisch gemahlener Pfeffer
1–2 TL Zitronensaft

Haltbarkeit: 2 Tage im Kühlschrank

1 Die Knoblauchzehen schälen und fein zerdrücken. Die Eigelbe in eine Schüssel geben und mit einem Schneebesen hell und cremig schlagen. Den Knoblauch hinzufügen und unterarbeiten.

2 Unter ständigem Schlagen das Öl zunächst tropfenweise, dann in dünnem Strahl dazugießen. Die Aïoli mit Salz, Pfeffer und Zitronensaft würzen und bis zum Servieren im Kühlschrank aufbewahren.

Knoblauch-Walnuss-Paste

Für ca. 200 g

5 Knoblauchzehen
25 Walnusskernhälften
1 TL gehackte Petersilie
1 Msp. getrockneter Thymian
Salz
Olivenöl

Haltbarkeit: 2 Wochen im Kühlschrank

1 Den Knoblauch schälen und zerkleinern. Die Nüsse in Stücke brechen. Beides zusammen im Mörser zu einer glatten Paste zerstoßen. Petersilie und Thymian untermischen und die Paste mit Salz abschmecken.

2 Die Paste in eine Schale oder ein Glas füllen und mit Olivenöl bedecken. Das Gefäß verschließen und die Paste im Kühlschrank aufbewahren.

Das passt dazu

Die Paste ist fein zu Fisch und Geflügel, eignet sich aber auch zum Abschmecken von Saucen, z. B. für Pasta.

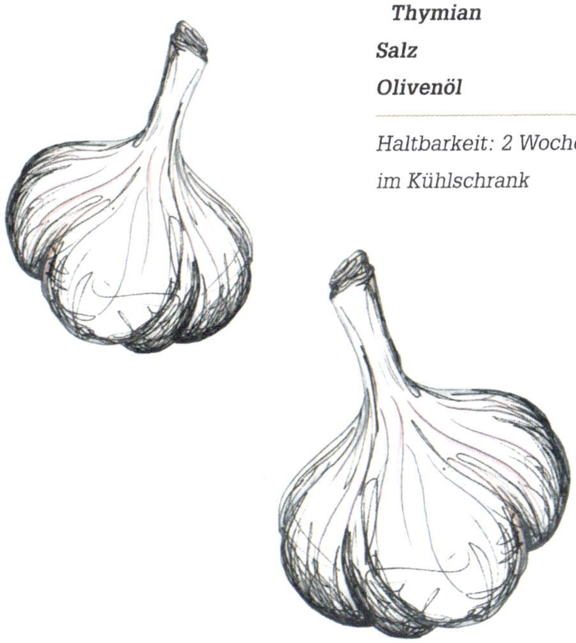

Kräuter

Seit Menschengedenken werden bestimmte Pflanzenstängel mit Blättern bzw. nur die Blätter genutzt, um Essen aromatischer oder besser verträglich zu machen. Viele Kräuter stammen aus dem Mittelmeerraum und sind Wärme, Sonne und milde Winter gewöhnt. Dennoch gedeihen etliche Sorten in kühleren Klimazonen und auf der Fensterbank. Zarte Kräuter wie Basilikum oder Koriander sollten besser gezupft als geschnitten und gröbere wie Rosmarin oder Lorbeer mit einem scharfen Messer zerkleinert werden. Zum Einlegen, Einmachen oder Trocknen stets Kräuter nehmen, die feste Triebe und Stängel sowie unbeschädigte und glänzende Blätter haben. Frische Kräuter halten sich im Gemüsefach des Kühlschranks in einem verschlossenen Gefrierbeutel 1–3 Tage (je nach Sorte).

Für den Vorrat

getrocknet	✓
tiefgekühlt	✓
Kompott, Mus	
Sauce, Paste	✓
in Salz	✓
Saft, Sirup	
Chutney, Relish	
Konfitüre, Gelee	
in Essig, in Öl	✓
in Alkohol	✓

Saison

Kräuter wie Schnittlauch, Petersilie oder Basilikum, die auch im Topf auf der Fensterbank wachsen, stehen das ganze Jahr frisch zur Verfügung; andere wie Bohnenkraut, Borretsch, Dill, Majoran, Thymian, Rosmarin oder Minze von Sommer bis Herbst. Eine kurze Saison haben z. B. Salbei (Mai, Juni) oder Estragon (Juli bis September).

Gut in Kombination mit

Pinienkernen, Olivenöl und Parmesan für Pestos (z. B. Basilikum, Minze, Rucola). Zu Gurken passen Dill oder Borretsch, zu Bohnen Bohnenkraut, zu asiatischen Gerichten Koriander und zu Früchten z. B. Minze. Kräuter wie Rosmarin, Oregano, Thymian, Salbei gehören in mediterrane Speisen. Estragon und Kerbel harmonieren mit Spargel.

Küchenpraxis

Zarte Kräuter wie Petersilie oder Basilikum sollten nicht gekocht werden. Im Gegensatz dazu entwickeln feste Kräuter wie Lorbeer, Rosmarin oder Salbei erst beim Kochen oder Marinieren ihr Aroma. Kräuter wie Dill, Petersilie, Schnittlauch, Bohnenkraut waschen, trocknen, grob zerkleinern; in Portionen bis zu 6 Monate einfrieren. Oregano, Rosmarin, Salbei, Thymian, Estragon eignen sich eher zum Einlegen.

Basilikumpesto mit Pinienkernen

Für 2 Gläser (je ca. 200 ml)

2 Bund Basilikum
4 Knoblauchzehen
150 g Parmesan
75 g Pinienkerne
Meersalz
frisch gemahlener Pfeffer
200 ml Olivenöl, mehr zum Bedecken

Haltbarkeit: 3 Wochen im Kühlschrank

1 Die Gläser vorbereiten (siehe S. 19). Das Basilikum waschen und trocken schütteln. Die Blättchen abzupfen. Den Knoblauch schälen und grob hacken. Den Parmesan in grobe Stücke schneiden.

2 Pinienkerne und Parmesan im Mixer zerkleinern. Basilikum und Knoblauch hinzufügen; alles fein zerkleinern. Mit Meersalz und Pfeffer abschmecken. Nach und nach das Olivenöl untermixen. Das Pesto in die Gläser füllen und mit Olivenöl bedecken. Die Gläser fest verschließen.

Rotes Basilikumpesto

Zur Abwechslung können Sie rotes Basilikumpesto herstellen. Hierfür zusätzlich etwa vier abgetropfte, in Öl eingelegte getrocknete Tomaten klein schneiden und dann untermixen. Für den Vorrat kann man das Pesto 4–6 Monate einfrieren.

Petersilienpesto mit Mandeln

Für 2 Gläser (je ca. 200 ml)

2 Bund glatte Petersilie
150 g Bergkäse
150 g Mandelstifte
20 g getrocknete Apfelringe
Salz
frisch gemahlener Pfeffer
200 ml Rapsöl, mehr zum Bedecken

Haltbarkeit: 3 Wochen im Kühlschrank

1 Die Gläser vorbereiten (siehe S. 19). Die Petersilie waschen und trocken schütteln, Blättchen abzupfen. Den Käse in grobe Stücke schneiden. Die Apfelringe grob zerkleinern.

2 Käse und Mandelstifte im Mixer zerkleinern. Petersilie und Apfelringe hinzufügen; alles fein zerkleinern. Mit Salz und Pfeffer abschmecken. Nach und nach das Öl untermixen. Die Kräuterpaste in Gläser füllen und mit Öl bedecken. Die Gläser fest verschließen.

Das passt dazu

Petersilienpesto schmeckt sehr gut zu Pellkartoffeln oder Gnocchi.

Mit Kürbiskernöl

Eine nussigere Geschmacksnote erhält das Pesto, wenn Sie es mit 100 ml Rapsöl und 100 ml Kürbiskernöl zubereiten.

Ziegenkäse mit Kräutern Abb. links

Für 2 Gläser (je ca. 400 ml)

400 g kompakter Ziegenfrischkäse (am Stück oder in kleinen Kugeln)
½ TL fein zerstoßener schwarzer Pfeffer
2 TL Kräuter der Provence
2 TL bunte Pfefferkörner
4 kurze Zweige Rosmarin
2 Lorbeerblätter
375 ml Olivenöl
75 ml Walnussöl

Haltbarkeit: 2 Monate im Kühlschrank

1 Das Stück Ziegenfrischkäse mit einem scharfen Messer in 2,5 cm große Würfel schneiden. Die zerstoßenen Pfefferkörner und die Kräuter über die Käsewürfel oder -kugeln streuen und leicht andrücken.

2 Gläser vorbereiten (siehe S. 19) und die gewürzten Käsewürfel darauf verteilen. In jedes Glas 1 TL Pfefferkörner, je 2 Zweige Rosmarin und Thymian sowie 1 Lorbeerblatt geben.

3 Oliven- und Walnussöl gut vermischen; Käse und Kräuter damit bedecken. Gläser fest verschließen; im Kühlschrank lagern.

Eingelegte Estragonblättchen

Für 2 Gläser (je ca. 250 ml)

ca. 10 große Stängel Estragon
500 ml Weißweinessig
1 EL Salz

Haltbarkeit: 12 Monate

1 Die Estragonstängel waschen und trocken schütteln. Die Blättchen abzupfen und in eine Metallschüssel geben. Essig und Salz verrühren und einmal aufkochen. Den Essig über die Estragonblättchen gießen. Etwa 1 Stunde ziehen lassen.

2 Die Gläser vorbereiten (siehe S. 19). Die Mischung in ein Sieb abgießen, dabei den Essig auffangen. Die Blättchen gut ausdrücken, dann auf die Gläser verteilen. Den Essig nochmals aufkochen und kochend heiß in die Gläser auf den Estragon gießen. Die Gläser sofort verschließen; kühl und dunkel lagern.

Mit Estragon würzen

Estragon ist das Kraut für die feine französische Küche. Es gehört z. B. an Sauce Béarnaise, diverse Fischsaucen, Hähnchen in Estragonsauce oder Bohnensuppe. Verwenden Sie den übrigen Essigsud ebenfalls zum Würzen.

Minzsauce

Für 2 Gläser (je ca. 175 ml)

ca. 25 Stängel Minze
250 ml Obstessig
100 g Zucker
1 Msp. Salz

Haltbarkeit: 12 Monate

1 Die Gläser vorbereiten (siehe S. 19). Die Minze waschen, trocken schütteln und die Blättchen abzupfen. Die Blättchen zwischen Küchenpapier trocken tupfen und in feine Streifen schneiden. Den Essig mit Zucker und Salz aufkochen. Minze hinzufügen und noch einmal aufkochen lassen.

2 Die Mischung in ein Sieb abgießen, dabei den Essig auffangen. Die Minzestreifen gut ausdrücken und auf die Gläser verteilen. Den Essig nochmals aufkochen, dann kochend heiß auf die Minzestreifen in den Gläsern gießen. Gläser sofort verschließen.

Das passt dazu

Die Sauce schmeckt zu Gerichten mit Lamm. Nach Belieben vor dem Servieren noch eine fein geschnittene Frühlingszwiebel oder Schalotte unter die Minzsauce mischen.

Rosmarinsirup

Für 2 Gläser (je ca. 250 ml)

9 Zweige Rosmarin
300 ml Weißwein
6 EL weißer Balsamico-Essig
300 g Zucker
1 Lorbeerblatt
¼ TL Salz
½ TL schwarze Pfefferkörner

Haltbarkeit: 6 Monate

1 Den Rosmarin waschen und trocken schütteln. Die Nadeln von den Zweigen abstreifen. Wein mit Essig und Zucker unter Rühren erhitzen, bis sich der Zucker auflöst. Lorbeerblatt, Salz, Pfeffer und die Rosmarinnadeln hinzufügen. Alles zugedeckt bei schwacher Hitze etwa 30 Minuten ziehen lassen.

2 Die Gläser vorbereiten (siehe S. 19). Die Wein-Kräuter-Mischung in ein Sieb gießen, dabei den Sirup auffangen und die Rosmarinnadeln gut ausdrücken. Den Sirup nochmals aufkochen und kochend heiß in die Gläser füllen. Gläser sofort verschließen.

Kräutersüße zum Würzen

Rosmarinsirup eignet sich zum Beträufeln von Muffins, von herbstlichen Obstsalaten oder zum Abschmecken von Saucen.

Basilikumsorbet mit Melone und Minze Abb. oben

Für 6 Portionen

180 g Zucker
20 Basilikumblätter
150 ml Limettensaft
1 Honigmelone
1 kleines Bund Minze

Haltbarkeit (ohne Melone): 2 Monate im Tiefkühlgerät

1 375 ml Wasser mit 170 g Zucker unter Rühren erhitzen und kochen, bis sich der Zucker aufgelöst hat; noch 5 Minuten köcheln, dann abkühlen lassen. Basilikumblätter waschen und in Streifen schneiden. Mit 125 ml Limettensaft und dem Zuckersirup im Mixer fein pürieren.

2 Die Sorbetmasse in eine gefriergeeignete flache Form füllen und für mindestens 3 Stunden ins Tiefkühlgerät stellen. Herausnehmen und mit einer Gabel durchschlagen, dann weitere 3 Stunden gefrieren lassen. Inzwischen die Melone schälen, halbieren, entkernen und in dicke Spalten schneiden. Die Minze waschen und trocken schütteln, die Blätter abzupfen und grob hacken. Minze, restlichen Limettensaft (25 ml) und Zucker (10 g) verrühren. Die Melonenspalten in der Minzemischung wenden; bis zum Servieren kalt stellen und darin ziehen lassen. Das Sorbet mit den Melonenspalten anrichten und servieren.

Zweierlei Kräuterbutter Abb. rechts

Für jeweils ca. 300 g

Koriander-Chili-Butter:
50 g Macadamianüsse
1 Bund Koriandergrün
2 Kaffirlimettenblätter
1 große rote Chilischote
250 g weiche Butter
1 EL Limettensaft

Salbeibutter:
4 frische Salbeiblätter
1 Bund glatte Petersilie
10 entsteinte grüne Oliven
2 Sardellenfilets
250 g weiche Butter

Haltbarkeit: siehe Tipp

1 Für die Koriander-Chili-Butter die Macadamianüsse grob hacken und in einer Pfanne ohne Fett rösten. Auf einen Teller geben und abkühlen lassen.

2 Das Koriandergrün waschen und trocken schütteln; die Blätter grob hacken. Die Limettenblätter waschen, trocken tupfen und fein hacken. Die Chilischote waschen, entkernen und fein zerkleinern.

3 Die Butter in einer Schüssel mit Nüssen, Kräutern, Chili und Limettensaft gründlich verrühren. Die Buttermischung auf ein etwa 20 cm großes Stück Frischhaltefolie geben, zu einer etwa 5 cm dicken Rolle formen und die Rolle fest in die Folie wickeln. Kräuterbutter bis zur Verwendung im Kühlschrank aufbewahren.

4 Für die Salbeibutter die Salbeiblätter und die Petersilie waschen, trocken schütteln und fein hacken. Die Oliven grob und die Sardellenfilets fein hacken. Die Butter mit den zerkleinerten Zutaten gründlich vermengen, wie beschrieben in Folie zu einer Rolle formen und kühl stellen.

Für den Vorrat

Würz- und Kräuterbutter wird immer auf dieselbe Art und Weise hergestellt. Sie lässt sich mit frischen oder getrockneten Kräutern, gemahlenen Gewürzen, getrockneten Tomaten, gehackten Nüssen, Senf, Wein, Zitronen- oder Limettensaft und vielen anderen Zutaten anreichern. Zur Rolle geformt und in Frischhaltefolie verpackt, hält sich Würz- und Kräuterbutter bis zu 1 Monat im Tiefkühlgerät und bis zu 5 Tage im Kühlschrank.

Zum Würzen und Verfeinern

Gewürze und Kräuter verstärken den Geschmack von Gerichten, indem sie deren Aroma unterstreichen oder ergänzen. Oft greift man für diesen Zweck schnell zu gekörnter Brühe bzw. Instant-Brühe oder fertigen Gewürz- oder Kräutermischungen, die häufig Geschmacksverstärker und andere Zusatzstoffe enthalten können. Anders ist das bei selbst gemachten würzenden Pulvern oder Pasten. Sie bestehen aus natürlichen Zutaten, die vielleicht sogar aus eigener Ernte stammen. Es lohnt sich also durchaus, hin und wieder seine eigene kleine Produktion in Angriff zu nehmen. Sind die Pulver und Pasten erst einmal in kleine Gläser gefüllt, hat man zudem auch stets ein kleines Mitbringsel parat.

Wichtig: Achten Sie bei der Zubereitung auf Sauberkeit, und füllen Sie Ihre Würzmischungen stets in heiß ausgespülte Gläser (siehe S. 19) mit fest schließenden Deckeln.

Mediterrane Würzpaste

Für ca. 400 g

½ kleine Zwiebel, 25 g Knoblauch und **½ kleine Möhre** schälen, **200 g Stangensellerie** waschen und putzen. Alles möglichst fein würfeln, am besten mit einem schweren Messer. Vom Sellerie auch das helle Grün verwenden und fein hacken. **100 g Basilikum, 25 g Petersilie** und **25 g Rosmarin** waschen und trocken schütteln. Die Blättchen von den Stängeln zupfen und fein hacken. Zwiebel, Knoblauch, Gemüse und Kräuter mit **150 g Salz** in einer Schüssel mischen und 1–2 Stunden durchziehen lassen. In Gläser füllen, verschließen und die Paste vor der Verwendung mindestens 1 Woche durchziehen lassen. Sie hält sich 6 Monate.

Tipp: *Die Paste eignet sich zum Würzen von Salaten, Suppen und Saucen.*

Zitronenpfeffer

Für ca. 50 g

Etwa 1 kleine Handvoll getrocknete Minzeblätter fein zerbröseln, so dass ca. 2 EL entstehen. **3 EL Knoblauchflakes** mahlen. **6 EL schwarze Pfefferkörner** nicht zu fein mahlen. Minze, Knoblauch, Pfeffer und **2 EL getrocknete abgeriebene Zitronenschale** in ein Glas geben, fest verschließen und kräftig schütteln.

Gemüsebrühepulver

Für ca. 200 g

300 g Zwiebeln, 150 g Möhren, 100 g Petersilienwurzel, 50 g Lauch, 100 g Knollensellerie schälen, putzen und zerkleinern. Das Gemüse in den Mixer geben. **20 g Petersilienblätter** grob hacken und mit **80 g Meersalz** zu den Zutaten in den Mixer geben. Alles fein zerkleinern, bis eine glatte Masse entsteht. Backofen auf 80 °C (Umluft) einstellen. Ein Backblech mit Backpapier belegen, die Gemüsemasse darauf verteilen und im Ofen in etwa 8 Stunden trocknen lassen. Anschließend im Mixer fein mahlen, dabei **30 g gehackte, getrocknete Tomaten** hinzufügen. Das Pulver in kleine Gläser füllen; fest verschließen. Hält sich 2–3 Monate.

Tipp: *Zum Würzen von Suppen, Saucen, Salatsaucen – eben allem, dem ein bisschen Würze fehlt.*

Chili-Kräuter-Paste

Für ca. 200 g

1 rote Paprikaschote und **3 rote Chilischoten** aufschneiden, putzen, entkernen und in Stückchen schneiden. **3 Knoblauchzehen** und **2 Schalotten** schälen und würfeln. **Von 4 Stängeln Zitronenmelisse** und **4 Zweigen Thymian** die Blättchen abzupfen und hacken. **5 g getrocknete Steinpilze** zerbröseln und mit **2 EL Koriandersamen** und **1 EL Fenchelsamen** in einer Pfanne ohne Fett rösten, bis Duft aufsteigt; vom Herd nehmen. Knoblauch und Schalotten untermischen; kurz ziehen lassen. Mit Paprika, Chilis, Kräutern, **1 TL Salz, 1 EL Zucker** und **1 EL Sonnenblumenöl** im Blitzhacker oder mit dem Stabmixer pürieren. Die Paste in kleine Gläser füllen und mit Öl bedecken. Verschließen und bis zu 2 Wochen im Kühlschrank lagern.

Gewürzsalz und Gewürzzucker

Mixen Sie Salz oder Zucker mit einer oder mehreren aromatisierenden Zutaten (z. B. abgeriebener Zitrusschale oder getrockneten Rosenblättern) kurz im Blitzhacker – schon ist eine würzende Mischung fertig, die pikanten oder süßen Gerichten eine besondere Note gibt.

Suppengrün putzen und sehr fein zerkleinern. Im Verhältnis 1:3 mit Salz mischen. In Gläser füllen und im Kühlschrank lagern. Hält sich 2–3 Monate. Zum Würzen verwenden; sparsam salzen.

Kräutersalz 1

Für ca. 100 g

80 g grobes Meersalz mit je **5 g getrocknetem Thymian, Rosmarin, Oregano** und **Knoblauchflakes** sowie **2 g getrocknetem Salbei** im Mörser zerstoßen oder im Blitzhacker fein zerkleinern. Gut mischen und in einen Salzstreuer oder ein kleines Schraubglas füllen.

Tipp: *Dieses Kräutersalz ist vor allem zum Würzen von mediterranen Gerichten wie Tomatensaucen, Pizza oder Lammragouts geeignet.*

Kräutersalz 2

Für ca. 100 g

80 g grobes Meersalz mit **7 g getrocknetem Liebstöckel, 5 g getrocknetem Kerbel, 3 g getrocknetem Dill, 7 g getrocknetem Schnittlauch und 3 g getrocknetem Estragon** im Mörser zerstoßen oder im Blitzhacker fein zerkleinern.

Tipp: *Passt zu klaren Suppen wie Nudel- oder Reissuppe.*

Pilzpulver

Waldpilze wie **Steinpilze, Totentrompeten oder Maronenröhrlinge,** aber auch Zuchtpilze wie **Champignons** und **Austernpilze** in feine Scheiben schneiden oder hacken, trocknen lassen und im Blitzhacker fein mahlen. Wichtig ist, dass die Pilze vor dem Mahlen absolut trocken sind. Das Pilzpulver in Gläser füllen und fest verschließen.

Tipp: *Zum Würzen das Pilzpulver nicht einfach in die gewünschte Flüssigkeit rühren, sondern zuerst kurz in Butter anschwitzen und z. B. mit Sahne (für Pilzsauce) oder Wasser (für Brühe) ablöschen; 5 g reichen für 500 ml Flüssigkeit.*

Kürbis

Kürbisse gehören zu den Kürbisgewächsen. Botanisch betrachtet sind es Beeren mit harter Schale, daher auch die Bezeichnung Panzerbeeren. Unter der Schale befindet sich meist Fruchtfleisch mit nussigem und leicht süßlichem Aroma. Seit Kolumbus den Kürbis nach Europa gebracht hat, haben sich hier um die 800 Sorten in unterschiedlichsten Größen, Formen und Farben entwickelt. Man unterscheidet zwischen Winter- (Riesen- sowie Moschuskürbisse) und Sommerkürbissen (z. B. Zucchini). Beliebt ist der Hokkaido (Riesenkürbis!), der samt Schale zubereitet werden kann, sowie der helle Butternuss (Moschuskürbis). Winterkürbisse halten sich bis zu 6 Monate an einem dunklen, trockenen und kühlen Ort. In Frischhaltefolie gepackt kann man angeschnittene Kürbisstücke bis zu 1 Woche im Kühlschrank aufbewahren.

Für den Vorrat

getrocknet	
tiefgekühlt	✓
Kompott, Mus	✓
Sauce, Sugo	✓
in Salz	✓
Saft, Sirup	
Chutney, Relish	✓
Konfitüre, Gelee	✓
in Essig, in Öl	✓
in Alkohol	

Saison

Winterkürbisse werden von September bis November geerntet. Sie lassen sich gut lagern und sind deshalb bis in den Januar hinein auf dem Markt erhältlich. Reife Kürbisse klingen beim Daraufklopfen hohl, sind prall und fest und haben einen Stiel.

Gut in Kombination mit

Gewürzen wie Muskatnuss, Kreuzkümmel, Ingwer, Currypulver sowie Zucker, Zimt oder Honig. Je nach Kürbissorte wird durch Gewürze das Aroma hervorgehoben oder ergänzt. Gut harmonieren Kürbisse mit Möhren, Kartoffeln, Reis und Pasta. Als süße Creme z. B. für Kuchen (Pumpkin-Pie) steht Kürbis ebenfalls hoch im Kurs.

Küchenpraxis

Kürbisse mit harter Schale mit einem großen schweren Messer halbieren, in Spalten schneiden, die Kerne mit einem Löffel oder kleinen Messer entfernen und die Spalten schälen. Zum Einfrieren Kürbis in Stücke schneiden, für 1 Minute in kochendes Wasser geben, abschrecken und bis zu 8 Monate im Tiefkühlgerät lagern.

Kürbiskonfitüre mit Mandeln

Für 4–5 Gläser (je ca. 400 ml)

1 kg Kürbis
1 Apfel
1 unbehandelte Zitrone
400 g Zucker
50 g gemahlene Mandeln

Haltbarkeit: 6 Monate

1 Kürbis schälen und von den Kernen sowie dem wattigen Inneren befreien. Das Fruchtfleisch fein würfeln. Apfel vierteln, schälen, vom Kerngehäuse befreien und ebenfalls würfeln. Zitrone heiß waschen, abtrocknen und die Schale abreiben.

2 Die Gläser vorbereiten (siehe S. 19). Kürbis- und Apfelfruchtfleisch mit Zitronenschale und Zucker in einen großen Topf geben. Unter Rühren aufkochen, dann offen etwa 30 Minuten unter gelegentlichem Rühren köcheln lassen, bis die Masse dick eingekocht ist. Mandeln unterrühren und die Masse unter gelegentlichem Rühren 5 Minuten sprudelnd kochen lassen.

3 Die kochend heiße Konfitüre randvoll in die Gläser füllen; sofort fest verschließen. Abkühlen lassen, dann kühl und trocken lagern.

Kürbis-Sanddorn-Konfitüre

Für 4 Gläser (je ca. 450 ml)

650 g Kürbisfruchtfleisch (z. B. von Muskat oder Hokkaido)
1 kg Gelierzucker 1:1
Saft von 1 Zitrone
250 ml Orangensaft
100 ml ungesüßter Sanddornsaft

Haltbarkeit: 12 Monate

1 Das Kürbisfruchtfleisch grob raspeln und in einen Topf geben. Gelierzucker hinzufügen, untermischen und alles 2–3 Stunden ziehen lassen.

2 Die Gläser vorbereiten (siehe S. 19). Zitronen- und Orangensaft zur Kürbis-Zucker-Mischung gießen und alles unter Rühren zum Kochen bringen. Falls nötig, entstandenen Schaum abschöpfen. Die Masse 4 Minuten sprudelnd kochen lassen. Sanddornsaft unterrühren und die kochend heiße Konfitüre randvoll in die Gläser füllen. Fest verschließen und abkühlen lassen.

Knusper-Kürbiskerne

Die Kerne aus dem Inneren des Kürbis nicht wegwerfen, sondern gründlich säubern, nebeneinander auf Küchenpapier legen und trocknen lassen (z. B. auf der Heizung). Pro 100 g getrocknete Kürbiskerne 1 EL Salz in 50 ml kochendem Wasser auflösen. Die Kerne mit dem Salzwasser besprühen bzw. besprenkeln. Auf einem Backblech ausbreiten und im 180 °C heißen Ofen 7–10 Minuten rösten.

Kürbisketchup Abb. links

Für 4 Flaschen (je ca. 250 ml)

500 g Hokkaidokürbis mit Schale, entkernt
500 g Tomaten
2 Zwiebeln
2 Knoblauchzehen
2 EL Rohrohrzucker
Salz
1 TL gemahlener Piment
1 Msp. Cayennepfeffer
frisch gemahlener Pfeffer
6–8 EL Weißweinessig

Haltbarkeit: 6 Monate

1 Den Kürbis in kleine Stücke schneiden. Tomaten überbrühen, häuten, halbieren und von den Stielansätzen befreien. In einem hohen Topf pürieren. Kürbis untermischen.

2 Zwiebeln und Knoblauch schälen und fein würfeln. Mit Zucker und 1 TL Salz zu Tomaten und Kürbis geben. Gewürze, Essig und 125 ml Wasser hinzufügen und unter Rühren aufkochen.

3 Den Topf schließen und die Masse bei schwacher Hitze 1 Stunde köcheln lassen. Inzwischen die Flaschen vorbereiten (siehe S. 19). Die Kürbis-Tomaten-Mischung fein pürieren, abschmecken und nochmals aufkochen. Sofort bis zum Rand in die Flaschen füllen, diese fest verschließen und abkühlen lassen.

Kürbis-Tomaten-Chutney

Für 3–4 Gläser (je ca. 500 ml)

1 kg Kürbis
2 Zwiebeln
250 g Kochäpfel
200 g gehackte Tomaten
100 g Rosinen
300 g Zucker
½ TL Salz
½ TL geschroteter schwarzer Pfeffer
1 TL Ingwerpulver
je 1 Msp. Koriander- und Gewürznelkenpulver
375 ml Apfelessig

Haltbarkeit: 6 Monate

1 In einem großen Topf Wasser zum Kochen bringen. Inzwischen den Kürbis schälen und von den Kernen sowie dem wattigen Inneren befreien. Das Fruchtfleisch fein zerkleinern, in den Topf geben und 10 Minuten köcheln lassen. Die Flüssigkeit abgießen und den Kürbis mit dem Kartoffelstampfer zerdrücken; beiseitestellen.

2 Die Zwiebeln schälen und fein würfeln. Die Äpfel schälen, entkernen und ebenfalls fein würfeln. Beides mit Tomaten und Rosinen zum Kürbis geben. Zucker, Salz, Gewürze und Essig hinzufügen.

3 Alles unter Rühren aufkochen lassen, dann bei schwacher Hitze etwa 2 Stunden köcheln lassen, bis die Masse dick eingekocht ist. Inzwischen die Gläser vorbereiten (siehe S. 19). Das Chutney heiß randvoll in die Gläser füllen; sofort fest verschließen. Abkühlen lassen, kühl und trocken lagern. Mindestens 3 Wochen durchziehen lassen.

Süßsaurer Kürbis

Für 4–5 Gläser (je ca. 400 ml)

500 ml Apfel- oder Weißweinessig
2 EL Salz
200 g Zucker
1 kg Kürbisfruchtfleisch

Haltbarkeit: 4 Monate

1 Essig mit Salz, Zucker und 125 ml Wasser aufkochen und wieder erkalten lassen.

2 Inzwischen das Kürbisfruchtfleisch in Stücke (etwa 1 × 5 cm) schneiden. In den süßsauren Sud legen und zugedeckt 24 Stunden ziehen lassen.

3 Die Gläser vorbereiten (siehe S. 19). Den Sud mit den Kürbisstücken aufkochen und 2 Minuten kochen lassen. Sofort in die Gläser füllen. Gläser verschließen und abkühlen lassen. Am besten 1 Monat an einem kühlen, dunklen Ort durchziehen lassen.

Vielseitige Beilage

Eine schöne Beilage zu Wild oder Schmorbraten, zu Käse (auch zu Raclette und Fondue). Sogar in einem Salat machen sich ein paar abgetropfte Stücke gut.

Kürbis-Birnen-Relish

Für 3 Gläser (je ca. 450 ml)

700 g Birnen
500 g Kürbisfruchtfleisch
200 g Sultaninen
450 g Rohrohrzucker
300 ml Apfelessig
1 TL Lebkuchengewürz

Haltbarkeit: 4–6 Monate

1 Die Birnen schälen, entkernen und in Stückchen schneiden. (Sie benötigen etwa 500 g Fruchtfleisch.) Das Kürbisfruchtfleisch in kleine Würfel schneiden.

2 Birnen und Kürbis mit Sultaninen, Zucker, Essig und dem Gewürz in einen weiten Topf geben. Alles unter Rühren aufkochen und bei schwacher Hitze unter gelegentlichem Rühren etwa 30 Minuten köcheln lassen.

3 Inzwischen die Gläser vorbereiten (siehe S. 19). Das kochend heiße Relish randvoll in die Gläser füllen, verschließen und abkühlen lassen.

Kürbis in Orangenessig

Abb. oben

Für 2 Gläser (je ca. 350 ml)

750 g Muskatkürbis
1 große unbehandelte Orange
3 cm frischer Ingwer
125 ml Weißweinessig
250 g Zucker
1 Zimtstange

Haltbarkeit: 4 Monate

1 Kürbis schälen, entkernen und in Würfel schneiden. Die Orange heiß waschen und trocken reiben; die Schale dünn abschneiden. Den Saft auspressen. (Sie benötigen 100 ml.) Den Ingwer schälen und in feine Scheiben schneiden.

2 Essig und Orangensaft mit Orangenschale, Zucker, Ingwer, Zimt und 25 ml Wasser kochen, bis sich der Zucker aufgelöst hat; vom Herd nehmen. Kürbis hineingeben, gut mischen und zugedeckt über Nacht durchziehen lassen.

3 Am nächsten Tag die Gläser vorbereiten (siehe S. 19). Kürbis mit Sud aufkochen und zugedeckt 8 Minuten köcheln. Kürbis mit dem Schaumlöffel herausheben und in die Gläser füllen. Den Würzsud offen 5 Minuten köcheln lassen, dann kochend heiß über die Kürbiswürfel gießen. Gläser sofort verschließen.

Lauch

Die auch als Porree bezeichneten Stangen gehören wie Zwiebeln und Knoblauch zu den Zwiebelgewächsen. Geschmack und Geruch sind jedoch deutlich milder, obwohl die gleichen gesunden Inhaltsstoffe in ihnen stecken. Als Heil- und Nutzpflanze wurde Lauch schon im Altertum von den Ägyptern, Römern und Griechen geschätzt, und bereits im Mittelalter wurde das Gemüse in Mittel- und Nordeuropa angebaut und stand im Winter als Frischgemüse zur Verfügung. Frische Lauchstangen haben weiße, feuchte Wurzeln und kräftig grüne, aufrechte Blätter. Im Kühlschrank, im kühlen Keller oder bei niedrigen Außentemperaturen hält sich Lauch gut 2 Wochen. Nicht zusammen mit Obst und Gemüse lagern, welches das Reifegas Ethylen abgibt (z. B. Äpfel, Birnen oder Tomaten).

Für den Vorrat

getrocknet	
tiefgekühlt	✓
Kompott, Mus	
Sauce, Sugo	✓
in Salz	
Saft, Sirup	
Chutney, Relish	✓
Konfitüre, Gelee	✓
in Essig, in Öl	✓
in Alkohol	

Saison

Aus heimischem Anbau wird Lauch das ganze Jahr angeboten, wobei zwischen Sommer-, Herbst- und Winterlauch unterschieden wird. Sommerlauch hat hellgrüne Blätter, einen längeren, dünneren weißen Schaft und ist zarter als Herbst- und Winterlauch. Winterlauch schmeckt besonders intensiv und schärfer als früher geerntete Stangen.

Gut in Kombination mit

Möhren, Petersilie, Knollensellerie – wie im Suppengrün. Das vielseitige Gemüse harmoniert darüber hinaus beispielsweise mit Tomaten, Champignons, Zwiebeln und auch mit Äpfeln oder Birnen.

Küchenpraxis

Äußere Blätter und Wurzeln entfernen, die Stangen längs von oben nach unten aufschneiden und unter fließendem Wasser gründlich auswaschen. Zarter Sommerlauch bietet sich zum Einlegen und Einfrieren an. Einfrieren: Vorbereiteten Lauch in Ringe schneiden, für 1 Minute in kochendes Salzwasser geben; abschrecken und gut abtropfen lassen. Bis zu 8 Monate einfrieren.

Eingelegter Lauch mit Dill

Für 2 Gläser (je ca. 750 ml)

6 gleich dicke Lauchstangen
1 unbehandelte Zitrone
1 Bund Dill
Salz
1 l Weißwein
500 ml Estragonessig
4 TL Rohrohrzucker
Olivenöl zum Auffüllen

Haltbarkeit: 2–3 Monate

1 Die Lauchstangen putzen, dabei von harten grünen Teilen befreien und quer halbieren, so dass 12 gleich lange Stücke entstehen. Diese gründlich waschen, dabei, falls nötig, längs aufschneiden, um sämtliche Reste von Erde oder Sand zu entfernen.

2 Die Gläser vorbereiten (siehe S. 19). Die Zitrone heiß waschen und abtrocknen. Die Schale in dünnen Streifen abschneiden, den Saft auspressen. Den Dill waschen und zwischen Küchenpapier trocken tupfen.

3 In einem Topf Wasser mit Salz aufkochen lassen. Die Lauchstücke hineingeben und 4–6 Minuten (je nach Dicke) garen. Mit einem Schaumlöffel herausheben, kalt abschrecken und gut abtropfen lassen. Je 6 Lauchstücke senkrecht in ein Glas stellen. Die Dillzweige und die Zitronenschale dazwischenstecken.

4 Wein und Essig mit 2 TL Salz, dem Zucker und dem Zitronensaft aufkochen lassen. Kochend heiß bis 2–3 cm unter den Rand in die Gläser gießen. Gläser mit Olivenöl auffüllen und sofort verschließen. Abkühlen lassen, dann für mindestens 1 Woche an einen kühlen Ort stellen.

Das passt dazu

Der eingelegte Lauch schmeckt sehr gut zu Bratkartoffeln, zu kurzgebratenem oder gegrilltem Fleisch oder Geflügel und genauso als Bestandteil einer Antipastiplatte.

Marinierter Lauch

Die vorbereiteten Lauchstangen im Salzwasser in 10–12 Minuten recht weich garen. Herausheben, abtropfen lassen und dicht nebeneinander in eine flache Form legen. 75 ml Weißweinessig mit Salz, 2 EL Honig, 1 TL Korianderkörnern und einer fein gehackten Knoblauchzehe aufkochen, dann 75 ml Olivenöl und 2 EL gehackten Dill unterrühren. Den heißen Sud über den Lauch gießen; zugedeckt über Nacht an einem kühlen Ort durchziehen lassen. Den marinierten Lauch innerhalb von 3 Tagen verbrauchen.

Lauch in Tomatensauce Abb. links

Für 3 Gläser (je ca. 725 ml)

1 kg Fleischtomaten
1 Knoblauchzehe
1 Zwiebel
2 EL Öl
Salz
1 TL Zucker
frisch gemahlener Pfeffer
1 TL getrockneter Majoran
1 EL Balsamico-Essig
1 kg Lauch

Haltbarkeit: 3 Monate

1 Tomaten mit kochend heißem Wasser übergießen, kalt abschrecken, häuten und von den Stielansätzen befreien. Die Tomaten würfeln. Den Knoblauch schälen und fein hacken. Die Zwiebel schälen und würfeln.

2 Öl erhitzen. Zwiebel und Knoblauch darin glasig dünsten. Tomaten hinzufügen. Mit Salz, Zucker, Pfeffer und Majoran würzen. Balsamico-Essig dazugeben. Tomaten zugedeckt 20 Minuten köcheln lassen.

3 Inzwischen den Lauch putzen, waschen und in etwa 2 cm lange Abschnitte schneiden. Reichlich Salzwasser aufkochen. Den Lauch darin zugedeckt 4 Minuten kochen, dann in ein Sieb abgießen.

4 Gläser vorbereiten (siehe S. 19). Lauch in die Tomatensauce geben und 1 Minute mitköcheln lassen, dann mit der Sauce kochend heiß in die Gläser füllen. Gläser sofort verschließen.

Das passt dazu

Schmeckt zu Nudeln oder Kartoffeln. Auch sehr gut als Basis für deftige Aufläufe oder Eintopfgerichte.

Lauch mit Haselnüssen und Gewürzen

Für 3 Gläser (je ca. 400 ml)

375 ml Apfelessig
½ Zimtstange
1 Gewürznelke
½ TL Korianderkörner
40 g Haselnusskerne
Salz
1 kg Lauch

Haltbarkeit: 3 Monate

1 Den Essig mit den Gewürzen aufkochen und zugedeckt 10 Minuten köcheln lassen. Inzwischen die Nüsse grob hacken. In einem Topf Salzwasser aufkochen lassen. Die Lauchstangen vom dunklen Grün befreien, längs aufschlitzen, gründlich waschen und in etwa 3 cm lange Stücke schneiden. Für etwa 5 Minuten in das kochende Wasser geben, dann in ein Sieb schütten und abkühlen lassen.

2 Die Gläser vorbereiten (siehe S. 19). Den Lauch in die Gläser schichten, dabei jede Schicht mit Nüssen bestreuen. Mit dem heißen Gewürzessig bedecken und die Gläser sofort verschließen. Kühl und dunkel lagern; mindestens 1 Woche durchziehen lassen.

Lauch-Chutney mit Aprikosen Abb. oben

Für 4 Gläser (je ca. 220 ml)

ca. 500 g Lauch
ca. 400 g Aprikosen
125 ml Weißweinessig
50 ml Orangensaft
50 g gehackte Mandeln
Salz
2 TL gemahlener Ingwer
2 Msp. Cayennepfeffer
frisch gemahlener Pfeffer
200 g Gelierzucker 1:1

Haltbarkeit: 4 Monate

1 Die Gläser vorbereiten (siehe S. 19). Den Lauch putzen, längs halbieren, waschen und in halbe Ringe schneiden. Die Aprikosen waschen, halbieren, entsteinen und in kleine Würfel schneiden.

2 Aprikosen, Lauch, Essig, Orangensaft, Salz, Mandeln, Gewürze sowie den Gelierzucker in einen Topf geben. Unter Rühren zum Kochen bringen. Zugedeckt 10 Minuten kochen lassen, gelegentlich umrühren. Das Chutney kochend heiß in die Gläser füllen. Sofort verschließen.

Das passt dazu

Das Lauch-Chutney schmeckt gut zu Currys, Reisgerichten und asiatischen Fleischspießen.

Lauch-Rosmarin-Konfitüre

Für 4 Gläser (je ca. 250 ml)

1,5 kg Lauch
900 g Einmachzucker
500 ml Apfel- oder Obstessig
5 Zweige Rosmarin

Haltbarkeit: 12 Monate

1 Lauch putzen, längs aufschneiden und waschen. Die halbierten Stangen quer in feine Streifen schneiden. (Sie benötigen 1,2 kg Lauchstreifen.) Essig in einen Topf gießen, Zucker darin auflösen. Rosmarin in einen Papierteefilter stecken; zu Essig und Zucker geben.

2 Alles etwa 5 Minuten köcheln lassen. Lauch hinzufügen und das Ganze 1½–2 Stunden bei schwacher Hitze unter gelegentlichem Rühren köcheln, bis die Konfitüre etwas eingedickt und klar ist. Nicht zu lange kochen lassen, die Konfitüre wird beim Abkühlen noch fester.

3 Inzwischen die Gläser vorbereiten (siehe S. 19). Das Rosmarinsäckchen aus der Konfitüre nehmen und diese kochend heiß randvoll in die Gläser füllen; sofort verschließen und abkühlen lassen.

Das passt dazu

Die süßsaure Konfitüre schmeckt z. B. zu Toast, zu Spiegel- oder Rührei, zu einem Auflauf oder als pikanter Aufstrich.

Lauch-Zwiebel-Relish

Für ca. 500 ml

2 Stangen Lauch
2 große milde Zwiebeln (süße Zwiebeln)
4 EL Butter
½ TL Rohrohrzucker
2 EL Balsamico-Essig
1 TL gehackter Rosmarin
Salz
frisch gemahlener Pfeffer

Haltbarkeit: 1 Woche im Kühlschrank

1 Lauch putzen und waschen, Zwiebeln schälen. Beides in etwa 0,5 cm große Würfel schneiden. Lauch und Zwiebeln in der Butter etwa 10 Minuten dünsten, bis alle Flüssigkeit verdampft ist und die Zutaten weich sind.

2 Zucker, Essig, Rosmarin, Salz und Pfeffer auf Lauch und Zwiebeln geben; untermischen und weiterdünsten, bis die Zwiebeln beginnen, goldbraun zu werden. Lauwarm servieren oder abkühlen lassen und in Schälchen oder Gläser füllen. Zugedeckt im Kühlschrank lagern. Vor dem Servieren Raumtemperatur annehmen lassen.

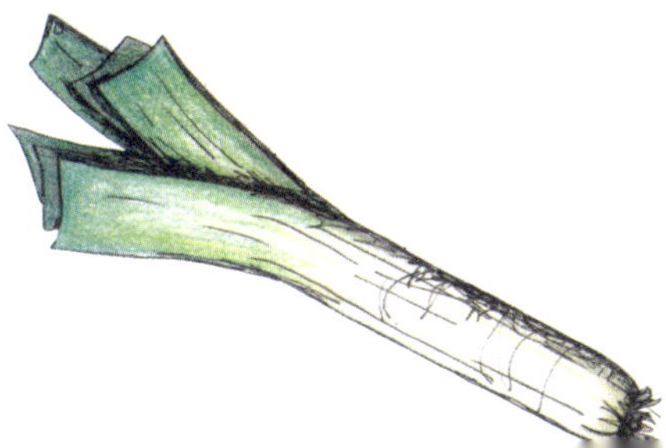

Möhren

Sie gehören zur Familie der Doldenblütler und heißen auch Mohrrüben, Karotten, Wurzeln, Gelbe Rüben oder Rübli. Möhren zählen zum ältesten Gemüse in unseren Breitengraden und wurden bereits im Altertum von Römern und Griechen als Heilpflanze genutzt.
Orange Möhren enthalten mehr wertvolles Betacarotin als gelbe oder violette Sorten. In der sogenannten Rinde befinden sich im Vergleich zum Mark (Herz) die meisten Aroma- und Nährstoffe. Von daher sind Exemplare mit dünnem Mark (Herz) und dicker Rinde sowie einheitlicher Farbe von besonders guter Qualität. Frische Möhren sind kräftig orange, fest und knackig. Späte Sorten lassen sich im kühlen, dunklen und luftigen Keller mehrere Monate lagern; im Kühlschrank halten sie sich mehrere Wochen. Frühe Sorten sollte man im Kühlschrank aufbewahren und möglichst bald verbrauchen.

Für den Vorrat

getrocknet	
tiefgekühlt	✓
Kompott, Mus	✓
Sauce, Sugo	✓
in Salz	✓
Saft, Sirup	✓
Chutney, Relish	✓
Konfitüre, Gelee	✓
in Essig, in Öl	✓
in Alkohol	

Saison

Die Haupternte findet zwischen Juni und November statt. Dünne Frühmöhren aus heimischem Anbau werden ab Juni oft als sogenannte Bundmöhren mit Grün angeboten, spätere Sorten sind dicker und kommen häufig als Waschmöhren (gewaschen, ohne Grün) in den Handel.

Gut in Kombination mit

vielen Gemüsen wie Erbsen, Pilzen, Rosenkohl oder Zwiebeln, aber auch mit Obst wie Äpfeln, Orangen, Ananas sowie Nüssen. Dank ihres süßlichen Geschmacks passen Möhren als Zutat gleichermaßen in pikante und süße Gerichte. Gewürze wie Ingwer, Zitrone, Koriander, Kreuzkümmel oder edelsüßes Paprikapulver unterstreichen das Aroma.

Küchenpraxis

Frühmöhren abbürsten, die dünne Schale wird dadurch entfernt. Das Grün ist essbar, z. B. anstelle von Petersilie. Spätmöhren lassen sich gut mit einem Sparschäler abschälen. Möhren immer mit etwas Fett zubereiten, um möglichst viel Betacarotin aufzunehmen. Möhrenwürfel oder -scheiben blanchieren und bis zu 12 Monate einfrieren.

Möhren süßsauer

Für 5 Gläser (je ca. 400 ml)

1 kg Möhren
200 ml Öl
500 ml Apfelessig
100 g Zucker
1 TL Salz
1 Stück Zimtstange
3 Gewürznelken
1 Lorbeerblatt
2 EL Rosinen

Haltbarkeit: 6 Monate

1 Möhren schälen, putzen und in dünne Stifte schneiden. Die Möhrenstifte in eine große Schüssel geben. Die restlichen Zutaten bis auf die Rosinen in einen Topf füllen und unter Rühren aufkochen lassen. Den kochend heißen Sud durch ein Sieb über die Möhren gießen. Die Schüssel zudecken und die Möhren 24 Stunden durchziehen lassen.

2 Die Gläser vorbereiten (siehe S. 19). Die Möhren mit einem Schaumlöffel aus dem Sud heben und mit den Rosinen auf die Gläser verteilen. Den Sud aufkochen lassen. Möhren und Rosinen damit bedecken und die Gläser fest verschließen. Kühl und dunkel lagern; 1 Monat durchziehen lassen.

Servieren

Eingelegte Möhren bieten sich als Beilage oder Vorspeise an.

Curry-Möhren

Für 5 Gläser (je ca. 400 ml)

1 kg Möhren
1 Zwiebel
500 ml Weißweinessig
150 ml Öl
75 g Zucker
½ EL Currypulver
1 TL Salz

Haltbarkeit: 6 Monate

1 Die Gläser vorbereiten (siehe S. 19). Die Möhren waschen, putzen, schälen und würfeln. Die Zwiebel schälen und ebenfalls würfeln.

2 Essig und Öl in einen Topf geben. Zucker, Curry und Salz hinzufügen und das Ganze unter Rühren aufkochen lassen. Möhren- und Zwiebelwürfel in den Sud geben. Alles 2 Minuten sprudelnd kochen lassen; vom Herd nehmen.

3 Das Gemüse mit einem Schaumlöffel aus dem Sud heben, auf die Gläser verteilen und zusammendrücken. Die Gläser mit dem Sud auffüllen und fest verschließen. Abkühlen lassen; kühl und dunkel lagern und mindestens 1 Monat durchziehen lassen.

Bunt gemischt

Sie können nach Lust und Laune einen Teil der Möhren durch anderes Gemüse ersetzen. Geeignet sind beispielsweise Paprikaschoten, Blumenkohlröschen, Stangensellerie und/oder Fenchel. Wichtig: Alle Gemüsestücke sollten etwa dieselbe Größe haben.

Möhren mit Fenchel

Abb. rechts

Für 3 Gläser (je ca. 500 ml)

750 g Möhren
600 g Fenchel
Salz
125 ml Weißweinessig
125 ml Weißwein
100 g Zucker
1 EL Fenchelsamen
3 Sternanis
1 EL Pimentkörner
1 EL schwarze Pfefferkörner
1 TL Meersalz

Haltbarkeit: 3 Monate

1 Möhren putzen, schälen und in Scheiben schneiden. Fenchel waschen, putzen, halbieren und den Strunk entfernen. Die Fenchelhälften in Scheiben schneiden. Reichlich Salzwasser zum Kochen bringen. Fenchel und Möhren darin in etwa 8 Minuten bissfest garen.

2 Die Gläser vorbereiten (siehe S. 19). Essig mit Weißwein, 250 ml Wasser und dem Zucker aufkochen lassen. Mit Fenchelsamen, Sternanis, Piment, Pfeffer und Meersalz würzen.

3 Möhren und Fenchel in ein Sieb abgießen, kurz abtropfen lassen und auf die Gläser verteilen. Das Gemüse mit dem kochend heißen Würzsud bedecken. Die Gläser sofort verschließen.

Servieren

Als Vorspeise das eingelegte Gemüse mit Olivenöl beträufeln und mit Schnittlauch bestreuen.

Möhren in Würzöl

Für 4 Gläser (je ca. 250 ml)

1 kg schlanke Möhren
2 EL Salz
2 getrocknete Chilischoten
3 EL Zucker
100 ml Weißweinessig
2 EL braune Senfkörner
1 TL Kreuzkümmelsamen
600 ml Sonnenblumen- oder Rapsöl
2 TL gemahlene Kurkuma

Haltbarkeit: 2–3 Monate

1 Die Möhren schälen und längs vierteln. Die langen Möhrenviertel in etwa 5 cm lange Stücke schneiden.

2 In einem Topf 1 l Wasser mit Salz, Chilischoten, Zucker und Essig zum Kochen bringen. Möhren hineingeben und etwa 10 Minuten darin kochen; anschließend abgießen und gut abtropfen lassen. Auf Küchenpapier ausbreiten und trocknen lassen. Gläser vorbereiten (siehe S. 19).

3 Senfkörner und Kreuzkümmel im Mörser grob zerstoßen. Das Öl in einem Topf erwärmen und alle Gewürze darin kurz braten. Möhren in die Gläser füllen und mit dem heißen Würzöl bedecken. Gläser fest verschließen und auf den Kopf stellen. Abkühlen lassen, kühl und dunkel lagern. Mindestens 2–3 Wochen durchziehen lassen, dabei die Gläser möglichst täglich sanft durchschütteln – so entwickelt sich das Aroma besser.

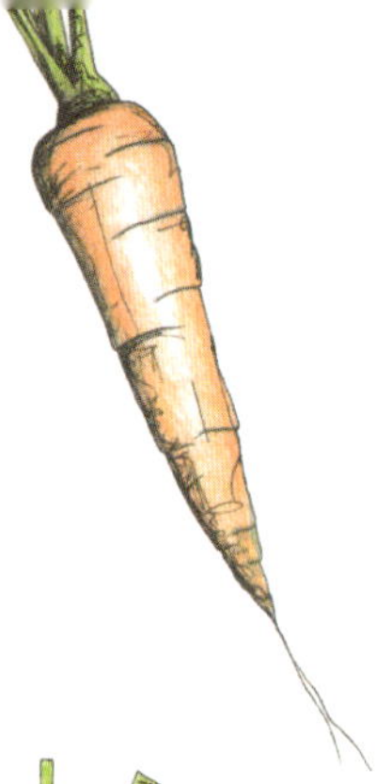

Möhren-Pfirsich-Chutney

Für 4 Gläser (je ca. 225 ml)

300 g Möhren
300 g Pfirsiche
250 g Tomaten
200 ml Weißweinessig
75 ml Apfelsaft
2 TL Currypulver
1 TL Chilipulver
¼ TL Salz
frisch gemahlener Pfeffer
250 g Gelierzucker 2:1

Haltbarkeit: 6 Monate

1 Die Gläser vorbereiten (siehe S. 19). Möhren schälen und grob raspeln. Pfirsiche und Tomaten mit kochend heißem Wasser überbrühen, kalt abschrecken und häuten. Tomaten grob würfeln. Pfirsiche entsteinen und in Spalten schneiden.

2 Möhren, Tomaten und Pfirsiche in einen Topf geben. Essig und Saft dazugießen. Gewürze, Salz, Pfeffer und Gelierzucker hinzufügen. Alles unter Rühren aufkochen und etwa 10 Minuten unter gelegentlichem Rühren zugedeckt köcheln lassen. Das Chutney kochend heiß und randvoll in die Gläser füllen. Gläser sofort verschließen.

Möhren-Apfel-Relish

Für 3 Gläser (je ca. 225 ml)

350 g Möhren
250 g Äpfel
4 Frühlingszwiebeln
200 ml Apfelessig
¼ TL Salz
frisch gemahlener Pfeffer
½ TL gelbe Senfkörner
1 TL Paprikapulver, edelsüß
250 g Gelierzucker 2:1

Haltbarkeit: 6 Monate

1 Die Gläser vorbereiten (siehe S. 19). Möhren schälen und in kleine Würfel schneiden. Äpfel schälen, vierteln, von den Kerngehäusen befreien und klein würfeln. Frühlingszwiebeln putzen, waschen und fein zerkleinern.

2 Möhren, Äpfel und Frühlingszwiebeln in einen Topf geben. Essig, Salz, Pfeffer, Senfkörner, Paprikapulver und Gelierzucker hinzufügen. Alles unter Rühren zum Kochen bringen. Etwa 10 Minuten zugedeckt köcheln lassen, dabei gelegentlich umrühren. Das Relish kochend heiß und randvoll in die Gläser füllen. Sofort verschließen.

Das passt dazu

Ein Möhren-Chutney oder -Relish mit seiner sauer-pikanten Note schmeckt z. B. gut zu Braten und Gerichten aus dem Wok.

Marokkanischer Möhrendip

Abb. oben

Für 4–6 Portionen

500 g Möhren
Salz
2 Knoblauchzehen
1 TL gemahlener Zimt
1 TL gemahlener Kreuzkümmel
½ TL gemahlener Ingwer
1 TL edelsüßes Paprikapulver
1 EL flüssiger Honig
1 EL Olivenöl
3 EL Essig oder Zitronensaft
frisch gemahlener schwarzer Pfeffer

Haltbarkeit: 3–4 Monate im Kühlschrank

1 Die Möhren putzen, schälen und in Stücke schneiden. In einem Topf 500 ml Wasser mit Salz zum Kochen bringen und die Möhren darin sehr weich garen. Knoblauch schälen und fein zerdrücken. Die Möhren abgießen und gut abtropfen lassen.

2 Die Möhren im Topf mit dem Kartoffelstampfer zerdrücken. Knoblauch und Gewürze sowie Honig, Öl und Essig oder Zitronensaft untermischen; das Möhrenmus mit Salz und Pfeffer abschmecken. Mit Pitabrot und Rohkost wie Paprikaschoten oder Selleriestangen zum Dippen servieren.

Länger haltbar

Den Möhrendip so heiß wie möglich bis etwa 1 cm unter den Rand in vorbereitete Gläser füllen. Die Gläser mit Olivenöl auffüllen, fest verschließen und den Dip bis zu 2 Wochen im Kühlschrank aufbewahren. Alternativ das ungewürzte Möhrenmus portionsweise einfrieren (hält sich gut 6–8 Monate), nach Bedarf auftauen lassen und den Dip nach Rezept fertigstellen.

Möhren-Lauch-Pickles Abb. links

Für 5 Gläser mit Gummiring (je ca. 500 ml)

1,25 kg dünne Möhren
500 g dünne Lauchstangen
2 rote Chilischoten
2 Knoblauchzehen
7 EL Sonnenblumenöl
½ TL Salz
2 Lorbeerblätter
600 ml Apfelessig
600 ml Apfelsaft
100 g Rohrohrzucker
5 Zweige Rosmarin

Haltbarkeit: 6 Monate

1 Die Gläser vorbereiten (siehe S. 19). Möhren putzen, schälen und längs vierteln. Lauch putzen, gründlich waschen und in 5–7 cm lange Stücke schneiden. Chilis längs aufschneiden, entkernen und quer in Streifen schneiden. Knoblauch schälen und in Scheiben schneiden.

2 Das Öl in einem großen Topf erhitzen; Chilis, Knoblauch, Salz und Lorbeer darin andünsten. Essig, Saft und Zucker hinzufügen; alles aufkochen. Möhren dazugeben und bei schwacher Hitze 10 Minuten kochen. Mit einem Schaumlöffel herausheben und gut abtropfen lassen. Lauch im Sud 5 Minuten köcheln, dann herausnehmen.

3 Möhren, Lauch und Rosmarinzweige in die Gläser schichten. Den Sud aufkochen und das Gemüse in den Gläsern damit bedecken. Gläser mit Gummiringen und Klammern verschließen; das tiefe Backblech unten in den Ofen schieben, die Gläser hineinsetzen und das Blech gut halb hoch mit lauwarmem Wasser füllen. Den Backofen auf 200 °C einstellen. Sobald in den Gläsern Bläschen aufsteigen, den Ofen ausstellen, die Gläser noch 30 Minuten im Ofen stehen lassen.

Lecker zu Rosmarinkartoffeln

Zusammen mit gebratenen Kartoffelwürfeln entsteht ein schnelles Hauptgericht. Dafür in kleine Würfel geschnittene Kartoffeln in heißem Olivenöl in etwa 10 Minuten knusprig und weich braten; einige frische Rosmarinzweige mitbraten und die Kartoffeln salzen. Mit dem Gemüse-Relish servieren.

Nüsse /Esskastanien

Botanisch betrachtet sind nur Walnüsse und Haselnüsse echte Nüsse. Erdnüsse gehören wie Bohnen und Erbsen zur Gruppe der Hülsenfrüchte und Mandeln, genau wie Aprikosen und Pflaumen, zu den Steinfrüchten. Esskastanien (auch Edelkastanien, Maronen oder Maroni) sind die Nussfrüchte der europäischen Kastanie; sie sind nicht mit der Rosskastanie verwandt. Kulinarisch geschätzt werden alle Kerne von Nüssen, Mandeln und Kastanien. Während Nusskerne viel (wertvolles) Fett enthalten, was sie begrenzt lagerfähig macht, sind Kastanien reich an Stärke, weshalb sie gern in Form von Mehl für Kuchen, Nudeln und Brot verarbeitet werden. Ganze Nüsse halten sich gut an einem kühlen, luftigen Ort und Kastanien in einer verschlossenen Dose 1 Monat im Kühlschrank.

Für den Vorrat

getrocknet	✓
tiefgekühlt	✓
Kompott, Mus	✓
Sauce, Sugo	
in Salz	
Saft, Sirup	
Chutney, Relish	✓
Konfitüre, Gelee	
in Essig, in Öl	✓
in Alkohol	✓

Saison

Frische Wal- und Haselnüsse gibt es im Herbst (September, Oktober); Mandeln werden von August bis Oktober geerntet, Esskastanien von September bis Dezember. Nüsse und Mandeln sind das ganze Jahr über erhältlich, Esskastanien bis in den Februar hinein.

Gut in Kombination mit

unterschiedlichen Nüssen, Samen und getrockneten Früchten (Müslimischungen, Studentenfutter). Mit Zucker kann man Nüsse, Mandeln und Kastanien karamellisieren und z. B. mit Chili oder Pfeffer pikant würzen. Nüsse und Kastanien passen sowohl in süße als auch in herzhafte (Gemüse) Gerichte; Esskastanien harmonieren vor allem mit Kohl.

Küchenpraxis

Vor der Verwendung müssen Nüsse und Esskastanien geknackt bzw. geschält werden. Nusskerne lassen sich am besten mit einem Nussknacker aus der Schale lösen; bei Esskastanien springt die Schale durch Rösten auf, gleichzeitig gewinnen sie dadurch an Aroma. Im Tiefkühlgerät halten sich Nusskerne und Maronen bis zu 6 Monate.

Glasierte Walnüsse

Für ca. 250 g

200 g Walnusskernhälften
75 ml Erdnussöl oder anderes hoch erhitzbares Öl
160 g Zucker
5 Sternanis
1 Zimtstange

Haltbarkeit: 1 Monat

1 Reichlich Wasser aufkochen lassen. Walnüsse darin 1 Minute köcheln, dann in ein Sieb abgießen, kalt abschrecken und die Häutchen entfernen. Inzwischen den Backofen auf 180 °C vorheizen und das Backblech mit Backpapier belegen. Die Nüsse auf dem Blech verteilen und im heißen Ofen (Mitte) etwa 10 Minuten rösten.

2 Das Öl in einer großen Pfanne mit hohem Rand erhitzen. Zucker, Sternanis und Zimt hinzufügen. Sobald der Zucker zu karamellisieren beginnt, die Nüsse dazugeben. Die Pfanne hin und her bewegen, damit sich der Zucker gleichmäßig um die Kerne verteilt. Nüsse sofort auf eine große Porzellanplatte oder ein Brett geben, zusammenklebende Nüsse noch heiß mit zwei Gabeln voneinander trennen. Walnüsse abkühlen lassen und in einer Blechdose aufbewahren.

Gewürzte Knuspernüsse

Für ca. 350 g

125 g geschälte Mandeln
125 g Cashewkerne
150 g Rohrohrzucker
¼ TL Salz
½ TL Cayennepfeffer (mehr nach Geschmack)
½ TL gemahlener Zimt
½ TL gemahlener Kardamom
¼ TL gemahlener Ingwer
1 Msp. geriebene Muskatnuss

Haltbarkeit: 1–2 Wochen

1 Ein Backblech mit dem Backpapier belegen. Mandeln und Cashewkerne in einer trockenen Pfanne ohne Fett bei mittlerer Hitze 7–8 Minuten rösten, bis sie leicht gebräunt sind. Den Zucker darüberstreuen und rühren, bis er sich aufgelöst hat und die Kerne von einer Zuckerschicht umhüllt sind. Die Gewürze gründlich untermischen.

2 Die karamellisierten Mandeln und Nüsse sofort auf das Backblech schütten und gleichmäßig darauf verstreichen. Abkühlen und fest werden lassen, dann in Stückchen brechen. Die Knuspernüsse halten sich luftdicht verpackt 1–2 Wochen (sie dürfen nicht feucht werden).

Marokkanischer Knusper-Mandel-Mix

150 g Mandeln rösten, nach 5 Minuten 75 g Pistazienkerne dazugeben und mitrösten. Die Mandeln und die Kerne mit Zucker karamellisieren, dann mit Salz und 1 EL Ras-el-Hanout (marokkanische Gewürzmischung) bestreuen. Wie beschrieben fertigstellen.

Schwarze Nüsse Abb. rechts

Für 4 Gläser (je ca. 500 ml)

30 grüne Walnüsse
1 kg plus 2 EL Zucker
2 Vanilleschoten
einige schmale Streifen unbehandelte Orangenschale
einige schmale Streifen unbehandelte Zitronenschale

Haltbarkeit: 12 Monate

1 Die Nüsse mit einem Metallspieß mehrmals einstechen (Küchenhandschuhe anziehen). In einer Schüssel mit kaltem Wasser bedecken und 2 Wochen einweichen, dabei das Wasser zweimal täglich wechseln.

2 In einem großen Topf reichlich Wasser aufkochen. Die Nüsse für 2 Minuten hineingeben, dann in ein Sieb schütten und kalt abspülen. Wieder in den Topf geben und mit kaltem Wasser bedecken; 2 EL Zucker hinzufügen. Aufkochen und 10 Minuten köcheln lassen. Die Zuckerlösung abgießen. Die Nüsse im Topf mit kaltem Wasser bedecken und abkühlen lassen.

3 Die Vanilleschoten in Stücke schneiden. 1 l Wasser, 1 kg Zucker, die Zitrusschalen und die Vanilleschoten in einen zweiten Topf geben. Unter Rühren aufkochen, dann offen 5 Minuten sprudelnd kochen lassen. Von den Nüssen das Wasser abgießen. Die Nüsse im Topf mit dem heißen Vanille-Zitrus-Sirup begießen. Über Nacht zugedeckt durchziehen lassen.

4 Am nächsten Tag ein Sieb auf einen Topf setzen. Den Topfinhalt in das Sieb schütten, den Siebinhalt (Nüsse, Zitrusschalen und Gewürze) wieder in den ersten Topf geben. Den Sirup aufkochen, 2 Minuten kochen, dann abkühlen lassen; zu den Nüssen gießen und diese über Nacht zugedeckt durchziehen lassen. Den Vorgang am nächsten und übernächsten Tag wiederholen.

5 Am Tag darauf (also am vierten Tag) die Gläser vorbereiten (siehe S. 19). Den Sirup mit den Nüssen aufkochen und 3 Minuten sprudelnd kochen lassen. Nüsse mit Zitrusschalen und Vanillestücke auf die Gläser verteilen, dann alles mit Sirup bedecken. Die Gläser sofort verschließen. Kühl und dunkel lagern; angebrochene Gläser im Kühlschrank aufbewahren.

Für Feinschmecker

Die schwarzen Nüsse aus dem Sirup nehmen, quer in dünne Scheiben schneiden, mit etwas Sirup beträufeln und als delikate Beilage zu Käse, Wild und kaltem Braten oder zu Eiscreme anrichten. Sehr gut schmecken die Schwarzen Nüsse auch in Obstsalat.

Kastaniencreme

Abb. oben

Für 4 Gläser (je ca. 375 ml)

1 kg Esskastanien
500 g Gelierzucker 1:1
1 Pck. Vanillezucker
3 EL Weinbrand oder Grappa

Haltbarkeit: 8 Monate

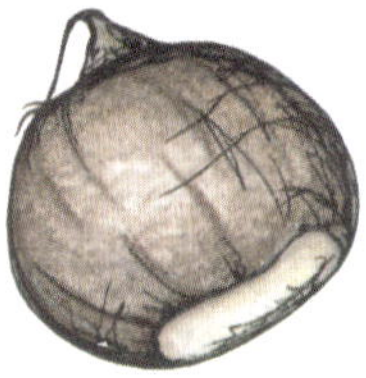

1 Die Schalen der Kastanien auf der gewölbten Seite mit einem kleinen Messer kreuzförmig einschneiden. Den Backofen auf 200 °C vorheizen. Ein Backblech mit Backpapier belegen. Kastanien darauf verteilen und im Ofen etwa 20 Minuten rösten, bis sich die Schale löst. Kastanien schälen und fein pürieren, dabei etwa 50 ml Wasser hinzufügen.

2 Die Gläser vorbereiten (siehe S. 19). Kastanienpüree mit 200 ml Wasser, Gelierzucker und Vanillezucker unter Rühren zum Kochen bringen; 4 Minuten kochen lassen. Den Weinbrand unterrühren und die Creme in die Gläser füllen. Sofort verschließen.

Das passt dazu

Die süße Creme können Sie einfach mit Schlagsahne servieren, als Basis für Mousses und Cremes verwenden oder in einen Rührteig für einen Maronenkuchen geben.

Haselnusslikör

Für 3 Flaschen (je ca. 500 ml)

1 kg Haselnusskerne
1 l Doppelkorn
1 kleine unbehandelte Orange
5 Gewürznelken
1 Stück Zimtstange
250 g Zucker

Haltbarkeit: 12 Monate

1 Die Nüsse in einen großen Gefrierbeutel geben und mit einer Teigrolle in Stücke schlagen. Die Stücke in ein großes Glasgefäß geben und mit dem Doppelkorn begießen. Das Glas locker mit Frischhaltefolie verschließen und für 4 Wochen an einen sonnigen Platz (z. B. auf eine Fensterbank) stellen. Das Gefäß einmal täglich rütteln.

2 Die Orange heiß waschen, abtrocknen und die Schale so dünn in Streifen abschälen, dass die weiße Haut an der Frucht bleibt. Ein Sieb auf ein zweites Glasgefäß setzen und die Nüsse mit dem Doppelkorn hineinschütten. Die Nüsse wegwerfen. Orangenschale, Nelken und Zimt in den aromatisierten Doppelkorn geben. Das Glas locker zudecken und für 1 Woche an einen hellen Platz stellen.

3 Die Flaschen vorbereiten (siehe S. 19). Den Zucker mit 250 ml Wasser aufkochen, vom Herd nehmen und abkühlen lassen. Anschließend mit dem Doppelkorn im Glas mischen. Den Likör durch ein Sieb in einen Krug gießen, dann in die Flaschen füllen und diese fest verschließen. Den Likör dunkel lagern.

Weinbrandkastanien

Für 3 Gläser (je ca. 250 ml)

600 g Esskastanien (in der Schale)
1 Vanilleschote
400 g Zucker
3 EL Zitronensaft
ca. 125 ml Weinbrand

Haltbarkeit: 4 Monate

1 Den Backofen auf 200 °C vorheizen. Die Kastanien auf der gewölbten Seite kreuzförmig einschneiden, auf dem Backblech verteilen und im heißen Ofen (Mitte) etwa 20 Minuten rösten, bis sich die Schale löst. Aus dem Ofen nehmen und sorgfältig schälen.

2 Vanilleschote längs halbieren. Zucker mit 100 ml Wasser, Zitronensaft und Vanille in einem Topf unter gelegentlichem Rühren erhitzen, bis der Zucker sich auflöst. Kastanien hinzufügen und unter Rühren 2 Minuten kochen; herausnehmen und abkühlen lassen. Am nächsten und übernächsten Tag die Kastanien erneut im Sirup kochen; herausnehmen.

3 Die Gläser vorbereiten (siehe S. 19). Abgekühlte Kastanien auf die Gläser verteilen und mit Weinbrand bedecken. Die Gläser verschließen.

Das passt dazu

Die Kastanien schmecken zu Vanilleeis oder Rührkuchen.

Mandelkuchen im Glas

Abb. links

Für 6 Gläser mit weiter Öffnung und Gummiring (je ca. 400 ml)

300 g weiche Butter, mehr für die Gläser
Semmelbrösel zum Ausstreuen der Gläser
200 g Rohrohrzucker
1 Pck. Vanillezucker
1 Prise Salz
4 Eier
300 g Mehl
1 Pck. Backpulver
50 g gehackte Mandeln
50 g gehackte Pecannusskerne
1 Msp. geriebene Muskatnuss
1 Msp. gemahlene Gewürznelke
½ TL gemahlener Zimt
2 EL Kakaopulver
125 ml fruchtiger Rotwein (z. B. Spätburgunder)

Haltbarkeit: 1 Monat

1 Backofen auf 180 °C vorheizen. Gläser gründlich fetten und mit Bröseln ausstreuen. Die Butter mit Zucker, Vanillezucker und Salz mit den Quirlen des Handrührgeräts cremig schlagen. Eier einzeln unterrühren, bis eine cremige Masse entstanden ist.

2 Separat das Mehl mit Backpulver, Mandeln, Nüssen, Gewürzen und Kakao mischen. Das Ganze portionsweise abwechselnd mit dem Rotwein unter die Butter-Eier-Masse rühren.

3 Die Masse auf die Gläser verteilen, dabei die Gläser nur zu knapp zwei Dritteln füllen; falls nötig, die Glasränder säubern. Die Gläser in den heißen Ofen (unten) stellen und die Kuchen 45–50 Minuten backen. Währenddessen die Gummiringe für die Gläser in kaltes Wasser legen.

4 Wenn die Kuchen gar sind, die Gläser sofort fest mit Gummiringen und Klammern verschließen. (Die Finger nicht verbrennen!) Die Gläser in den ausgeschalteten Ofen stellen und die Kuchen darin abkühlen lassen. Kühl und dunkel lagern.

Länger haltbar

Werden die gebackenen Kuchen in den verschlossenen Gläsern noch zusätzlich im 100 °C heißen Wasserbad 30 Minuten sterilisiert, können sie bis zu 6 Monate an einem kühlen, dunklen Platz aufbewahrt werden.

Paprikaschoten

Man unterscheidet die großen milden Gemüsepaprika und die kleinen Gewürzpaprika. Diese heißen in der milderen Variante Peperoni und in der scharfen Chilischoten oder Peperoncini. Alle gehören zu den sog. Capsicum-Arten und sind, wie Tomaten und Kartoffeln, Nachtschattengewächse. Die wärmeliebenden Pflanzen (deren Früchte botanisch betrachtet Beeren sind) kamen von Süd- und Mittelamerika bzw. Südostasien nach Europa. Die zahlreichen Sorten unterscheiden sich in Größe, Form, Farbe und Schärfe. Das mehr oder weniger dicke Fruchtfleisch umschließt einen Hohlraum, in dem sich Scheidewände und Samen befinden. Die Samen enthalten Capsaicin – je mehr, desto schärfer sind die Schoten. Frische Schoten halten sich im Kühlschrank gut 1 Woche.

Für den Vorrat

getrocknet	
tiefgekühlt	✓
Kompott, Mus	
Sauce, Sugo	✓
in Salz	
Saft, Sirup	
Chutney, Relish	✓
Konfitüre, Gelee	✓
in Essig, in Öl	✓
in Alkohol	

Saison

Aus regionalem Anbau stehen Paprikaschoten vom Sommer bis in den Spätherbst hinein zur Verfügung; Importware und unter Glas angebaute Paprika sind das ganze Jahr erhältlich. Frische Chilischoten sind ebenfalls das ganze Jahr zu bekommen.

Gut in Kombination mit

anderen Fruchtgemüsen wie Tomaten, Auberginen, Zucchini. Auch Champignons, Zwiebeln, Lauch und Knoblauch passen gut zu ihnen. Mediterrane Kräuter wie Oregano, Rosmarin und Thymian harmonieren gut mit Paprikaschoten und milden Peperoni; scharfe Chilischoten werden eher zum Würzen, weniger als Gemüse verwendet.

Küchenpraxis

Vor dem Zerkleinern oder Füllen Paprikaschoten putzen: Die Frucht quer oder längs (je nach Verwendung!) durchschneiden, Blütenansatz, weiße Scheidewände und Samen herauslösen und die Stücke kurz abspülen. Nach dem Entkernen von Chilis gründlich die Hände waschen oder Handschuhe tragen, um sich vor der Schärfe zu schützen.

Gegrillte Paprika in Kräuteröl

Für 3 Gläser (je ca. 375 ml)

2 kg Paprikaschoten
ca. 500 ml Olivenöl
1 EL Weißweinessig
1 EL getrockneter Oregano
1 EL Salz
1 TL Zucker

Haltbarkeit: 4 Monate

1 Den Backofengrill vorheizen. Paprikaschoten halbieren, putzen und waschen. Paprikahälften mit den Hautseiten nach oben auf ein Blech legen und im Ofen (Mitte) etwa 10 Minuten rösten, bis sich die Haut in Blasen abhebt. Aus dem Ofen nehmen und mit einem feuchten Geschirrtuch bedecken; abkühlen lassen, anschließend häuten.

2 Inzwischen die Gläser vorbereiten (siehe S. 19). Öl und Essig verrühren. Mit Oregano, Salz und Zucker würzen. Die Paprikahälften in die Gläser schichten und mit dem Kräuteröl bedecken. Die Gläser verschließen.

Servieren

Die Paprikaschoten mit fein gehacktem Knoblauch und Basilikumstreifen bestreuen und mit Baguette als Vorspeise anrichten. Das Öl kann gut zum Marinieren von Gemüse oder für Salatsaucen verwendet werden.

Milde Peperoni im Essigsud

Für 4 Gläser (je ca. 375 ml)

Salz
1 kg kleine milde grüne Peperoni
1 l Branntweinessig
1 Lorbeerblatt
1 TL schwarze Pfefferkörner
3 Gewürznelken

Haltbarkeit: 4 Monate

1 In einem Topf Salzwasser zum Kochen bringen. Inzwischen die Peperoni sorgfältig waschen. Für 5 Minuten in das kochende Salzwasser geben, dann in einem Sieb abtropfen lassen. Auf einem sauberen Geschirrhandtuch ausbreiten und 2 Stunden trocknen lassen.

2 Inzwischen den Essig mit den Gewürzen in einen Topf geben und aufkochen lassen. Gläser vorbereiten (siehe S. 19). Peperoni hineinschichten und mit dem heißen Sud bedecken. Gläser fest verschließen; kühl und dunkel lagern, mindestens 4 Wochen durchziehen lassen.

Schön scharf

Auch größere scharfe Peperoni lassen sich nach diesem Rezept einlegen. Nach Belieben können Sie die Schoten vorher halbieren (dabei von den Stielen befreien) und die Kerne sowie die Trennwände mit einer Messerspitze herauslösen.

Chili-Apfel-Sauce

Für 2 Gläser (je ca. 175 ml)

8 frische rote Chilischoten
1 Apfel (ca. 200 g)
3 cm frischer Ingwer
125 ml Apfelessig
4 EL Zitronensaft
150 ml Apfelsaft
1 EL Salz
50 g Zucker
1 EL Honig

Haltbarkeit: 4 Monate

1 Die Chilischoten längs halbieren, entkernen, waschen und in Streifen schneiden. Den Apfel schälen, vierteln, vom Kerngehäuse befreien und klein würfeln. Ingwer schälen und fein reiben.

2 Chili und Apfel mit Essig, Zitronen- und Apfelsaft in einen Topf geben. Salz, Zucker, Honig und Ingwer unterrühren. Alles zum Kochen bringen und zugedeckt etwa 25 Minuten köcheln lassen, dabei gelegentlich rühren. Die Gläser vorbereiten (siehe S. 19). Die Chili-Apfel-Sauce kochend heiß in die Gläser füllen und diese sofort verschließen.

Das passt dazu

Die Sauce schmeckt kalt zu Fleischfondue, als Dip zu Tacos, Chicken Wings oder Fischstäbchen. Sie lässt sich auch zum Würzen von Saucen zu Geflügel verwenden. Ebenso kann man 1 Glas Sauce erwärmen und als Sauce zu Fleisch reichen.

Scharfe Chilisauce mit Senf

Für 2 Gläser (je ca. 100 ml)

10 frische rote Chilischoten
6 Knoblauchzehen
etwa 3 Limetten
75 ml Weißweinessig
2 EL Olivenöl
2 EL mittelscharfer Senf
1 TL Rohrohrzucker
½ TL gemahlene Kurkuma
1 EL Salz

Haltbarkeit: 2 Monate

1 Die Gläser vorbereiten (siehe S. 19). Die Chilischoten längs halbieren, entkernen, waschen und in Streifen schneiden. Knoblauch schälen und grob zerkleinern. Die Limetten auspressen. (Sie benötigen etwa 75 ml Saft.)

2 Die Chilischoten und den Knoblauch im Blitzhacker zerkleinern. Limettensaft, Essig und Öl dazugießen und untermixen. Den Senf und den Zucker untermischen. Die Sauce mit Kurkuma und Salz abschmecken. Die Chilisauce in die Gläser füllen und verschließen.

Das passt dazu

Mit dieser Chilisauce erhalten Hähnchentöpfe und Gemüsegerichte Schärfe. Wichtig: Die Sauce vor Gebrauch schütteln.

Paprika-Relish Abb. oben

Für 6 Gläser (je ca. 200 ml)

750 g Paprikaschoten
500 g Eiertomaten
200 g Schalotten
2 Knoblauchzehen
2 EL Öl
125 ml Apfelessig
125 g weißer Kandiszucker
Salz
frisch gemahlener Pfeffer
1 TL Senfpulver
2 Msp. gemahlener Ingwer
1 TL Chilipulver
1 TL Paprikapulver, edelsüß
¼ TL gemahlener Piment

Haltbarkeit: 3 Monate

1 Paprikaschoten putzen, waschen und klein würfeln. Tomaten mit kochendem Wasser übergießen, kalt abschrecken, von den Stielansätzen befreien, häuten und würfeln. Knoblauch schälen und fein hacken. Schalotten schälen und würfeln.

2 Die Gläser vorbereiten (siehe S. 19). Öl erhitzen. Knoblauch und Schalotten darin kurz dünsten. Paprika und Tomaten kurz mitdünsten. Essig, Kandis, Salz, Pfeffer, Senfpulver und Gewürze unterrühren. Zugedeckt 10 Minuten köcheln, ab und zu umrühren. Das Relish kochend heiß in die Gläser füllen. Sofort verschließen.

Das passt dazu

Die würzig-süße Gemüsesauce ist eine empfehlenswerte Alternative zu Tomatenketchup – sie schmeckt zu Fisch, Fleisch und allem, wozu sonst Ketchup gereicht wird.

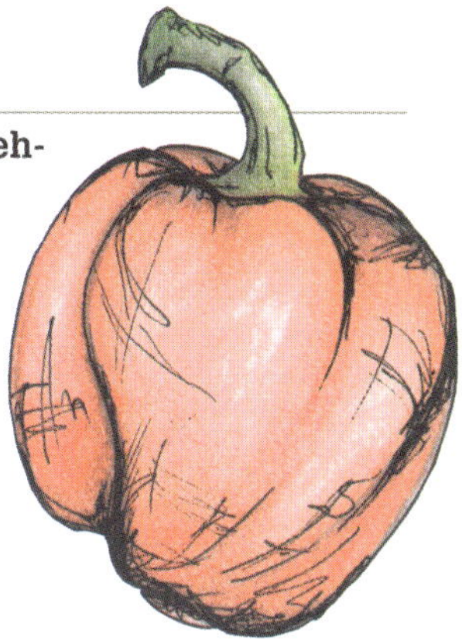

Karibische Paprika-Chili-Sauce Abb. oben

Für 3 Gläser (je ca. 225 ml)

7 frische rote Chilischoten
1 rote Paprikaschote
4 Knoblauchzehen
1 TL Salz
2 Zwiebeln
5 Stängel Koriandergrün oder Petersilie
½ TL Rohrohrzucker
250 ml Olivenöl
125 ml Rotweinessig
1 TL getrockneter Oregano
frisch gemahlener Pfeffer

Haltbarkeit: 1 Monat

1 Die Chilischoten längs halbieren, von Samen und Trennwänden befreien (je nach Schärfewunsch), waschen und grob zerkleinern. Die Paprikaschote putzen, waschen und in Würfel schneiden. Den Knoblauch schälen, mit Salz bestreuen und fein zerdrücken. Die Zwiebeln schälen und grob würfeln. Das Koriandergrün oder die Petersilie waschen und die Blättchen abzupfen.

2 Die Gläser vorbereiten (siehe S. 19). Alle vorbereiteten Zutaten mit Zucker, Öl, Essig, Oregano und Pfeffer im Mixer oder in der Küchenmaschine zu einer glatten Sauce mixen. Die Sauce in Gläser füllen; fest verschließen.

Das passt dazu

Die pikante Sauce schmeckt hervorragend zu Grillfleisch, zu Avocado und zu Garnelen.

Salsa Romesco

Für 2 Gläser (je ca. 225 ml)

300 g rote Paprikaschoten
2 frische rote Chilischoten
2 Tomaten
75 g geschälte Mandeln
1 Scheibe Toastbrot
2 Knoblauchzehen
1 TL Meersalz
2 EL Sherryessig
ca. 125 ml Olivenöl

Haltbarkeit: 1 Monat im Kühlschrank

1 Den Backofengrill vorheizen. Paprikaschoten halbieren, putzen und waschen. Mit der Haut nach oben auf ein Blech legen und im Ofen (Mitte) etwa 10 Minuten rösten, bis sich die Haut in Blasen abhebt. Aus dem Ofen nehmen, mit einem feuchten Geschirrtuch zudecken und abkühlen lassen, anschließend häuten und in Streifen schneiden.

2 Chilis waschen, längs halbieren, entkernen und in Streifen schneiden. Tomaten überbrühen, häuten, entkernen und würfeln. Mandeln in einer trockenen Pfanne rösten. Brot toasten und würfeln. Knoblauch schälen und hacken.

3 Paprika, Chili, Tomaten, Mandeln, Brotwürfel, Knoblauch, Salz, Essig und 1 EL Olivenöl pürieren. Restliches Öl nach und nach untermixen. Die Salsa in Gläser füllen, mit Öl bedecken und verschließen.

Das passt dazu

Diese Sauce wird in Nordspanien zu Fischgerichten oder zu gegrillten Frühlingszwiebeln und anderem Gemüse serviert.

Gefüllte Chilischoten

Für 4 Gläser (je ca. 250 ml)

1 kleine Dose Thunfisch in Öl (80 g)
100 g Sardellenfilets in Öl
500 g kleine runde rote Chilischoten (Kirsch-Chilis)
50 g Kapern in Lake
Olivenöl zum Auffüllen

Haltbarkeit: 4–6 Monate

1 Thunfisch und Sardellen getrennt voneinander abtropfen lassen. Die Chilischoten um die Stiele herum einschneiden. Die Stiele entfernen, die Schoten von Kernen und Trennwänden befreien, dabei die Schoten ganz lassen. Die Schoten waschen, mit den Öffnungen nach unten auf einem Tuch etwa 1 Stunde trocknen lassen.

2 Die Gläser vorbereiten (siehe S. 19). Die Hälfte der Schoten mit je 2 Kapern und 1 Sardellenfilet füllen, die andere Hälfte mit je 2 Kapern und etwas Thunfisch. Die gefüllten Schoten mit den Öffnungen nach oben abwechselnd in die Gläser schichten und zusammendrücken.

3 Die Gläser mit Olivenöl auffüllen, dann jedes Glas auf die Arbeitsfläche stoßen, damit Luftblasen entweichen können. 30 Minuten stehen lassen. Anschließend eventuell Olivenöl nachfüllen, bis die Schoten vollständig bedeckt sind. Gläser fest verschließen; kühl und dunkel lagern. Die gefüllten Chilis mindestens 1 Monat durchziehen lassen.

Paprika und Auberginen in Olivenöl Abb. unten

Für 2 Gläser (je ca. 500 ml)

500 g Auberginen
500 g Paprikaschoten
1 l Weißweinessig
einige schwarze Pfefferkörner
3 Gewürznelken
1 EL Salz
getrockneter Oregano
Olivenöl zum Aufgießen

Haltbarkeit: 12 Monate

1 Die Gläser vorbereiten (siehe S. 19). Die Auberginen und die Paprikaschoten waschen und putzen. Die Auberginen würfeln, die Paprika in Stücke schneiden.

2 Den Essig mit Pfeffer, Nelken und Salz aufkochen. Das Gemüse hineingeben und einige Minuten mitkochen, dann in ein Sieb schütten und abtropfen lassen. Mit einem sauberen Geschirrtuch trocken tupfen und mit etwas Oregano auf die Gläser verteilen.

3 Das Gemüse in den Gläsern mit Olivenöl bedecken, dabei die Gläser immer wieder leicht auf die Arbeitsfläche stoßen, damit sich keine Luftblasen bilden. Die Gläser fest verschließen; kühl lagern. Das Gemüse vor dem Verzehr mindestens 1 Monat durchziehen lassen.

Ajvar

Für 3 Gläser (je ca. 250 ml)

500 g rote Paprikaschoten
500 g Auberginen
4 Knoblauchzehen
2 EL Weißweinessig
1 TL Salz
½ TL Zucker
1½ TL Paprikapulver (edelsüß oder rosenscharf)
ca. 130 ml Olivenöl

Haltbarkeit: 3 Monate

1 Den Backofen auf 250 °C vorheizen. Paprikaschoten und Auberginen waschen und mit den Knoblauchzehen auf ein Backblech legen. Alles 20 Minuten im Ofen backen bzw. rösten. Paprika und Knoblauch vom Blech nehmen, die Auberginen 20 Minuten weiterbacken.

2 Inzwischen die Paprikaschoten unter einem feuchten Tuch abkühlen lassen; anschließend die Haut abziehen, Stiele und Kerne entfernen und die Schoten grob zerkleinern. Den Knoblauch aus den Schalen drücken. Die Gläser vorbereiten (siehe S. 19).

3 Auberginen aus dem Ofen nehmen, längs aufschneiden, das Fruchtfleisch etwas abkühlen lassen und mit einem Löffel von der Schale kratzen. Alles Gemüse und Knoblauch im Mixer pürieren, dabei Essig, Salz, Zucker und Paprika hinzufügen. 100 ml Öl langsam dazufließen lassen. Die Sauce bis knapp unter den Rand in die Gläser füllen. Die Gläser mit restlichem Öl (ca. 30 ml) auffüllen und fest verschließen. Kühl und dunkel lagern.

Scharf oder mild

Ob die Würzsauce scharf oder mild wird, bestimmen Sie durch Verwendung des entsprechenden Paprikapulvers. Ebenso können Sie Ajvar als glatte, pürierte Sauce (wie im Rezept) servieren oder aber stückig. Dafür die Sauce in Schritt 3 nur kurz oder überhaupt nicht mixen.

Das passt dazu

Die Sauce vom Balkan schmeckt zu Fleisch oder Fisch vom Grill, bietet sich aber auch zum Würzen von Suppen, Gemüsegerichten oder Saucen an.

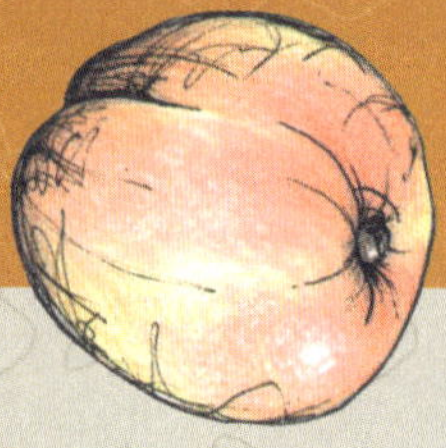

Pfirsiche/Nektarinen

Pfirsiche gehören wie Äpfel, Kirschen oder Pflaumen zu den Rosengewächsen und sind Steinfrüchte. Die echten Pfirsiche sind behaart und wurden bereits vor 4000 Jahren in China angebaut, die unbehaarten Pfirsiche (die auch Nektarinen heißen) erst im 17. Jh.
Über Persien kamen die echten Pfirsiche schon im 1. Jh. nach Chr. nach Europa, Nektarinen dagegen sind erst seit einigen Jahrzehnten auf dem heimischen Markt. Weltweit gibt es die beliebten Steinfrüchte in etwa 3000 gelb- und weißfleischigen Sorten, die sich mehr oder weniger gut vom Stein lösen lassen. Außerdem unterscheiden sich die Früchte in Form, Färbung der Schale und im Aroma. Pfirsiche reifen nicht nach; reife Exemplare sind fest, aber nicht hart, duften und haben eine gelbliche Grundfarbe. Sie halten sich im Kühlschrank bis zu 3 Tage.

Für den Vorrat

getrocknet	
tiefgekühlt	✓
Kompott, Mus	✓
Sauce, Sugo	✓
in Salz	
Saft, Sirup	✓
Chutney, Relish	✓
Konfitüre, Gelee	✓
in Essig, in Öl	✓
in Alkohol	✓

Saison

Hierzulande werden Pfirsiche, z. B. der Weinbergpfirsich, im Juli und August geerntet. Ab Ende April sind die ersten Pfirsiche und Nektarinen aus Importware erhältlich, wobei von Juni bis September die meisten angeboten werden. Spätreifende Früchte haben ein besonders intensives Aroma.

Gut in Kombination mit

anderen Früchten und Beeren z. B. für Obstsalat oder mit Milchprodukten für Shakes und Cremes. Geflügel- und Meeresfruchtsalate erhalten durch Pfirsiche oder Nektarinen eine fruchtige Note; mit Curry und Chilischoten gewürzt entstehen aus den Früchten pikante Saucen.

Küchenpraxis

Vor allem festfleischige Früchte sind zum Einmachen geeignet. Um Pfirsiche zu häuten, diese vorher blanchieren; von sehr reifen Früchten lässt sich die Haut auch so entfernen. Nicht ganz reife Früchte werden durch Garen weich oder indem man Spalten in heißen Zuckersirup taucht. Püriertes Fruchtfleisch kann man gut einfrieren.

Pfirsichkonfitüre

Für 5–6 Gläser (je ca. 400 ml)

1,5 kg feste weißfleischige Pfirsiche
Saft von 1 Zitrone
1 gute Msp. Lebkuchengewürz
500 g Gelierzucker 2:1

Haltbarkeit: 6 Monate

1 Die Pfirsiche kurz in kochendes Wasser geben, mit einem Schaumlöffel herausheben, kalt abschrecken und häuten. Das Pfirsichfleisch von den Steinen schneiden. 1 kg abwiegen, fein zerkleinern und in einen Topf geben. Zitronensaft, Gewürz und Gelierzucker untermischen; alles über Nacht durchziehen lassen.

2 Gläser vorbereiten (siehe S. 19). Die Pfirsichmischung unter Rühren aufkochen und 4 Minuten sprudelnd kochen lassen. Die kochend heiße Konfitüre randvoll in die Gläser füllen; fest verschließen und abkühlen lassen, dann kühl und dunkel lagern.

Pfirsich-Passionsfrucht-Konfitüre

Für 5 Gläser (je ca. 250 ml)

750 g Pfirsiche oder Nektarinen
2 EL Zitronensaft
450 g Passionsfrüchte
500 g Gelierzucker 2:1

Haltbarkeit: 6 Monate

1 Gläser vorbereiten (siehe S. 19). Pfirsiche oder Nektarinen kurz in kochend heißes Wasser legen, herausheben und kalt abschrecken. Die Früchte halbieren, entsteinen, häuten, klein schneiden und mit dem Zitronensaft pürieren. In einen großen Topf geben.

2 Passionsfrüchte halbieren und das Fruchtfleisch mit einem Teelöffel herauslösen. (Sie benötigen etwa 300 g.) Mit den schwarzen Kernchen zum Fruchtpüree in den Topf geben. Gelierzucker hinzufügen. Alles unter Rühren zum Kochen bringen und unter weiterem Rühren 4 Minuten sprudelnd kochen lassen. Falls nötig, entstehenden Schaum zwischendurch abschöpfen.

3 Die kochend heiße Konfitüre in die Gläser füllen. Gläser fest verschließen, für 5–10 Minuten auf den Kopf stellen, wieder umdrehen und ganz abkühlen lassen.

Für jeden Geschmack

Wer die schwarzen Kernchen nicht mag, streicht das Passionsfruchtfleisch durch ein feines Sieb und gibt es dann zum Fruchtpüree. Mit einem Schuss Rum erhält die Konfitüre Extraaroma: dafür 2 EL weißen Rum unter die fertige Konfitüre rühren. Wer keine Passionsfrüchte bekommt, kann sie durch 300 ml frisch gepressten Orangensaft ersetzen.

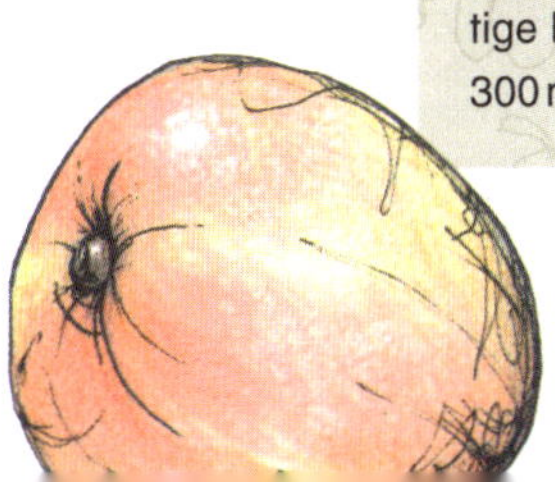

Nektarinen-Sanddorn-Konfitüre

Abb. oben

Für 5 Gläser (je ca. 200 ml)

1 kg vollreife, aromatische Nektarinen
Saft von 2 Zitronen
250 ml ungesüßter Sanddornsaft
1 EL brauner Rum
250 g Zucker
25 g Fruchtgel aus Apfelpektin (Bioladen oder Reformhaus)

Haltbarkeit: 6 Monate

1 Nektarinen mit kochendem Wasser übergießen und häuten. Früchte entkernen und in Stückchen schneiden. 750 g Fruchtfleisch in einen großen Topf geben (übriges Fruchtfleisch anderweitig verwenden).

2 Den Zitronensaft durch ein Sieb zu den Nektarinenstücken geben und mit Sanddornsaft und Rum untermischen. Zucker und Fruchtgelpulver mischen; mit einem Schneebesen unter die Nektarinenmischung rühren.

3 Gläser vorbereiten (siehe S. 19). Nektarinenmasse unter ständigem Rühren aufkochen und 5–10 Minuten sprudelnd kochen lassen, dabei ständig rühren, damit nichts am Topfboden ansetzt. Die Gelierprobe machen (siehe S. 21). Wird die Konfitüre fest, kann sie abgefüllt werden. Ansonsten einige Minuten weiterkochen und erneut die Gelierprobe machen. Die Konfitüre kochend heiß in die Gläser füllen, die Gläser fest verschließen und die Konfitüre abkühlen lassen. An einem kühlen, dunklen Ort aufbewahren.

Nektarinen in Sirup

Für 3 Gläser (je ca. 750 ml)

2 kg Nektarinen
Saft von 1 Zitrone
700 g Zucker

Haltbarkeit: 6 Monate

1 Die Gläser vorbereiten (siehe S. 19). Die Nektarinen kreuzförmig einritzen und für 30 Sekunden in das kochende Wasser geben, mit einem Schaumlöffel herausheben, kalt abschrecken und häuten.

2 Die Früchte halbieren und entsteinen; 3 Steine aufheben. Nektarinen in die Gläser füllen. Je ein Drittel des Zitronensafts und 1 Stein hinzufügen. Zucker darauf verteilen und die Gläser fest verschließen.

3 Die Gläser in einen großen Topf stellen und so viel Wasser dazugießen, dass sie fast bis zum Rand darin stehen. Das Wasser aufkochen, dann köcheln lassen, bis sich der Zucker in den Gläsern aufgelöst hat. Topf vom Herd nehmen und die Gläser darin auskühlen lassen; kühl und dunkel lagern. Mindestens 3 Wochen durchziehen lassen.

Nektarinen-Salsa

Ergibt ca. 500 g

2 Nektarinen
1 Fleischtomate
1 rote Zwiebel
2 Stängel Koriandergrün
3 EL Zitronensaft
1 TL Agavendicksaft
Salz
Chiliflocken

Haltbarkeit: 2 Tage

1 Die Nektarinen und die Tomaten kreuzförmig einritzen und für 30 Sekunden in kochendes Wasser geben; herausheben, kalt abschrecken und häuten.

2 Die Nektarinen entsteinen und fein würfeln; in eine Schüssel geben. Die Tomate halbieren und von den Kernen befreien, ebenfalls fein würfeln und in die Schüssel geben. Die Zwiebel schälen und fein würfeln; in die Schüssel geben und alles mischen.

3 Das Koriandergrün waschen und trocken schütteln, die Blätter abzupfen und hacken. Den Zitronensaft mit Agavendicksaft und Koriandergrün verrühren; mit Salz und Chiliflocken abschmecken. Die Mischung unter die Nektarinenmischung heben. Die Salsa etwa 1 Stunde im Kühlschrank durchziehen lassen. Vor dem Servieren noch einmal durchrühren und abschmecken.

Servieren

Reichen Sie die pikant-erfrischende Sauce z. B. zu gegrilltem Gemüse, Geflügel oder Fisch.

Mit Frühlingszwiebeln

Ersetzen Sie die rote Zwiebel durch 2–3 sehr fein zerkleinerte Frühlingszwiebeln, das gibt der Salsa eine frische Note.

Sommerfrüchte-Rumtopf

Abb. oben

Für 1 Rumtopfgefäß (ca. 2,5 l)

500 g Pfirsiche
600 g Zucker
250 g Kirschen
250 g Pflaumen
½ Zimtstange
½ Vanilleschote
ca. 250 ml brauner Rum (54 %)

Haltbarkeit: 4–6 Monate

1 Die Pfirsiche mit kochend heißem Wasser übergießen und 3 Minuten ziehen lassen, dann häuten. Die Früchte halbieren, entsteinen und in mundgerechte Stücke schneiden. In einer Schüssel mit 300 g Zucker mischen; zudecken und 3–4 Stunden ziehen lassen.

2 Die Kirschen waschen, entsteinen und in eine Schüssel geben. Die Pflaumen waschen, halbieren, entsteinen und in mundgerechte Stücke schneiden; zu den Kirschen geben und alles mit dem restlichen Zucker (300 g) mischen. Die Schüssel zudecken und die Früchte ebenfalls 3–4 Stunden ziehen lassen.

3 Die gezuckerten Früchte mit Zimt und Vanilleschote in das gründlich gereinigte Rumtopfgefäß schichten. Alles mit dem Rum aufgießen – er sollte zweifingerhoch über den Früchten stehen. Das Gefäß zudecken und den Rumtopf an einem kühlen, trockenen Ort mindestens 3 Wochen ziehen lassen. Zwischendurch mit einem sauberen Edelstahllöffel gelegentlich umrühren.

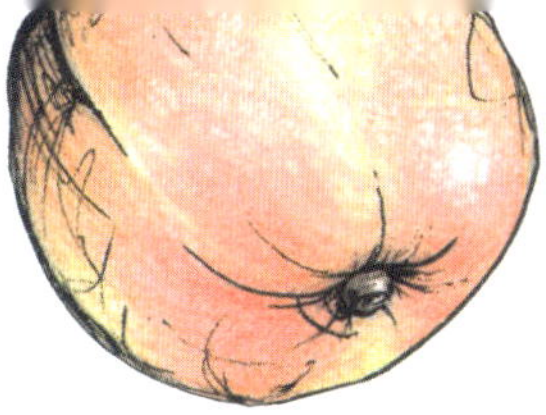

Nektarinen-Cranberry-Relish

Für 2 Gläser (ca. 250 ml)

500 g Nektarinen
2 Zwiebeln
1 EL Öl
1 Msp. Salz
125 g getrocknete Cranberrys
1½ TL Baharat (arabische Gewürzmischung)
1 TL Chilifäden
300 g Rohrohrzucker
150 ml Apfelessig

Haltbarkeit: 6 Monate

1 Die Nektarinen waschen, entsteinen und würfeln. Die Zwiebeln schälen und fein würfeln. Das Öl in einem großen Topf erhitzen, Zwiebeln mit Salz hinzufügen und glasig dünsten. Nektarinen und Cranberrys untermischen.

2 Baharat, Chilifäden, Zucker und Essig gründlich unter die Nektarinenmischung rühren, bis sich der Zucker aufgelöst hat. Das Ganze unter gelegentlichem Rühren aufkochen, dann bei schwacher Hitze 50–60 Minuten köcheln lassen, bis die gewünschte Konsistenz erreicht ist. Zwischendurch immer wieder rühren. Falls das Relish zu dick wird, etwas Wasser unterrühren.

3 Inzwischen die Gläser vorbereiten (siehe S. 19). Das kochend heiße Relish in die Gläser füllen; fest verschließen und abkühlen lassen. Das Relish mindestens 4 Wochen durchziehen lassen.

Baharat – das arabische Currypulver

Die Gewürzmischung Baharat wird in der arabischen Küche, ähnlich wie Currypulver in der indischen Küche, aus verschiedenen Gewürzen hergestellt und zum Würzen zahlreicher Gerichte verwendet. Probieren Sie folgende Mischung: 3 TL schwarze Pfefferkörner, 2 TL Kreuzkümmelsamen und 1 TL Korianderkörner in einer trockenen Pfanne rösten, bis Duft aufsteigt. Sofort aus der Pfanne in Mörser oder Blitzhacker geben und mahlen. 3 TL edelsüßes Paprikapulver, 1 TL gemahlenen Zimt, 1 TL frisch geriebene Muskatnuss, 1 TL gemahlene Gewürznelken und ½ TL gemahlenen Kardamom hinzufügen und alles mischen. In einem fest verschließbaren kleinen Glas dunkel lagern.

Pfirsich-Chutney

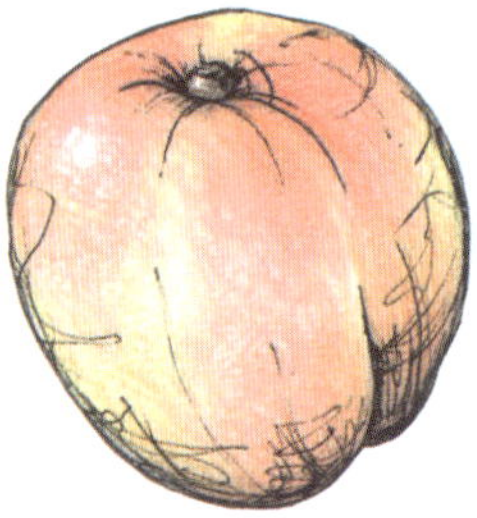

Für 5 Gläser (je ca. 400 ml)

1,5 kg Pfirsiche
2 TL Salz
2 TL gemahlener Ingwer
2 TL gemahlener Kreuzkümmel
2 TL gemahlener Koriander
125 g brauner Zucker
400 ml Apfelessig

Haltbarkeit: 6 Monate

1 Die Pfirsiche häuten (siehe Rezept unten), halbieren und entsteinen. Das Fruchtfleisch fein zerkleinern. Mit den restlichen Zutaten in einen Topf geben.

2 Unter Rühren aufkochen und 2 Stunden offen köcheln lassen, bis das Chutney eingedickt und dunkel ist. Immer wieder rühren (gegen Ende der Kochzeit etwas häufiger). Gläser vorbereiten (siehe S. 19). Chutney randvoll in die Gläser füllen; fest verschließen und abkühlen lassen. Kühl und dunkel lagern; mindestens 2 Wochen durchziehen lassen.

Für fruchtige Würze

Currys oder Hülsenfruchtgerichte (z. B. Linseneintopf) erhalten durch die Zugabe von Chutney eine feine süßsäuerliche Note.

Pikant-scharfe Pfirsichsauce

Für 2 Gläser mit weiter Öffnung (je ca. 200 ml)

500 g Pfirsiche
10 g frischer Ingwer
100 ml Weißwein
100 ml weißer Balsamico-Essig
50 g Rohrohrzucker
2 TL eingelegte grüne Pfefferkörner, abgetropft
1 Msp. Cayennepfeffer
1 Msp. Salz
frisch gemahlener Pfeffer

Haltbarkeit: 1–2 Monate

1 Pfirsiche einritzen, kurz in kochendes Wasser geben, herausheben, kalt abschrecken und häuten. Die Früchte halbieren und entsteinen, das Fruchtfleisch in schmale Spalten schneiden. Ingwer schälen und fein hacken. Wein und Essig mit Zucker und Ingwer in einem Topf zum Kochen bringen. Pfirsichspalten dazugeben; alles in etwa 20 Minuten dicklich einkochen lassen. Die Pfefferkörner andrücken und nach 15 Minuten Kochzeit in die Sauce rühren.

2 Inzwischen die Gläser vorbereiten (siehe S. 19). Die Sauce mit Cayennepfeffer, Salz und Pfeffer abschmecken. Kochend heiß in die Gläser füllen; sofort fest verschließen. Die Gläser für 10 Minuten auf den Kopf stellen, dann ganz abkühlen lassen.

Servieren

Ein Glas Sauce erwärmen und z. B. zu Geflügel servieren.

Süßsaure Gewürz-Pfirsiche

Abb. oben

Für 2 Gläser (je ca. 400 ml)

250 ml weißer Balsamico-Essig
300 g Zucker
ca. 3 cm Zimtstange
4 Gewürznelken
1 TL Korianderkörner
1 EL in Streifen abgezogene unbehandelte Zitronenschale (Zesten)
6 feste gelbfleischige Pfirsiche

Haltbarkeit: 6 Monate

1 Die Gläser vorbereiten (siehe S. 19). Den Essig mit Zucker, Gewürzen und Zitronenschale in einen großen Topf geben. Aufkochen und zugedeckt bei schwacher Hitze 20 Minuten köcheln lassen.

2 Inzwischen die Pfirsiche mit kochend heißem Wasser überbrühen. Kurz ziehen lassen, dann kalt abschrecken und häuten. Anschließend halbieren, entsteinen, in den Sud geben und 10 Minuten weiterköcheln lassen.

3 Die Pfirsichhälften auf die Gläser verteilen, randvoll mit Sud füllen und die Gläser sofort verschließen. Ganz abkühlen lassen, dann kühl und dunkel lagern.

Das passt dazu

Die Gewürz-Pfirsiche schmecken als Beilage, beispielsweise gut zu Geflügel und Wild.

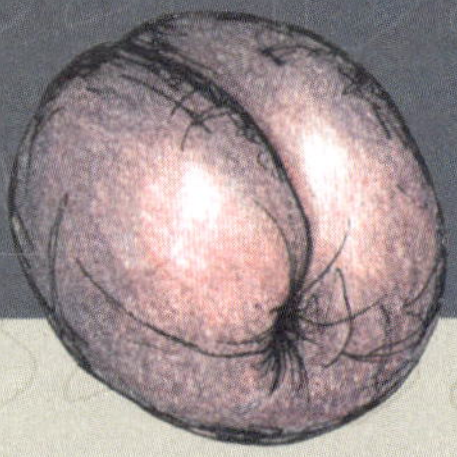

Pflaumen/Mirabellen

Diese Steinfrüchte stammen aus Asien und sind mittlerweile in der ganzen Welt zu finden. Es gibt mehrere tausend Sorten, wobei man grundsätzlich vier Arten unterscheidet: Die größere ovale und bläulich schimmernde Pflaume mit deutlich erkennbarer Naht in der Mitte hat hellgelbes, festes Fruchtfleisch; die kleinere, ovalere Zwetschge oder Zwetsche ist dunkelviolett und hat spitze Enden, eine ebenfalls gut erkennbare Naht und gelbes bis oranges Fruchtfleisch; die Reneklode ähnelt in Größe und Form der Pflaume, wird jedoch grün oder gelb; die kleine runde und saftig-süße Mirabelle ist gelb, mit evtl. rötlichen Stellen. Pflaumen reifen nicht nach und sollten vollreif geerntet werden. Locker in eine Papiertüte gepackt, halten sie sich in einem kühlen Raum oder im Kühlschrank gut 1 Woche.

Für den Vorrat

getrocknet	✓
tiefgekühlt	✓
Kompott, Mus	✓
Sauce, Sugo	✓
in Salz	
Saft, Sirup	✓
Chutney, Relish	✓
Konfitüre, Gelee	✓
in Essig, in Öl	✓
in Alkohol	✓

Saison

Im Juli werden die ersten Pflaumen aus regionalem Anbau oder im Garten geerntet, Mirabellen meist nur im August und Renekloden in der Regel von Mitte August bis Mitte September. Im Spätsommer und Herbst folgen die Zwetschgen. Besonders süß sollen sie nach dem ersten Frost sein, wenn die Enden etwas runzelig sind.

Gut in Kombination mit

anderem Obst wie Äpfeln, Aprikosen, Nektarinen oder Pfirsichen. Zimt, Gewürznelke, Vanille und ähnliche Gewürze unterstreichen das Aroma. Als Zutat für pikante Saucen und Gerichte, z. B. mit Kaninchen, Geflügel oder Schweinefleisch, bieten sich Pflaumen ebenfalls an.

Küchenpraxis

Der weiße Film auf den Früchten schützt sie vor dem Austrocknen und sollte erst kurz vor der Verarbeitung abgewischt oder -gewaschen werden. Zum Einfrieren festfleischige Früchte entsteinen, fächerförmig einschneiden und einzeln anfrieren; dann in Gefrierbeutel packen und 8–10 Monate im Tiefkühlgerät lagern.

Gebackenes Pflaumenmus

Für 5 Gläser (je ca. 375 ml)

2,5 kg Pflaumen, möglichst Spätzwetschgen
500 g Zucker
½ TL gemahlener Zimt
¼ TL gemahlener Piment
¼ TL gemahlene Gewürznelken

Haltbarkeit: 3 Monate

1 Die Pflaumen waschen, entsteinen und durch den Fleischwolf drehen. Den Backofen auf 180 °C vorheizen. Das Mus mit Zucker, Zimt, Piment und Nelken verrühren, dann in das tiefe Backblech geben und verstreichen. (Das Blech auf keinen Fall vorher fetten.)

2 Das Pflaumenmus im heißen Ofen (Mitte) etwa 1 Stunde 30 Minuten dünsten, dabei die Ofentür in der ersten Stunde mit einem Holzlöffelstiel offen halten. Die Gläser vorbereiten (siehe S. 19). Das Mus heiß und randvoll in die Gläser füllen. Sofort verschließen und abkühlen lassen. Kühl und dunkel lagern.

Gekochtes Pflaumenmus

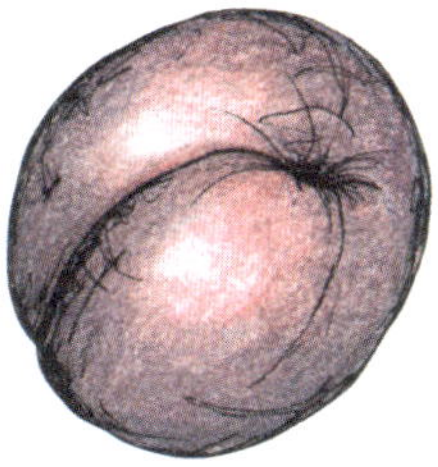

Für 3 Gläser (je ca. 375 ml)

1 kg Pflaumen
350 g Zucker
½ TL gemahlener Zimt
¼ TL gemahlener Piment
¼ TL gemahlene Gewürznelken

Haltbarkeit: 6 Monate

1 Die Pflaumen waschen, entsteinen und pürieren, dabei den Zucker untermixen. Die Gewürze dazugeben und alles in einem großen Topf zum Kochen bringen. Unter häufigem Rühren offen etwa 35 Minuten köcheln lassen, bis die Masse eindickt.

2 Inzwischen die Gläser vorbereiten (siehe S. 19). Das Mus kochend heiß in die vorbereiteten Gläser füllen; sofort verschließen und abkühlen lassen. Kühl und dunkel lagern.

Mit Rum

Wer mag, kann unter das fertige Pflaumenmus noch 2 EL Rum rühren; das Mus sofort in die Gläser füllen.

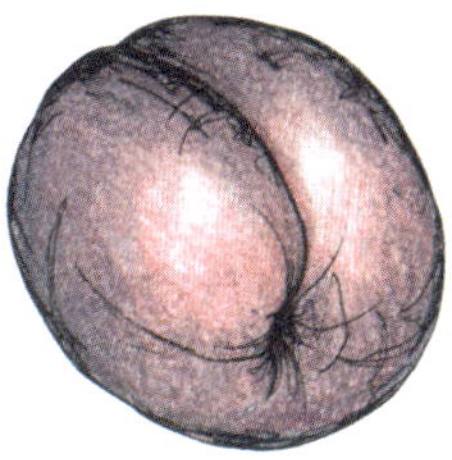

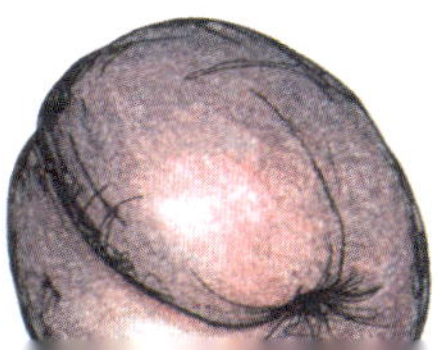

Pflaumen-Tomaten-Chutney

Abb. rechts

Für 4 Gläser (je ca. 200 ml)

500 g Pflaumen
400 g Tomaten
200 g Schalotten
4 EL Öl
125 g Gelierzucker 1:1
4 EL Sojasauce
4 EL Rotweinessig
2 getrocknete Chilischoten
½ TL Salz
frisch gemahlener Pfeffer

Haltbarkeit: 3 Monate

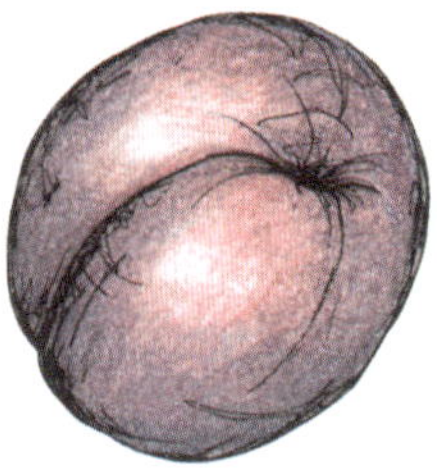

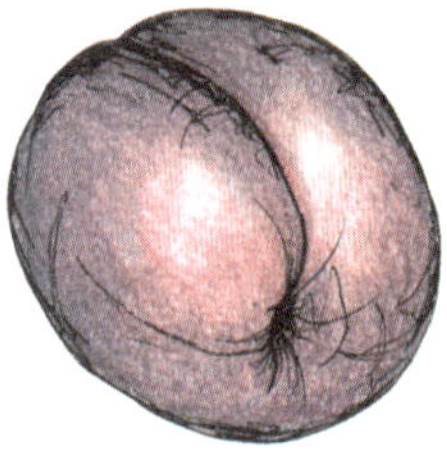

1 Die Pflaumen waschen, halbieren, entsteinen und in Spalten schneiden. Die Tomaten mit kochend heißem Wasser übergießen, kalt abschrecken, häuten und von den Stielansätzen befreien. Die Tomaten in Würfel schneiden. Die Schalotten schälen und würfeln.

2 Das Öl erhitzen. Schalotten darin kurz dünsten. Pflaumen, Tomaten, Gelierzucker, Sojasauce und Essig hinzufügen. Mit Chilischoten, Salz und Pfeffer würzen. Alles offen 10 Minuten kochen, gelegentlich umrühren. Gläser vorbereiten (siehe S. 19) und das Chutney kochend heiß einfüllen. Sofort verschließen.

Zwetschgen-Dattel-Chutney

Für 5 Gläser (je ca. 400 ml)

1,5 kg Zwetschgen
500 g Datteln
125 g Rohrohrzucker
½ TL gemahlener Koriander
1 Msp. gemahlene Gewürznelken
1 EL gelbe Senfkörner
500 ml Balsamico-Essig

Haltbarkeit: 12 Monate

1 Die Zwetschgen waschen, halbieren und entsteinen. Die Datteln entsteinen und fein zerkleinern. Zwetschgen und Datteln in einen großen Topf geben. Zucker, Gewürze und Essig hinzufügen.

2 Alles unter Rühren aufkochen lassen, dann etwa 1 Stunde 15 Minuten unter gelegentlichem Rühren köcheln lassen, bis die Mischung dick eingekocht ist. Inzwischen die Gläser vorbereiten (siehe S. 19).

3 Das Chutney kochend heiß in die Gläser füllen; fest verschließen und abkühlen lassen. Kühl und dunkel lagern; mindestens 1 Monat durchziehen lassen.

Mirabellenkonfitüre

Für 4 Gläser (je ca. 300 ml)

1 kg Mirabellen
1 unbehandelte Zitrone
500 g Gelierzucker 2:1
2 EL Mirabellenbrand

Haltbarkeit: 6 Monate

1 Gläser vorbereiten (siehe S. 19). Die Mirabellen waschen und entsteinen. Die Zitrone heiß waschen und abtrocknen. Die Schale abreiben und den Saft auspressen (etwa 4 EL). Mirabellen pürieren. Den Gelierzucker sowie Zitronensaft und -schale unterrühren.

2 Die Fruchtmasse in einen Topf geben und unter gelegentlichem Rühren zum Kochen bringen. 4 Minuten sprudelnd kochen lassen, dabei ständig rühren. Den Mirabellenbrand unterrühren. Die Konfitüre kochend heiß in Gläser füllen; sofort verschließen.

Pflaumenkonfitüre

Mirabellen gibt es meist nur im August. Falls Sie keine mehr bekommen, bereiten Sie die Konfitüre statt mit Mirabellen und Mirabellenbrand mit Pflaumen und Zwetschgenwasser zu.

Reneklodenkonfitüre mit Feigen

Für 4 Gläser (je ca. 375 ml)

750 g Reneklöden
1 kg Gelierzucker
250 g getrocknete Feigen
4 EL Weinbrand

Haltbarkeit: 12 Monate

1 Die Reneklöden waschen und entsteinen. Eine Hälfte der Früchte in kleine Stücke schneiden, die andere Hälfte pürieren. Reneklodenstücke und -püree mit dem Gelierzucker mischen und zugedeckt etwa 3 Stunden ziehen lassen.

2 Die Gläser vorbereiten (siehe S. 19). Die getrockneten Feigen klein würfeln und mit dem Weinbrand beträufeln. Kurz ziehen lassen, bis sie die Flüssigkeit aufgesogen haben. Reneklodenmischung und Feigen in einen Topf geben. Unter gelegentlichem Rühren aufkochen und 4 Minuten sprudelnd kochen lassen, dabei weiterrühren. Die Konfitüre kochend heiß in die Gläser füllen; sofort verschließen.

Pflaumenkonfitüre mit Anis Abb. oben

Für 4–5 Gläser (je ca. 400 ml

1,2 kg rote Pflaumen oder Zwetschgen
Saft von 1 Zitrone
1 TL Anissamen
1 Zimtstange
500 g Gelierzucker 2:1

Haltbarkeit: 6 Monate

1 Pflaumen entsteinen und mit wenig Wasser in einen Topf geben. Aufkochen und in etwa 10 Minuten weich köcheln; dabei ab und zu rühren.

2 Pflaumen pürieren oder durch ein Passiergerät drücken. 1 kg Pflaumenmasse mit Zitronensaft und Anis in einen großen Topf füllen. Die Zimtstange in Stücke brechen und hinzufügen. Gelierzucker unterrühren und alles 3 Stunden ziehen lassen.

3 Die Gläser vorbereiten (siehe S. 19). Die Obstmasse unter ständigem Rühren bei starker Hitze aufkochen und 4 Minuten sprudelnd kochen, dann in die Gläser füllen; sofort verschließen. Kühl und dunkel lagern.

Mirabellen in Obstbrand

Abb. rechts

Für 2 Gläser (je ca. 1 l)

2–3 Zitronen
150 g Zucker
1 kg Mirabellen
1 Vanilleschote
3 Stängel Minze
250 g weißer Kandiszucker
500 ml Obstbrand (vorzugsweise Marillenbrand)

Haltbarkeit: 3 Monate

1 Die Zitronen auspressen. (Sie benötigen etwa 75 ml Saft.) 250 ml Wasser mit Zitronensaft und dem Zucker in einem Topf unter gelegentlichem Rühren zum Kochen bringen. Weiterköcheln, bis sich der Zucker aufgelöst hat. Abkühlen lassen. Die Gläser vorbereiten (siehe S. 19).

2 Die Mirabellen waschen, entstielen und abtropfen lassen. Die Vanilleschote längs halbieren. Die Minze waschen, trocken tupfen und die Blättchen abzupfen.

3 Mirabellen, Kandiszucker, Vanilleschote und Minzeblättchen gleichmäßig auf die Gläser verteilen. Den Mirabellen- oder Obstbrand unter den abgekühlten Zuckersirup rühren und die Mirabellen damit bedecken. Die Gläser verschließen und die Marillen an einem kühlen, dunklen Platz mindestens 2 Wochen ziehen lassen.

Das passt dazu

Die beschwipsten Mirabellen schmecken zu Pudding, Eiscreme oder auch als Einlage im Sekt-Aperitif.

Mirabellen in Grappa

Die Mirabellen wie beschrieben in die Gläser schichten, jedoch ohne Vanille und Minze. Zum Würzen in jedes Glas ein Stück Zimtstange, 1–2 Stück Sternanis und 1 Gewürznelke geben. Alles mit Grappa aufgießen.

Pflaumen in Armagnac Abb. oben

Für 3 Gläser (je ca. 500 ml)

1 kg kleine Pflaumen
400 g Zucker
2 Zimtstangen
etwa 1 l Armagnac oder anderer Weinbrand

Haltbarkeit: 8 Monate

1 Die Pflaumen waschen und zwischen Küchenpapier trocken tupfen. Die ganzen Pflaumen mehrmals rundum einstechen, das geht am besten mit einer Pellkartoffelgabel.

2 Die Pflaumen mit Zucker in einer Schüssel mischen und über Nacht zugedeckt ziehen lassen. Die Gläser vorbereiten (siehe S. 19). Pflaumen mit dem entstandenen Saft in die Gläser füllen, je 1 Zimtstange hineingeben. Die Gläser mit Armagnac auffüllen und verschließen. Die Pflaumen mindestens 4 Wochen durchziehen lassen.

Das passt dazu

Die beschwipsten Pflaumen schmecken gut zu Vanille- oder Walnusseiscreme.

Zwetschgenkompott mit Schuss

Für 4 Gläser (je ca. 375 ml)

1 kg Zwetschgen
200 g Rohrohrzucker
1 unbehandelte Orange
½ TL gemahlener Zimt
100 ml Zwetschgenwasser

Haltbarkeit: 6 Monate

1 Die Zwetschgen waschen, halbieren und entsteinen. Mit dem Zucker in einem Topf mischen und zugedeckt etwa 2 Stunden ziehen lassen. Die Orange heiß waschen und abtrocknen; die Schale abreiben und den Saft auspressen. Die Gläser vorbereiten (siehe S. 19).

2 Orangensaft und -schale sowie den Zimt unter die Zwetschgen mischen. Den Topfinhalt unter Rühren zum Kochen bringen. Zugedeckt 10 Minuten köcheln lassen, dabei gelegentlich umrühren. Das Zwetschgenwasser untermischen und das kochend heiße Kompott randvoll in die Gläser füllen. Sofort verschließen.

Mit Armagnac

Aromatisieren Sie das Kompott zur Abwechslung statt mit Zwetschgenwasser mit einem Weinbrand, beispielsweise Armagnac.

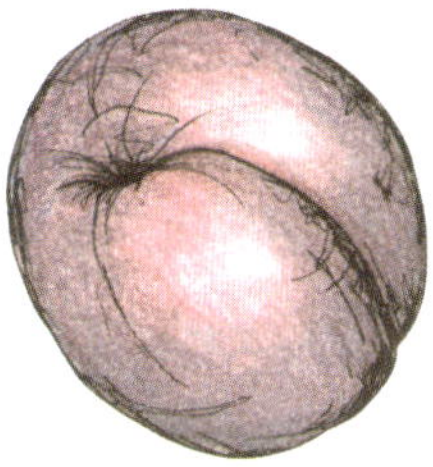

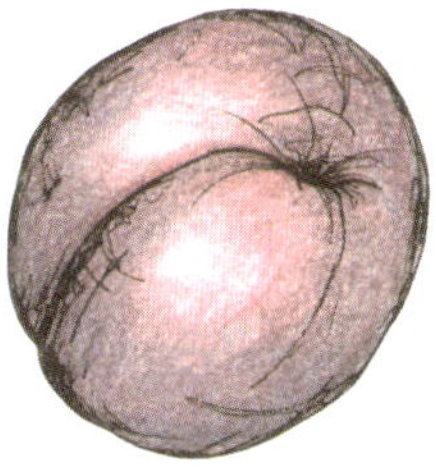

Pikante Essigpflaumen

Für 6 Gläser (je ca. 250 ml)

1 kg Pflaumen
200 ml Rotweinessig
200 ml Rotwein (z. B. Spätburgunder)
6 Lorbeerblätter
1 TL Wacholderbeeren
400 g Gelierzucker 2:1

Haltbarkeit: 6 Monate

1 Die Pflaumen waschen, halbieren und entsteinen. Die Früchte mit Essig, Wein, Lorbeerblättern und Wacholderbeeren in einen Topf geben. Den Gelierzucker hinzufügen und alles verrühren.

2 Die Gläser vorbereiten (siehe S. 19). Die Mischung im Topf zum Kochen bringen. 4 Minuten sprudelnd kochen lassen, dabei häufig rühren. Die Pflaumen mit Sud kochend heiß in die Gläser füllen. Sofort verschließen.

Das passt dazu

Die Essigpflaumen schmecken besonders gut zu Wild.

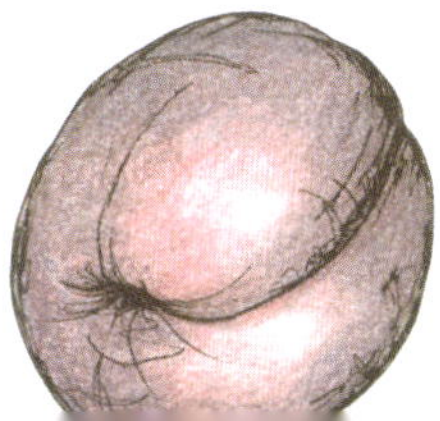

Pilze

Sie sind weder Pflanzen noch Tiere, sondern eine eigene Gruppe von Lebewesen – und der „Speisepilz" ist der Fruchtkörper bestimmter Pilzarten. Der Pilz selbst ist das Geflecht unter der Erde, das mehrere Meter groß sein kann. Als Nahrungsmittel sind Pilze schon seit Jahrtausenden bekannt; seit dem 17. Jh. werden Champignons in Frankreich angebaut. Mittlerweile gibt es auch andere Zuchtsorten wie Austern- und Shiitakepilze, während Pfifferlinge oder Steinpilze nur im Wald gedeihen. Wer Pilze sammelt, sollte nur ihm wirklich bekannte Exemplare mitnehmen, um eine Vergiftungsgefahr auszuschließen. Pilze nicht im Plastikbeutel lagern. Wildpilze in einem luftdurchlässigen Behälter (z. B. Korb) bis zu 24 Stunden kühl aufbewahren, Zuchtpilze in einer Papiertüte im Kühlschrank 1 Woche.

Für den Vorrat	
getrocknet	✓
tiefgekühlt	✓
Kompott, Mus	
Sauce, Sugo	✓
in Salz	
Saft, Sirup	
Chutney, Relish	✓
Konfitüre, Gelee	
in Essig, in Öl	✓
in Alkohol	

Saison

Zuchtpilze gibt es das ganze Jahr. Wer mag, kann sie sich sogar auf der Fensterbank selber ziehen. Zwischen Juni und November schießen alle Speisepilze in den Wäldern aus dem Boden und werden auf den Märkten angeboten. Pfifferlinge gibt es während der ganzen Saison, Steinpilze dagegen nur in Schüben.

Gut in Kombination mit

Gemüse, Kartoffeln, Kräutern wie Petersilie oder Thymian sowie Knoblauch und Zwiebeln. Als Beilage zu Fleisch und Fisch oder Bestandteil von Suppen und Cremes sind Pilze für viele unverzichtbar. Steinpilz oder Parasol schmecken wie Schnitzel gebraten wunderbar, ebenso köstlich ist ein Ragout aus Mischpilzen, am besten zu Semmelknödeln.

Küchenpraxis

Pilze mit einer weichen Pilzbürste oder einem feuchten Küchenpapier säubern (nicht waschen!). Zitronensaft schützt zerkleinerte Pilze vor Verfärbung. Gegarte Pilze sollte man rasch abkühlen lassen, dann in den Kühlschrank stellen und am nächsten Tag erhitzen. Zum Einfrieren ganze oder zerkleinerte Pilze einzeln anfrieren, dann in Gefrierbeuteln 6–8 Monate tiefkühlen.

Austernpilzterrine mit Madeiragelee

Für 1 Terrinenform (ca. 1,5 l)

500 g Austernpilze
100 g Räucherspeck
2 Zwiebeln
2 Knoblauchzehen
1 Bund Petersilie
1 EL Öl
Salz
frisch gemahlener Pfeffer
Butter für die Form
250 g Kalbshackfleisch
375 g Bratwurstbrät
1 Ei
200 g Crème fraîche
¼ TL frisch geriebene Muskatnuss
¼ TL gemahlener Ingwer
¼ TL gemahlener Piment
4 Blatt weiße Gelatine
125 ml Hühnerbrühe
125 ml Madeira

Haltbarkeit: 5 Tage im Kühlschrank

1 Die Pilze putzen und in kleine Würfel schneiden. Speck in Streifen schneiden. Zwiebeln und Knoblauch schälen und würfeln. Die Petersilie waschen und trocken schütteln. Die Blättchen abzupfen und fein hacken.

2 Das Öl erhitzen und den Speck darin braten. Zwiebeln hinzufügen und glasig dünsten. Pilze und Knoblauch dazugeben und 5 Minuten mitdünsten. Die Petersilie untermischen. Alles salzen, pfeffern und abkühlen lassen. Die Terrinenform fetten. Den Backofen auf 180 °C vorheizen.

3 Hackfleisch und Wurstbrät in eine Schüssel geben. Ei und Crème fraîche hinzufügen. Mit Salz, Pfeffer, Muskat, Ingwer und Piment würzen. Die abgekühlte Pilzmasse dazugeben und alles gut verrühren.

4 Die Fleisch-Pilz-Masse in die Terrinenform füllen und hineindrücken. Die Terrine verschließen und in das tiefe Backblech stellen. So viel Wasser in das Blech gießen, dass es 3–4 cm hoch steht. Die Terrine etwa 1 Stunde 15 Minuten im Ofen (Mitte) garen.

5 Die Terrine aus dem Ofen nehmen und abkühlen lassen. Für das Gelee die Gelatine in reichlich Wasser einweichen. Brühe erwärmen und die gut ausgedrückte Gelatine darin auflösen. Madeira dazugießen. Mit Salz abschmecken. Die Terrine mit der Gelierflüssigkeit überziehen und fest werden lassen.

Mit Kräutergarnitur

Sehr attraktiv sieht die Terrine aus, wenn Sie einen schönen Kräuterzweig (z. B. Estragon) auf die gegarte Terrine legen und sie erst dann mit dem Gelee überziehen.

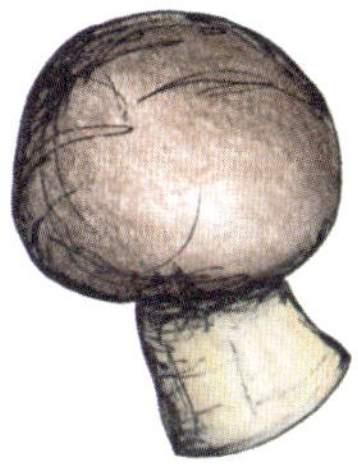

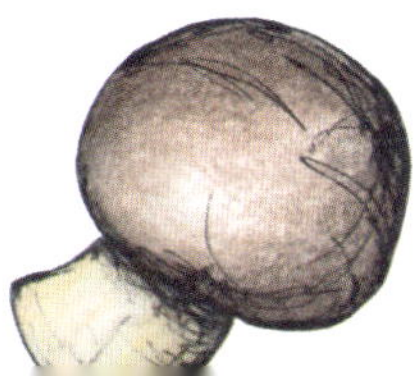

Champignons mit Knoblauch

Abb. rechts

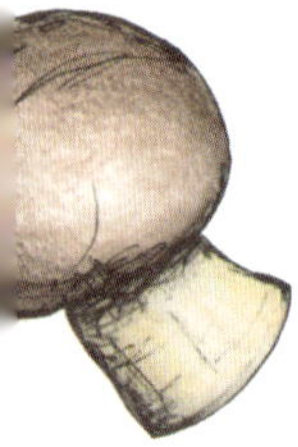

Für 3 Gläser (je ca. 370 ml)

600 g Champignons
6 Knoblauchzehen
2 Frühlingszwiebeln
1 unbehandelte Zitrone
3 Zweige Thymian
300 ml Weißweinessig
100 ml trockener Weißwein
1 EL Zucker
1 TL Salz
1 Lorbeerblatt
1 TL schwarze Pfefferkörner
1 EL gelbe Senfkörner
ca. 150 ml Olivenöl

Haltbarkeit: 2 Monate

1 Die Champignons putzen. Größere Pilze halbieren oder vierteln. Knoblauch schälen und längs halbieren. Frühlingszwiebeln putzen, waschen und in feine Ringe schneiden. Die Zitrone waschen, abtrocknen und in dünne Scheiben schneiden. Den Thymian waschen und trocken schütteln.

2 Die Gläser vorbereiten (siehe S. 19). Den Essig und den Wein in einen Topf gießen. Zucker und Salz unterrühren. Mit Lorbeer, Thymian, Pfeffer- und Senfkörnern würzen. Den Essigsud aufkochen. Pilze, Knoblauchzehen, Zitronenscheiben und Frühlingszwiebeln hinzufügen. Zugedeckt 5 Minuten köcheln lassen.

3 Die Pilzmischung mit dem Sud kochend heiß in die Gläser füllen. Jedes Glas mit Olivenöl auffüllen. Die Gläser sofort verschließen. Die Pilze mindestens 1 Woche durchziehen lassen.

Servieren

Schmeckt sehr gut als Vorspeise. Nach Belieben Oliven und Cocktailtomaten dazu reichen. Der Sud kann gut zum Abschmecken von Pilz- oder Risottogerichten verwendet werden.

Steinpilze in Olivenöl

Den Essigsud vorbereiten, dabei die Thymianzweige durch Rosmarinzweige ersetzen und die Senfkörner weglassen. Gründlich gesäuberte kleine Steinpilze und den Knoblauch in den Sud geben und 5 Minuten köcheln. Die Pilzmischung mit Sud und 3 EL Kapern in die Gläser füllen, mit Olivenöl bedecken und verschließen.

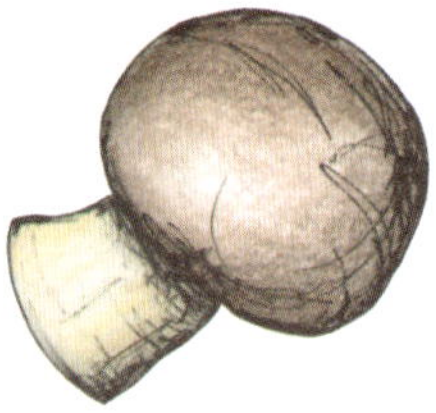

Öle aromatisieren

Kräuter und Gewürze enthalten fettlösliche Aromastoffe, die von Öl aufgenommen werden können – darauf basiert das natürliche Aromatisieren von Ölen. Geschmacksneutrale Öle wie Sonnenblumen-, Maiskeim- oder Rapsöl können grundsätzlich mit allen Zutaten aromatisiert werden. Für Zutaten mit kräftigem (Eigen)Geschmack wie Oregano, Rosmarin, Thymian, Chilischoten, Knoblauch bietet sich auch kalt gepresstes Olivenöl an. Verwenden Sie erntefrische Kräuter und Gewürze, die noch keine allzu lange Lagerzeit hinter sich haben. Stellen Sie besser kleinere Mengen an aromatisierten Ölen her, denn länger als 3 Monate sollten sie auch an einem kühlen, dunklen Platz nicht gelagert werden.

Wichtig: Achten Sie auf Sauberkeit. Füllen Sie Ihre Ölkreationen stets in heiß ausgespülte Gläser oder Flaschen (siehe S. 19), die gründlich getrocknet sind, und verschließen Sie diese.

Zitronenöl

Für ca. 500 ml

2 unbehandelte Zitronen heiß waschen und gut abtrocknen. Die Schale dünn abschälen. **1 Lorbeerblatt** waschen und sorgfältig trocken tupfen. Zitronenschale und Lorbeerblatt in eine Flasche geben und etwa **500 ml Olivenöl** daraufgießen. Die Flasche verschließen und den Inhalt etwa 2 Wochen ziehen lassen, am besten in einem dunklen, kühlen Raum (z. B. im Keller).

Mediterranes Kräuteröl

Für ca. 1 l

Je 2 Zweige Rosmarin, Thymian und Oregano waschen, trocken schütteln und sorgfältig trocken tupfen. Die Kräuterzweige in eine Flasche geben und etwa **1 l Olivenöl** daraufgießen – die Kräuter müssen völlig mit Öl bedeckt sein. Die Kräuter-Öl-Mischung etwa 3 Wochen möglichst in einem dunklen, kühlen Raum (z. B. im Keller) ziehen lassen.

Tipp: *Das mediterrane Kräuteröl eignet sich bestens für Grillmarinaden oder zum Beträufeln von Pastagerichten oder Pizza.*

Ingwer-Limetten-Öl

Für ca. 250 ml

1 unbehandelte Limette heiß waschen und gut abtrocknen. Die Schale dünn abschälen. **5 cm frischen Ingwer** schälen und in Scheiben schneiden. Die Limettenschale und die Ingwerscheiben in eine Flasche geben. **Etwa 250 ml Sojaöl** daraufgießen. Die Flasche verschließen. Den Inhalt etwa 2 Wochen bei Raumtemperatur ziehen lassen.

Tipp: *Das Ingwer-Limetten-Öl eignet sich bestens zum Würzen von asiatischen Reisgerichten, Wokgemüse oder Thai-Suppe. Auch zum Marinieren von Geflügel oder Fisch kann es verwendet werden.*

Steinpilzöl

Für ca. 300 ml

25 g getrocknete Steinpilze in eine Flasche mit weitem Hals geben und mit etwa **300 ml Sonnenblumen- oder Rapsöl** übergießen. Flasche verschließen; den Inhalt mindestens 3 Wochen bei Raumtemperatur ziehen lassen. Danach das Öl mit den Pilzen durch Filterpapier in eine saubere Flasche laufen lassen. Pilze wegwerfen.

Tipp: *Das Steinpilzöl verleiht Risottos und Pastagerichten ein edles Aroma. Es eignet sich genauso gut für herbstliche Salate oder Carpaccio.*

Knoblauchöl

Für ca. 500 ml

8 Knoblauchzehen schälen und in eine Flasche geben. Etwa **500 ml Olivenöl** daraufgießen. Die Flasche verschließen und den Inhalt etwa 3 Wochen ziehen lassen, am besten in einem dunklen, kühlen Raum (z. B. im Keller).

Tipp: *Das Knoblauchöl ist für die Zubereitung von Knoblauch-croûtons oder Knoblauch-mayonnaise und auch zum Marinieren von Gemüse (z. B. Paprikaschoten) bestens geeignet. Die Knoblauchzehen aus dem Öl können prima zum Würzen verwendet werden.*

Aromazutaten vorbereiten

Alle Aromazutaten wie z. B. Kräuter müssen absolut trocken sein, bevor sie mit dem Öl übergossen werden. Die Kräuter am besten mit Küchenpapier trocken tupfen. Auf einem sauberen Geschirrtuch ausbreiten und über Nacht trocknen lassen.

Um Aromazutaten (z. B. getrocknete Steinpilze) nach dem Durchziehen aus dem Öl zu entfernen, einen Kaffeefilter mit Filterpapier auslegen, das Öl nach und nach hineingießen und durchlaufen lassen.

Soll die Schale von Zitrusfrüchten zum Aromatisieren verwendet werden, die unbehandelten Früchte heiß waschen und gründlich abtrocknen. Die Schale dünn – ohne weiße Anteile – mit einem kleinen, scharfen Messer oder Sparschäler wie bei einem Apfel abschälen.

Pilz-Salsa

Für 2 Gläser (je ca. 200 ml)

1 kg gemischte frische Pilze
100 g Schalotten
2 Sardellenfilets
1 Msp. gemahlene Gewürznelken
½ TL frisch geriebene Muskatnuss
½ TL gemahlener Piment
300 ml Portwein
Salz
frisch gemahlener Pfeffer
Öl zum Aufgießen

Haltbarkeit: 1 Monat

1 Die Pilze abreiben, putzen und klein schneiden. Die Schalotten schälen und fein würfeln. Die Sardellenfilets ebenfalls hacken.

2 Mit den restlichen Zutaten (bis auf Salz, Pfeffer und Öl) in einem großen Topf zum Kochen bringen. Unter gelegentlichem Rühren köcheln lassen, bis die Flüssigkeit fast verdampft und die Mischung eingedickt ist. Inzwischen die Gläser vorbereiten (siehe S. 19).

3 Die Sauce mit Salz und reichlich Pfeffer abschmecken, dann heiß bis knapp unter den Rand in die Gläser füllen. Mit Öl aufgießen; die Gläser fest verschließen. Abkühlen lassen, kühl und dunkel aufbewahren.

Pilze trocknen

Pilze sorgfältig säubern, in sehr dünne Scheiben schneiden, auf Küchenpapier ausbreiten und an einem trockenen Ort mehrere Tage trocknen lassen. Die getrockneten Pilze in einem fest verschlossenen Gefäß aufbewahren.

Champignon-Nuss-Paste

Für 1 Glas (ca. 200 ml)

250 g braune Champignons
1 Schalotte
1 Knoblauchzehe
50 ml Olivenöl
2 EL fein gehackte Walnusskerne
½ TL abgezupfte Thymianblättchen
1 EL gehackte Petersilie
Salz
frisch gemahlener Pfeffer

Haltbarkeit: 1 Woche im Kühlschrank

1 Die Pilze säubern und in kleine Würfel schneiden. Schalotte und Knoblauch schälen und fein würfeln. In einer Pfanne 1 EL Öl erhitzen. Schalotte, Knoblauch und Nüsse darin andünsten. Pilze und Thymian dazugeben und mitdünsten, bis alle Flüssigkeit verdampft ist.

2 Die Masse pürieren, dabei das restliche Olivenöl langsam dazugeben. Petersilie unterrühren und alles mit Salz und Pfeffer würzen.

Das passt dazu

Gut schmeckt die Paste auf gerösteten Baguettescheiben, aber auch als Sauce zu gebratenem Hähnchenbrustfilet.

Süßsaure Austernpilze Abb. oben

Für 3 Gläser (je ca. 250 ml)

500 g Austernpilze
100 g Schalotten
3 Stängel Estragon
Salz
375 ml Weißweinessig
50 g Zucker
Salz
1 TL schwarze Pfefferkörner
2 Lorbeerblätter

Haltbarkeit: 2 Monate

1 Die Austernpilze putzen und mundgerecht zerkleinern. Schalotten schälen und längs vierteln. Estragonstängel waschen. Reichlich Salzwasser zum Kochen bringen. Pilze und Schalotten darin 7 Minuten köcheln lassen. Die Gläser vorbereiten (siehe S. 19).

2 Pilze und Schalotten in ein Sieb gießen und abtropfen lassen. Anschließend auf die Gläser verteilen. Essig mit Zucker, 1 TL Salz, Pfeffer, Lorbeer und Estragon aufkochen und zugedeckt 2 Minuten köcheln lassen. Die Pilzmischung mit dem kochend heißen Gewürzessig übergießen. Die Gläser sofort verschließen.

Servieren

Mit Zitronen-Olivenöl beträufeln und knuspriges Weißbrot, das mit etwas gesalzener Butter bestrichen ist, dazu reichen.

Quitten

Wie Apfel und Birne gehören Quitten zur Familie der Rosengewächse und sind Kernobstfrüchte. In Mitteleuropa werden sie vermutlich seit dem Mittelalter kultiviert, in der Türkei und Griechenland bereits seit Jahrtausenden. Die rundlichen, sehr aromatischen Apfelquitten sind eher trocken und hart, die ovalen Birnenquitten haben ein weicheres, saftigeres und weniger aromatisches Fruchtfleisch; dafür lassen sie sich leichter verarbeiten. Quitten, die hierzulande geerntet werden, sind hart und bitter. Im Gegensatz zu Früchten aus wärmeren Regionen (wie der Türkei) können sie nur gekocht gegessen werden. Vollreife Quitten mit Druckstellen bald verarbeiten; nicht vollreife Exemplare reifen bei Raumtemperatur rasch nach. Kühl und dunkel gelagert halten sich Quitten bis zu 2 Monate.

Für den Vorrat

getrocknet	
tiefgekühlt	✓
Kompott, Mus	✓
Sauce, Sugo	
in Salz	
Saft, Sirup	✓
Chutney, Relish	✓
Konfitüre, Gelee	✓
in Essig, in Öl	✓
in Alkohol	✓

Saison

Quitten aus regionalem Anbau oder aus dem eigenen Garten werden zwischen August und November gepflückt; oft sind sie nur auf Bauernmärkten erhältlich. Gelegentlich werden auch Quitten aus der Türkei (Shirin-Quitten) angeboten.

Gut in Kombination mit

Äpfeln und Birnen sowie Gewürzen wie Zimt, Nelken, Kardamom und Ingwer. Zum Einkochen oder Einlegen bieten sich Wein- oder Apfelessig und Wein an. Eingekocht, als Kompott, süßsauer eingelegt oder karamellisiert passen Quitten z. B. zu Milchreis oder Pfannkuchen sowie zu herzhaften (Fleisch)Gerichten.

Küchenpraxis

Den wolligen Belag auf der Schale reifer Quitten vor der Verarbeitung abrubbeln (z. B. mit einem trockenen Tuch); er enthält unangenehme Bitterstoffe. Zitronensaft verhindert die Verfärbung des Fruchtfleischs. Zum Einfrieren die Früchte schälen, entkernen und blanchieren. Verpackt bis zu 1 Jahr tiefkühlen.

Quittengelee

Für 5 Gläser (je ca. 400 ml)

1 Vanilleschote
1 l Quittensaft (siehe S. 231)
Saft von 1 Zitrone
500 g Gelierzucker 2:1

Haltbarkeit: 6 Monate

1 Die Gläser vorbereiten (siehe S. 19). Die Vanilleschote aufschlitzen und das Mark mit einer Messerspitze herausschaben. Die Schote in kleine Stücke schneiden.

2 Quittensaft mit Zitronensaft, Zucker, Vanilleschote und -mark in einen Topf geben. Alles unter Rühren aufkochen und 4–5 Minuten sprudelnd kochen lassen.

3 Die kochend heiße Gelierflüssigkeit randvoll in die Gläser füllen, die Vanillestücke dabei möglichst gleichmäßig verteilen. Die Gläser fest verschließen und abkühlen lassen. Anschließend kühl und dunkel lagern.

Quittenkonfitüre

Für 5 Gläser (je ca. 400 ml)

750 g Quitten
Saft von 2 Zitronen
750 g Gelierzucker 1:1

Haltbarkeit: 12 Monate

1 Falls nötig, von den Quitten den Flaum abreiben. Die Früchte putzen, achteln und entkernen, in einen Topf geben und knapp mit Wasser bedecken. Aufkochen und 15–20 Minuten köcheln lassen, bis sie zerfallen. Inzwischen die Gläser vorbereiten (siehe S. 19).

2 Die Quitten mit Sud durch ein Sieb in einen zweiten Topf gießen, die Früchte durchpassieren. Die Masse wieder aufkochen und 10 Minuten unter Rühren köcheln lassen, dann Zitronensaft und Zucker untermischen und das Ganze weitere 10 Minuten sprudelnd kochen.

3 Die Konfitüre kochend heiß und randvoll in die Gläser füllen. Die Gläser fest verschließen und abkühlen lassen. Kühl und dunkel lagern.

Weniger süß

Herber wird die Quittenkonfitüre, wenn Sie die 750 g Gelierzucker 1:1 durch 375 g Gelierzucker 2:1 ersetzen. Auf diese Weise zubereitet, ist sie auch eine feine Beilage zu Wildgerichten.

Quittenbrot Abb. rechts

Für ca. 30 Stück

1,5 kg Quitten
500 g Zucker
500 g flüssiger Honig
Öl für das Backblech
grober Zucker

Haltbarkeit: 3–6 Monate

1 Von den Quitten den Flaum abreiben. Die Früchte ungeschält in Stücke schneiden und mit 250 ml Wasser in einen großen Topf geben; alles aufkochen und 30 Minuten köcheln lassen. Anschließend die Quittenmasse durch ein Sieb in einen zweiten Topf streichen. Zucker und Honig unterrühren und die Masse unter ständigem Rühren in etwa 30 Minuten dick einkochen lassen.

2 Den Backofen auf 120 °C vorheizen, ein Backblech mit Öl fetten. Die Quittenmasse auf das Blech streichen und im heißen Ofen in etwa 2 Stunden trocknen lassen, dabei nach 1 Stunde die Backofentür einen Spalt öffnen und einen Kochlöffel dazwischenklemmen.

3 Das Backblech aus dem Ofen nehmen, den Backofen ausschalten. Das Quittenbrot auf der geöffneten Ofentür nachtrocknen und abkühlen lassen. Die abgekühlte Masse in kleine Rauten schneiden. Diese in grobem Zucker wenden und anschließend luftdicht verpacken. Kühl und dunkel aufbewahren.

Servieren

Quittenbrot passt zu einer Käseplatte, schmeckt als Dessert oder als Konfekt.

Natürliches Pektin

Unter der Schale von Quitten befindet sich reichlich Pektin. Damit es sich vollständig aus den Früchten löst, müssen sie ungeschält und lange gekocht werden, wie in diesem Rezept. Aufgrund des Pektingehalts ist die Zugabe von Gelierzucker für Quittengelee oder -konfitüre nicht unbedingt nötig. Es genügt die Zugabe von Zucker im Verhältnis 1:1. Die Kochzeit beträgt dann allerdings 1 Stunde statt weniger Minuten.

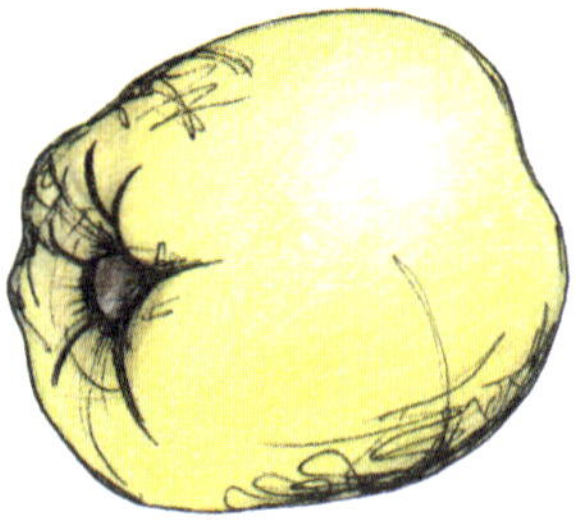

Quitten in Weinbrand Abb. oben

Für 1 großes Glas (ca. 1,5 l)

1 kg Quitten
Saft von 1 Zitrone
125 ml Weißweinessig
200 g Zucker
200 g flüssiger Honig
1 Zimtstange
250 ml Weinbrand

Haltbarkeit: 6 Monate

1 Das Glas vorbereiten (siehe S. 19). Falls nötig, von den Quitten den Flaum abreiben. Die Früchte schälen, entkernen und in dünne Scheiben schneiden. Die Scheiben in eine Schüssel geben und mit dem Zitronensaft mischen.

2 In einem großen Topf den Essig mit 125 ml Wasser, dem Zucker, dem Honig und der Zimtstange unter Rühren aufkochen lassen. Die Quittenscheiben hineingeben und etwa 30 Minuten köcheln lassen, bis sie ganz weich sind.

3 Die Quittenscheiben mit einem Schaumlöffel aus dem Sirup heben und in das Glas schichten. Den Sirup dick einköcheln lassen, dann mit dem Weinbrand verrühren und das Obst damit bedecken. Das Glas fest verschließen und kühl und dunkel aufbewahren. Die Quitten vor dem Verzehr einige Wochen durchziehen lassen.

Quitten in Gewürzsirup

Für 2 Gläser (je ca. 500 ml)

Saft von ½ Zitrone
1 kg Quitten
300 g Zucker
2 Gewürznelken
2 Sternanis
1 Zimtstange

Haltbarkeit: 3 Monate

1 Eine große Schüssel mit Wasser füllen und den Zitronensaft hineingeben. Die Gläser vorbereiten (siehe S. 19). Falls nötig, von den Quitten den Flaum abreiben. 750 ml Wasser aufkochen und die Früchte ins sprudelnd kochende Wasser geben. Nach 2 Minuten herausheben und in kaltem Wasser abschrecken. Anschließend schälen, vierteln, von den Kerngehäusen befreien und in das Zitronenwasser legen.

2 Den Zucker in den Sud rühren, bis er sich aufgelöst hat. Gewürze und Quitten dazugeben. Alles aufkochen und etwa 15 Minuten köcheln lassen, bis die Fruchtstücke weicher sind, aber nicht zerfallen.

3 Die Quitten mit einem Schaumlöffel aus dem Sud heben und auf die Gläser verteilen. Den Sud aufkochen lassen; die Quitten mit dem heißen Sud bedecken. Die Gläser verschließen und abkühlen lassen; kühl und dunkel lagern.

Das passt dazu

Vanillecreme oder Schokoladenmousse. Als Beilage zu Wild, Geflügel und Käse schmecken die eingelegten Quitten ebenfalls gut.

Quitten-Apfel-Chutney

Für 4–5 Gläser (je ca. 400 ml)

400 g Quitten
400 g Äpfel (z. B. Boskop)
750 g Zwiebeln
250 g Rosinen
¼ TL geriebene Muskatnuss
1 TL gemahlener Piment
300 ml Apfelessig
250 g Rohrohrzucker

Haltbarkeit: 12 Monate

1 Falls nötig, von den Quitten den Flaum abreiben. Quitten und Äpfel schälen, vierteln, entkernen und fein würfeln. Zwiebeln schälen und würfeln. Mit den Früchten in einen Topf füllen.

2 Rosinen, Gewürze und Essig hinzufügen. Aufkochen und etwa 20 Minuten köcheln lassen. Zucker unterrühren und das Chutney unter gelegentlichem Rühren in etwa 1 Stunde 30 Minuten einköcheln lassen.

3 Inzwischen die Gläser vorbereiten (siehe S. 19). Das kochend heiße Chutney randvoll in die noch warmen Gläser füllen. Die Gläser verschließen und abkühlen lassen, kühl und dunkel lagern. Mindestens 4 Wochen durchziehen lassen.

Rhabarber

Rhabarberstangen werden zwar wie Obst zubereitet, zählen botanisch jedoch zum Gemüse. Rhabarber ist ein Knöterichgewächs, zu dem z. B. auch Sauerampfer gehört. In China wurde wilder Rhabarber bereits vor über 4000 Jahren als Heilmittel eingesetzt. In Mitteleuropa wurde er erstmals Mitte des 19. Jh. in England angebaut. Die dickeren Stangen des grünen Rhabarber enthalten mehr Oxalsäure und schmecken saurer als die des roten Himbeerrhabarber. Oxalsäure bindet im Körper Kalzium, daher auch die Bezeichnung „Kalziumräuber". Roh ist Rhabarber nicht genießbar. Frische Stangen sind knackig und haben saftige Schnittstellen. Ohne Blätter (sie entziehen den Stangen den Saft) und in ein feuchtes Tuch eingeschlagen halten sich die Stangen 1 Woche im Kühlschrank.

Für den Vorrat

getrocknet	
tiefgekühlt	✓
Kompott, Mus	✓
Sauce, Sugo	
in Salz	
Saft, Sirup	✓
Chutney, Relish	✓
Konfitüre, Gelee	✓
in Essig, in Öl	
in Alkohol	

Saison

Von April bis Juni wird Rhabarber angeboten bzw. im Garten geerntet. Mit zunehmendem Alter nimmt der Oxalsäuregehalt in den Stangen erheblich zu; traditionell wird Rhabarber (genau wie Spargel) deshalb nicht mehr nach dem 24. Juni (Johannistag) geerntet.

Gut in Kombination mit

Milch und Milchprodukten. Sie senken die kalziumraubende Wirkung der Oxalsäure. Obst wie Erdbeeren, Himbeeren, Orangen oder Äpfel nehmen Rhabarber etwas Säure, so dass er beim Genuss ein weniger pelziges Gefühl auf der Zunge hinterlässt. Als Gewürze harmonieren Vanille, Zimt, Ingwer oder Nelken, aber auch Knoblauch und Chili.

Küchenpraxis

Stangenenden abschneiden; fasrige Haut abziehen. Honig oder Zucker gleichen die Säure aus: Zucker erst in etwas Flüssigkeit aufkochen, Rhabarberstücke hinzufügen und bei schwacher Hitze dünsten – so zerfallen sie nicht so leicht. Zum Einfrieren rohe Stücke einzeln anfrieren, dann in Beuteln oder Dosen bis zu 12 Monate tiefkühlen.

Rhabarberkonfitüre

Für 4 Gläser (je ca. 350 ml)

750 g Rhabarber
500 g Zucker
1 kleine unbehandelte Orange

Haltbarkeit: 12 Monate

1 Den Rhabarber waschen, putzen und entfädeln. Die Stangen in etwa 1 cm breite Stücke schneiden. Die Stücke in eine Schüssel füllen, mit dem Zucker mischen, zudecken und 12 Stunden bzw. über Nacht an einem kühlen Ort ziehen lassen.

2 Die Gläser vorbereiten (siehe S. 19). Die Orange heiß waschen und trocken reiben. Die ungeschälte Frucht in Scheiben und diese in Stücke schneiden. Ein Sieb auf einen großen Topf setzen. Den Rhabarber hineinschütten und abtropfen lassen.

3 Den abgetropften Saft aufkochen und 1–2 Minuten sprudelnd kochen lassen. Den abgetropften Rhabarber und die Orangenstücke hinzufügen. Das Ganze unter Rühren aufkochen und 15 Minuten köcheln lassen. Die kochend heiße Konfitüre randvoll in die Gläser füllen. Die Gläser verschließen und abkühlen lassen; kühl und dunkel lagern.

Rhabarber-Beeren-Konfitüre

Für 5 Gläser (je ca. 350 ml)

300 g Rote Johannisbeeren
250 g Himbeeren
750 g Rhabarber
500 g Gelierzucker 2:1

Haltbarkeit: 6 Monate

1 Johannisbeeren waschen, trocken tupfen und von den Rispen streifen. Mit den Himbeeren und 125 ml Wasser in einem Topf aufkochen und kochen lassen, bis die Beeren aufplatzen. Vom Herd nehmen und abkühlen lassen.

2 Den Rhabarber waschen, putzen und entfädeln. Die Stangen in etwa 1 cm breite Stücke schneiden. In eine Schüssel geben, mit dem Zucker mischen und zugedeckt 2 Stunden durchziehen lassen. Die Gläser vorbereiten (siehe S. 19). Die Beeren durch das Passiergerät oder ein Sieb in einen Topf drücken. Die Rhabarbermischung hinzufügen. Alles unter Rühren aufkochen und 4 Minuten sprudelnd kochen lassen.

3 Die kochend heiße Konfitüre randvoll in die Gläser füllen. Die Gläser verschließen und abkühlen lassen; kühl und dunkel lagern.

Rhabarber-Orangen-Chutney Abb. oben

Für 5 Gläser (je ca. 250 ml)

750 g Rhabarber
2 unbehandelte Orangen
ca. 500 g Zwiebeln
250 g Rosinen
500 ml Weißweinessig
400 g Zucker
½ TL gemahlene Muskatblüte
½ TL gemahlener Zimt
½ TL gemahlener Piment

Haltbarkeit: 12 Monate

1 Den Rhabarber waschen, putzen und in etwa 1 cm lange Stücke schneiden. Die Orangen heiß waschen, trocken reiben und die Schale in breiten Streifen dünn abschneiden, dann quer in feine Streifen schneiden. Die weiße Haut von den Orangen entfernen. Die Filets über einer Schüssel zwischen den Trennwänden herauslösen, den Saft dabei auffangen. Die Fruchtfilets fein zerkleinern. Die Zwiebeln schälen und fein würfeln.

2 Fruchtstückchen und Schalenstreifen in einen großen Topf geben. Die übrigen Zutaten gründlich unterrühren. Alles aufkochen, dann etwa 2 Stunden 30 Minuten im offenen Topf köcheln lassen, bis die Mischung eingedickt und dunkel ist; zwischendurch immer wieder umrühren. Inzwischen die Gläser vorbereiten (siehe S. 19).

3 Das kochend heiße Chutney randvoll in die Gläser füllen; sofort verschließen und abkühlen lassen. Kühl und dunkel lagern und vor dem Öffnen 4 Wochen durchziehen lassen.

Rhabarber-Apfel-Kompott

Für 4 Gläser (je ca. 250 ml)

750 g Rhabarber
250 g Äpfel
150 ml Apfelsaft
200 g Rohrohrzucker
½ TL gemahlener Zimt
½ TL Ingwerpulver (nach Belieben)

Haltbarkeit: 6 Monate

1 Rhabarber putzen und in 2–3 cm große Stück schneiden. Äpfel schälen, entkernen und klein schneiden. Gläser vorbereiten (siehe S. 19). Apfelsaft mit Zucker, Zimt und nach Belieben Ingwer in einem weiten Topf aufkochen lassen.

2 Rhabarber und Äpfel dazugeben. Alles zugedeckt etwa 10 Minuten köcheln lassen, bis der Rhabarber weich, aber noch nicht zerfallen ist. Das heiße Kompott randvoll in die Gläser füllen; fest verschließen und abkühlen lassen.

Rhabarber-Zwiebel-Relish

Für 3 Gläser (ca. 350 ml)

500 g Rhabarber
400 g rote Zwiebeln
20 g frischer Ingwer
1 Knoblauchzehe
1 rote Chilischote
2 EL Öl
200 g Rohrohrzucker
1 TL Salz
frisch gemahlener Pfeffer

Haltbarkeit: 4 Wochen im Kühlschrank

1 Die Gläser vorbereiten (siehe S. 19). Rhabarber putzen und in 1 cm große Stücke schneiden. Zwiebeln schälen und würfeln. Ingwer und Knoblauch schälen, beides fein zerkleinern. Chilischote längs aufschneiden, entkernen und hacken.

2 Das Öl in einem Topf erhitzen. Zwiebeln, Knoblauch und Ingwer darin kurz dünsten. Zucker darüberstreuen; weiterdünsten, bis sich der Zucker aufgelöst hat. Rhabarber und Chili dazugeben; 5–7 Minuten köcheln lassen, bis der Rhabarber weich, aber nicht zerfallen ist. Salzen und pfeffern. Kochend heiß in die vorbereiteten Gläser füllen; fest verschließen. Abkühlen lassen.

Pikante Rhabarbersaucen

Das süßsäuerliche Relish und auch das Rhabarber-Orangen-Chutney (siehe S. 216) schmecken gut zu dünn aufgeschnittenem Roastbeef oder anderem Braten, auch zu Käse.

Rhabarber-Granité mit Minze
Abb links

Für 4 Portionen

800 g Rhabarber
80 g Zucker
1 Zitrone
200 ml Mineralwasser mit Kohlensäure
4–6 Stängel Minze

Haltbarkeit: 2 Monate im Tiefkühlgerät

1 Den Rhabarber waschen, schälen und in Stücke schneiden. In einem Topf 200 ml Wasser zum Kochen bringen, den Zucker unterrühren und darin auflösen. Die Rhabarberstücke hinzufügen und bei mittlerer Hitze zugedeckt in etwa 10 Minuten weich garen.

2 Die Zitrone auspressen. Das Rhabarberkompott durch ein feines Sieb in ein flaches tiefkühlgeeignetes Gefäß streichen. Den Zitronensaft und das Mineralwasser untermischen und das Rhabarberpüree zugedeckt für etwa 3 Stunden ins Tiefkühlgerät stellen. Während des Gefrierens die Masse ab und zu mit einer Gabel durchrühren, damit sie stückig wird (sie soll nicht so kompakt wie ein Sorbet sein).

3 Kurz vor dem Servieren die Minzestängel waschen, trocken schütteln und die Blätter abzupfen. Das Granité mit der Hälfte der Minze in vier gekühlte Gläser füllen, mit den restlichen Blättern garnieren und sofort servieren.

Rhabarber-Himbeer-Sirup

Für 4 Flaschen (je ca. 250 ml)

500 g Rhabarber
500 g Zucker
250 g Himbeeren
1 Vanilleschote
5 g Zitronensäure

Haltbarkeit: 2 Monate im Kühlschrank

1 Rhabarber putzen und in kleine Stücke schneiden. Den Boden eines großen Topfes knapp mit Wasser bedecken. Rhabarber und Zucker dazugeben. Alles aufkochen, dann etwa 25 Minuten köcheln lassen, bis der Rhabarber weich wird; zwischendurch umrühren.

2 Himbeeren mit 200 ml Wasser untermischen. Das Ganze aufkochen und weiterköcheln lassen, bis die Beeren zerfallen. Topf vom Herd nehmen und den Topfinhalt durch ein Passiertuch in einen Topf abtropfen lassen. Die im Tuch verbliebenen Rückstände gut ausdrücken. Vanilleschote längs aufschneiden.

3 Die Flaschen vorbereiten (siehe S. 19). Den abgetropften Saft mit der Vanilleschote zum Kochen bringen und kochen, bis der Saft sirupartig ist. Vom Herd nehmen, Vanilleschote entfernen, Zitronensäure unterrühren. Den kochend heißen Sirup in die Flaschen füllen; fest verschließen und abkühlen lassen. Vor Gebrauch schütteln.

Rote Beten

Die meist purpurroten, kugeligen Rüben gehören zur Familie der Fuchsschwanzgewächse und sind mit Zuckerrüben und Mangold verwandt. Vermutlich wurden sie von den Römern aus Nordafrika nach Mitteleuropa gebracht und schon im Mittelalter in Klostergärten angebaut, wobei sie damals unterschiedlichste Formen und Farben aufwiesen. Erst im 19. Jh. entstand durch Züchtung die heutige Rote Bete. Ihre positive gesundheitliche Wirkung (z. B. Blutbildung und Zellschutz) wurde bereits von den alten Griechen und Römern geschätzt. Sie beruht u. a. auf Betanin, das auch als natürlicher Farbstoff für Lebensmittel eingesetzt wird. Beim Einkauf nicht zu große und dicke Knollen wählen; sie können holzig sein. Zum Aufbewahren frische Knollen in feuchtes Papier wickeln und bis zu 1 Monat im Gemüsefach des Kühlschranks lagern.

Für den Vorrat

getrocknet	
tiefgekühlt	✓
Kompott, Mus	
Sauce, Sugo	
in Salz	✓
Saft, Sirup	✓
Chutney, Relish	✓
Konfitüre, Gelee	✓
in Essig, in Öl	✓
in Alkohol	

Saison

Die Knollen werden bereits ab Juni bis zum ersten Nachtfrost (meist im November) geerntet. Da sie sich gut lagern lassen, stehen sie ganzjährig zur Verfügung. Rote Bete aus eigener Ernte kann man z. B. (wie Möhren) draußen in eine Kiste mit Sand eingraben, so halten sie sich bis März/April.

Gut in Kombination mit

kräftigen und scharfen Aromen wie Meerrettich oder Chili, Anis- oder Fenchelsamen. Klassisch wird Rote Bete in Essig eingelegt; traditionell mit Fleisch, Fisch, Kartoffeln, Kohl und Zwiebeln zubereitet. Aber auch Johannisbeeren, Orangen, Rhabarber oder Mandeln harmonieren mit den Rüben.

Küchenpraxis

Das Grün der Beten kann man als Gemüse zubereiten. Ungeschälte Beten mit Blattansatz im Ganzen garen, damit sie nicht „ausbluten". Anschließend kalt abschrecken und schälen. Um rote Verfärbungen an den Händen zu vermeiden, sollte man zum Schälen Einmalhandschuhe anziehen. Verfärbungen lassen sich mit Zitronensaft entfernen. Zum Einfrieren eignen sich nur gegarte Knollen.

Rote Bete im Gewürzsud

Für 4 Gläser (je ca. 400 ml)

1 kg kleine Rote Beten
30 g Salz
750 ml Rotweinessig
1 TL schwarze Pfefferkörner
1 TL Wacholderbeeren
2 Gewürznelken
1 Knoblauchzehe
1 Lorbeerblatt

Haltbarkeit: 4 Monate

1 Die Roten Beten waschen und abbürsten. Mit 15 g Salz in einen Topf geben und mit kaltem Wasser bedecken. Aufkochen und 1 Stunde köcheln lassen, bis die Knollen weich sind. Inzwischen Gläser vorbereiten (siehe S. 19).

2 Die Roten Beten abgießen, schälen, putzen, würfeln und fest in die Gläser schichten. Den Essig mit dem restlichen Salz (15 g) und den Gewürzen in einem Topf aufkochen und 2 Minuten sprudelnd kochen lassen. Den Sud durch ein feines Sieb in einen Krug gießen.

3 Den Sud in die Gläser auf die Roten Beten gießen. Die Gläser fest verschließen; kühl und dunkel lagern. Die Roten Beten mindestens 2 Wochen durchziehen lassen.

Das passt dazu

Eingelegte Rote Beten sind eine schöne Beilage zu nahezu allen pikanten Hauptgerichten mit Fleisch und Gemüse. Auch mit Käse harmonieren sie gut, ebenso schmecken sie in einem bunten gemischten Salat.

Rote-Bete-Salat

Aus den eingelegten Rote-Bete-Würfeln können Sie folgenden Salat zubereiten: Die Würfel mit geraspelten Äpfeln und in Stückchen geschnittenen Orangen in eine Schüssel geben. Für die Salatsauce Schmand mit wenig Öl sowie etwas Salz, Pfeffer und Orangensaft verrühren; unter die Zutaten in der Schüssel mischen. Den Salat mit grob gehackten Walnusskernen bestreuen.

Rote Beten mit Äpfeln

Für 3 Gläser (je ca. 500 ml)

600 g Rote Beten
Salz
200 g säuerliche Äpfel
1 Zwiebel
1 EL Butter
1 Zimtstange
1 EL Pimentkörner
1 EL Wacholderbeeren
1 EL Pfefferkörner
50 g Zucker
500 ml Apfelsaft
250 ml Apfelessig

Haltbarkeit: 6 Monate

1 Die Roten Beten waschen und in Salzwasser in etwa 1 Stunde (je nach Größe) weich garen.

2 Die Äpfel schälen, entkernen und in etwa 1 cm große Würfel schneiden. Die Zwiebel schälen und fein würfeln. Die gegarten Roten Beten abgießen, abschrecken und schälen, dann in gleichmäßig dicke Scheiben schneiden.

3 Die Butter in einem Topf erhitzen und die Zwiebel darin glasig dünsten. Zimt, Piment, Wacholder und Pfeffer sowie Zucker hinzufügen und rühren, bis der Zucker zu karamellisieren beginnt. Alles mit Apfelsaft und Apfelessig ablöschen und aufkochen lassen. Rote-Bete-Scheiben und Apfelstückchen dazugeben.

4 Die Rote-Bete-Mischung bei schwacher Hitze 5–10 Minuten köcheln lassen. Die Gläser vorbereiten (siehe S. 19). Die Masse mit Salz abschmecken und kochend heiß in die Gläser füllen; fest verschließen und abkühlen lassen. Kühl und dunkel aufbewahren.

Servieren

Die Rote-Bete-Scheiben mit Äpfeln sind eine köstliche Beilage zu Frikadellen, Bratwurst oder auch zu Getreidebratlingen. Ebenso kann man sie auf einem Blattsalat anrichten.

Rote Beten mit Rhabarber

Während der Rhabarbersaison sollten Sie dieses Rezept einmal mit Rhabarber anstelle von Äpfeln probieren. Dafür statt der angegebenen Apfelmenge 1 große Stange Rhabarber und nur 1 kleinen Apfel nehmen. Den Rhabarber putzen und in 2–3 cm lange Stücke schneiden. Mit Roten Beten und Apfelstückchen in den Topf geben. Den Apfelsaft können Sie in diesem Fall durch Rhabarbersaft ersetzen.

Frittierte Gemüsechips

Abb. oben

Für ca. 600 g

200 g Kartoffeln
200 g Pastinaken
Öl zum Ausbacken
1 Rote Bete (ca. 200 g)
Salz
Meersalzflocken (Fleur de Sel)
Paprikapulver, edelsüß

Haltbarkeit: 2–4 Tage

1 Kartoffeln und Pastinaken schälen, in dünne Scheiben hobeln und mit Küchenpapier trocken tupfen. Öl zum Ausbacken in einer Fritteuse oder einer Pfanne mit hohem Rand erhitzen. Es ist heiß genug, sobald an einem hineingetauchten Holzlöffelstiel Bläschen aufsteigen. Kartoffel- und Pastinakenscheiben etwa 2 Minuten im heißen Fett frittieren. Herausheben und auf mehreren Lagen Küchenpapier abtropfen lassen.

2 Rote Bete schälen, ebenfalls in dünne Scheiben hobeln, im heißen Fett wie beschrieben frittieren und dann abtropfen lassen. Kartoffel- und Pastinakenchips mit Salzflocken und Paprikapulver bestreuen, Rote-Bete-Chips nur mit Salz bestreuen. Am besten sofort servieren oder luftdicht im Folienbeutel verpackt einige Tage aufbewahren.

Rote-Bete-Relish mit Meerrettich Abb. links

Für 4 Gläser (je ca. 200 ml)

500 g Rote Beten
½ TL Salz
125 g Zucker
350 ml Weißweinessig
125 g frische Meerrettichwurzel

Haltbarkeit: 1 Monat im Kühlschrank

1 Die Roten Beten putzen, waschen und in kochendem Salzwasser je nach Größe in 45–60 Minuten weich garen. Inzwischen die Gläser vorbereiten (siehe S. 19). Den Zucker mit dem Essig in einer großen Schüssel verrühren, bis sich der Zucker aufgelöst hat.

2 Die gegarten Beten schälen und grob in die Schüssel zum Essig-Zucker reiben. Den Meerrettich putzen, schälen und ebenfalls grob dazureiben. Alles gründlich miteinander vermischen.

3 Die Gläser vorbereiten (siehe S. 19). Das Relish in die Gläser füllen; fest verschließen und im Kühlschrank lagern.

Das passt dazu

Das Relish schmeckt hervorragend als Beilage zu Schinken, kaltem Braten und auch zu Räucherfisch.

Rote-Bete-Konfitüre

Für 5 Gläser (je ca. 350 ml)

1 kg kleine Rote Beten
400 g Zucker
500 ml Weinbrand

Haltbarkeit: 9 Monate

1 Den Backofen auf 180 °C vorheizen. Die Roten Beten waschen, abbürsten und einzeln in Alufolie wickeln. Auf ein Backblech legen und im heißen Ofen in etwa 1 Stunde weich garen. Inzwischen die Gläser vorbereiten (siehe S. 19).

2 Die Roten Beten etwas abkühlen lassen, schälen, putzen und zerkleinern. In einen Topf geben, den Zucker hinzufügen und untermischen. Das Ganze unter gelegentlichem Rühren aufkochen und 30 Minuten köcheln lassen; den Weinbrand unterrühren.

3 Die Roten Beten im Topf mit dem Stabmixer pürieren. Die Gläser randvoll mit der heißen Masse füllen. Die Gläser fest verschließen und abkühlen lassen. Kühl und dunkel lagern; mindestens 10 Tage durchziehen lassen.

Sellerie

Knollen- und Stangensellerie (auch Bleich- oder Staudensellerie) sehen zwar völlig unterschiedlich aus, doch stammen beide vom wilden Sellerie ab, der im Mittelmeerraum beheimatet ist. Sie gehören, wie Möhren und Pastinaken, zur Familie der Doldenblütler. Der Knollensellerie hat eine knorrige Wurzel (die eigentlich eine Rübe ist), der Stangensellerie ausgeprägte fleischige Blattstiele mit duftendem Blattgrün und eine nur schwach ausgebildete Wurzel. Das typische Selleriearoma hängt vom Gehalt an gesundheitsförderlichen ätherischen Ölen ab und ist beim Stangensellerie schwächer ausgeprägt als beim Knollensellerie. Letzterer hält sich (ohne Blätter) an einem kühlen und dunklen Ort mehrere Monate, frischer Stangensellerie dagegen nur bis zu 2 Wochen im Kühlschrank.

Für den Vorrat

getrocknet	✓
tiefgekühlt	✓
Kompott, Mus	✓
Sauce, Sugo	✓
in Salz	✓
Saft, Sirup	✓
Chutney, Relish	
Konfitüre, Gelee	
in Essig, in Öl	✓
in Alkohol	

Saison

Geerntet wird Knollensellerie hierzulande von Juli bis November – jung geerntete Knollen sind milder im Geschmack als spät geerntete. Stangensellerie aus dem Freiland gibt es von Mai bis November. Ganzjährig sind beide Sorten als Lagerware (Knollensellerie) bzw. aus Import (Stangensellerie) erhältlich.

Gut in Kombination mit

Möhren, Lauch und Petersilienwurzel (z. B. als Suppengrün). Knollensellerie und Kartoffeln ergeben (gegart) zusammen ein köstliches Püree. Als Rohkost schmeckt Sellerieknolle z. B. mit Äpfeln, Möhren, Nüssen. Rohe Selleriestangen eignen sich zum Dippen. Wegen des intensiven Aromas wird Sellerie oft auch nur als Würze verwendet.

Küchenpraxis

Knollensellerie schälen und dabei alle dunklen, knorpeligen Stellen entfernen; nach Rezept zerkleinern, ggf. mit Zitronensaft beträufeln, damit er sich nicht verfärbt. Vom Stangensellerie Fäden abziehen; Stangen in Scheibchen oder Stücke schneiden. Sellerieblätter wie Petersilie verwenden oder als Würzkraut im Ganzen mitgaren.

Knollensellerie klassisch eingekocht

Für 4 Gläser (je ca. 750 ml)

8 kleine Sellerieknollen
Salz
1 EL Zitronensaft

Haltbarkeit: 12 Monate

1 Die Sellerieknollen waschen und abbürsten, dann in einen großen Topf geben und mit Wasser bedecken. Aufkochen und etwa 45 Minuten köcheln lassen. Inzwischen die Gläser vorbereiten (siehe S. 19).

2 Die Knollen abgießen. Heiß schälen und in Scheiben schneiden, die Scheiben in die Gläser schichten. In einem Topf etwa 1,5 l Wasser zum Kochen bringen. Salz (5 g Salz pro l Wasser) und den Zitronensaft dazugeben. Das kochend heiße Salzwasser bis 2 cm unter den Rand in die Gläser gießen. Die Gläser fest verschließen.

3 In einen großen Topf so viel Wasser gießen, dass die Gläser später bis unter den Rand darin stehen. Das Wasser aufkochen und die Gläser hineinstellen; 1 Stunde köcheln lassen. Den Topf vom Herd nehmen und die Gläser darin auskühlen lassen. Anschließend Gläser kühl und dunkel lagern.

Nussige Selleriecreme

Für 4 Gläser (je ca. 150 ml)

300 g Knollensellerie
Salz
1 EL Zitronensaft
100 g Haselnusskerne
50 g alter Gouda
180 ml Olivenöl, mehr zum Auffüllen
frisch gemahlener Pfeffer

Haltbarkeit: 2 Wochen im Kühlschrank

1 Sellerie schälen, putzen und in kleine Stücke schneiden; in einem Topf mit Wasser bedecken. ½ TL Salz und den Zitronensaft hinzufügen. Aufkochen lassen und den Sellerie in 10–15 Minuten weich garen.

2 Den Sud abgießen, Sellerie im Topf ausdämpfen und abkühlen lassen. Nüsse in einer Pfanne ohne Fett unter Wenden rösten, bis sie duften. Herausnehmen und abkühlen lassen. Den Gouda reiben und die Nüsse hacken. Die Gläser vorbereiten (siehe S. 19).

3 Sellerie im Mixer pürieren; zum Schluss Nüsse und Käse dazugeben und das Öl dazulaufen lassen, bis eine cremige Masse entstanden ist. Die Creme mit Salz und Pfeffer abschmecken, bis knapp unter den Rand in die Gläser füllen und mit Olivenöl bedecken. Fest verschließen und im Kühlschrank lagern.

Das passt dazu

Die Creme schmeckt als Aufstrich auf Bauernbrot oder als Dip zu Rohkost wie Selleriestangen, Paprikastreifen oder Möhrenstiften.

Eingemachter Selleriesalat

Für 3 Gläser mit Gummiring (je ca. 500 ml)

3 Sellerieknollen
Salz
250 ml Weißweinessig
1½ EL Zucker
9 schwarze Pfefferkörner
3 Lorbeerblätter
4 Zwiebeln
ca. 50 ml Zitronensaft

Haltbarkeit: 3 Monate

1 Die Sellerieknollen waschen und abbürsten. Ungeschält in Salzwasser 40–60 Minuten kochen, bis sie sich leicht einstechen lassen. Dann herausnehmen. Die Gläser vorbereiten (siehe S. 19).

2 Den Essig mit 1 EL Salz, dem Zucker, den Pfefferkörnern und den Lorbeerblättern aufkochen. Zwiebeln schälen, in Ringe schneiden und im Essigsud 10 Minuten köcheln lassen.

3 Inzwischen den Sellerie schälen. In Scheiben und diese in Stifte schneiden. Die Stifte sofort in die Gläser schichten und mit Zitronensaft beträufeln.

4 Den Sud mit den Zwiebelringen durch ein feines Sieb gießen, den Sud aufheben. Zwiebeln, Pfeffer und Lorbeer in die Gläser schichten. Den Sud bis zum Rand dazugießen. Gläser fest verschließen, bis knapp unter den Rand in einen Topf mit kochendem Wasser stellen und 30 Minuten einkochen. Abkühlen lassen, dann kühl und dunkel lagern.

Das passt dazu

Der süßsaure Salat ist eine schöne Beilage zu allen Gerichten mit Fleisch.

Waldorfsalat

150 g Mayonnaise mit etwas Zitronensaft, Salz und Pfeffer cremig rühren. 300 g Knollensellerie waschen, schälen und grob raspeln. Die Raspel sofort unter die Mayonnaise mischen. 200 g säuerliche Äpfel schälen und putzen, ebenfalls grob raspeln und untermischen. Den Salat abschmecken, mit Apfelspalten und Walnusskernen anrichten und servieren.

Gemüse-Chili-Pickles Abb. oben

Für 2 Gläser (je ca. 600 ml)

1 kleine Sellerieknolle
300 g Möhren
300 g Schalotten
300 g grüne Bohnen
100 g gelbe und rote Chilischoten
1 l Weißweinessig
250 ml Öl
6 EL Zucker
1 EL Salz
4 Lorbeerblätter
3 Gewürznelken

Haltbarkeit: 12 Monate

1 Die Sellerieknolle putzen, waschen und in Würfel schneiden. Die Möhren putzen, schälen und in Scheiben schneiden. Die Schalotten schälen. Die Bohnen waschen, putzen und quer halbieren. Die Chilischoten waschen, längs halbieren und entkernen.

2 Das Gemüse und die Chilis mit Essig und Öl in einen großen Topf geben. Zucker, Salz, Lorbeerblätter und Gewürznelken hinzufügen; alles zum Kochen bringen, dann zugedeckt 15 Minuten köcheln lassen.

3 Die Gläser vorbereiten (siehe S. 19). Das Gemüse mit dem Sud heiß in die Gläser füllen (das Gemüse soll mit Sud bedeckt sein). Die Gläser fest verschließen und den Inhalt abkühlen lassen; kühl und dunkel aufbewahren.

Säfte aus Obst und Gemüse

Saft aus Obst und Gemüse lässt sich auf unterschiedliche Weise mehr oder weniger schonend herstellen. Damit er aromatisch wird und sich einige Zeit im Vorrat hält, sollten grundsätzlich nur einwandfreie Produkte verwendet werden. Ohne Erhitzen lässt sich Saft besonders schonend aus frischen Zutaten mithilfe eines Entsafters (Saftzentrifuge) oder eines Entsafteraufsatzes für den Fleischwolf gewinnen. Dieser Saft enthält noch fast alle Nährstoffe und sollte sobald wie möglich getrunken bzw. nur kurz im Kühlschrank gelagert werden. Saft kann man aber auch im Dampfentsafter gewinnen oder durch ein Tuch ablaufen lassen. Der Saft kann sofort getrunken, als Basis für Gelees verwendet oder sterilisiert (siehe S. 231 unten) und in Flaschen bevorratet werden. Wer genug Platz im Tiefkühlgerät hat, kann ihn für 12–16 Monate einfrieren.

Wichtig: Achten Sie auch hier auf Sauberkeit. Füllen Sie die Säfte in vorbereitete Flaschen (siehe S. 19) mit fest schließenden Deckeln.

Möhren-Rote-Bete-Saft

Für ca. 400 ml

750 g Möhren und **2 Rote Beten** putzen, unter fließend kaltem Wasser gründlich abbürsten und in grobe Stücke schneiden. **200 g Blattspinat** verlesen, waschen und abtropfen lassen. Alles Gemüse zur Saftgewinnung in den Entsafter (Zentrifuge) geben. Den Gemüsesaft mit dem **Saft von 1 Zitrone**, **etwas Salz und Pfeffer** sowie **2 TL Haselnussöl** abschmecken. Sofort genießen.

Frühstücksdrink

Für ca. 400 ml

2 Äpfel, 2 Tomaten und **4 Möhren** entsaften. Den **Saft aus 2 Orangen** und **1 Zitrone** auspressen. Die beiden Säfte mischen und sofort servieren.

Entsaften durch ein Tuch

Wer keinen Entsafter hat, kann in etwas Wasser weich gekochte Früchte in einem Sieb, das mit einem Passiertuch ausgelegt ist, über Nacht abtropfen lassen. Um so viel Saftausbeute wie möglich zu erhalten, die Fruchtmasse im Tuch zum Schluss kräftig ausdrücken.

Soll der Saft länger haltbar sein, diesen erhitzen, in angewärmte Flaschen füllen und verschließen. Damit man sich beim Füllen und Verschließen der Flaschen die Hände nicht verbrennt, die Flaschen mit einem Tuch oder einem großen Ofenhandschuh festhalten und den Saft mit einer Schöpfkelle oder durch einen (Metall)Trichter einfüllen.

So geht´s

Früchte und Beeren lassen sich mit dieser Methode einfach entsaften. Sie bietet sich für alle an, die eher selten und aus kleineren Obstmengen Saft herstellen möchten. Dafür das Obst waschen und zerkleinern; Beeren nur kurz abbrausen. Entweder das Obst mit wenig Wasser aufkochen, bis es weich wird oder nur mit kochend heißem Wasser übergießen (das gilt für weiche Beeren wie Himbeeren oder Brombeeren). Das Obst mit Zucker verrühren und einige Stunden im geschlossenen Topf Saft ziehen lassen. Anschließend weiter verfahren wie links beschrieben.

Holunderbeer-Apfel-Saft

Für ca. 1,5 l

2 kg Holunderbeeren (an den Dolden) verlesen, waschen und abtropfen lassen. Die Beeren von den Dolden zupfen, in einen Topf geben und am besten mit dem Kartoffelstampfer zerdrücken. **375 ml Wasser** untermischen. **500 g Äpfel** schälen, vierteln, entkernen und zerkleinern; zu den Beeren geben. Alles etwa 10 Minuten offen sprudelnd kochen, dann zugedeckt bei schwächster Hitze etwa 30 Minuten ziehen lassen. Den Fruchtbrei in ein mit einem Passiertuch ausgelegtes großes Sieb geben und den Saft in einen Topf ablaufen lassen. Den Saft mit **500 g Zucker** aufkochen und sofort randvoll in angewärmte Flaschen füllen. Verschließen, für 10 Minuten auf den Kopf stellen, wieder umdrehen und den Saft abkühlen lassen.

Tipp: *Für einen erfrischenden Drink den Saft mit kohlensäurehaltigem Mineralwasser, für einen Aperitif mit Sekt auffüllen.*

Apfelsaft

Für ca. 1 l

Im Dampfentsafter: 2 kg Äpfel waschen und in Stücke schneiden. Mit **100 g Zucker** mischen und zugedeckt etwa 2 Stunden Saft ziehen lassen. Anschließend die Früchte nach Herstellerangabe entsaften und heiß in Flaschen abfüllen.

Entsaften durch ein Tuch: Die Äpfel schälen, entkernen und zerkleinern. Mit 250 ml Wasser weich kochen. Anschließend in einem mit einem Tuch ausgelegten Sieb abtropfen lassen (siehe oben). Entweder weiterverarbeiten (z. B. zu Gelee) oder in einem Topf erhitzen und in Flaschen abfüllen.

Saft für den Vorrat

Selbst hergestellter Obst- bzw. Gemüsesaft kann durch Erhitzen haltbar gemacht werden. Dafür den Saft in einem Topf unter Rühren auf 80 °C erhitzen und heiß randvoll in Flaschen füllen; diese sofort fest verschließen und möglichst für ein paar Minuten auf den Kopf stellen.

Stangensellerie mit Oliven

Abb. rechts

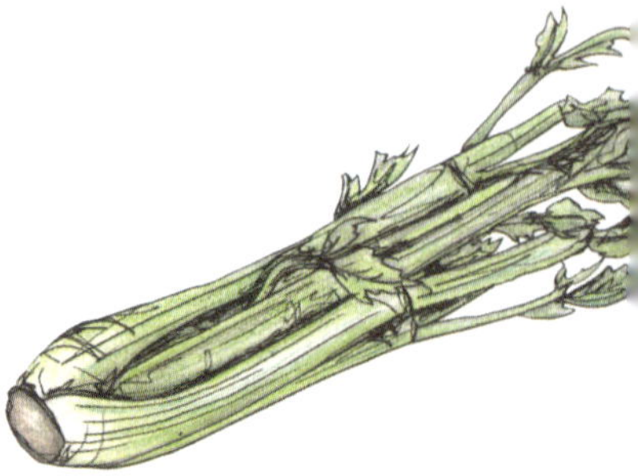

Für 2 Gläser (je ca. 500 ml)

1 Staude Stangensellerie
2 Zitronen
1 kleines Bund glatte Petersilie
4 Zweige Thymian
2 Lorbeerblätter
100 ml Olivenöl
Salz
frisch gemahlener Pfeffer
100 g Kalamata-Oliven

Haltbarkeit: 2 Monate

1 Die Stangen vom Sellerie ablösen, waschen, putzen und in etwa 4 cm lange Stücke schneiden. Die Zitronen auspressen. Petersilie und Thymian waschen und trocken schütteln. Die Petersilienblätter abzupfen und hacken.

2 In einem Topf etwa 100 ml Wasser mit Zitronensaft, Petersilie, Thymian, Lorbeerblättern, Olivenöl sowie Salz und Pfeffer erhitzen. Die Selleriestücke dazugeben und so viel Wasser dazugießen, dass das Gemüse knapp bedeckt ist.

3 Den Topf schließen und den Sellerie in etwa 15 Minuten weich köcheln lassen. Inzwischen die Gläser vorbereiten (siehe S. 19). Den Sellerie mit den Oliven in die Gläser füllen und mit der heißen Flüssigkeit aufgießen. Abkühlen lassen, dann 3 Wochen an einem kühlen Ort durchziehen lassen.

Servieren

Die auf mediterrane Art eingelegten Selleriestücke bieten sich als Vorspeise an.

Eingemachter Stangensellerie

Für 4 Gläser mit Gummiring (je ca. 500 ml)

1 kg Stangensellerie
Salz

Haltbarkeit: 3 Monate

1 Die Gläser vorbereiten (siehe S. 19). Die Selleriestangen waschen, putzen und in 3 cm lange Stücke schneiden. In einem Topf reichlich gesalzenes Wasser aufkochen lassen. Die Selleriestücke für 3 Minuten hineingeben, dann in ein Sieb schütten und kalt abspülen. Auf die Gläser verteilen. In 1 l Wasser 5 g Salz auflösen. Das Salzwasser bis 2 cm unter den Rand in die Gläser gießen; fest verschließen.

2 In einen großen Topf so viel Wasser gießen, dass die Gläser später bis zum Rand darin stehen. Das Wasser aufkochen, die Gläser hineinstellen und den Sellerie bei schwacher Hitze in 1 Stunde 15 Minuten einkochen. Topf vom Herd nehmen; die Gläser darin auskühlen lassen. Anschließend die Gläser herausnehmen; kühl und dunkel lagern.

Spargel

In China, Persien und Griechenland wurde das Sprossengemüse als Heilpflanze verwendet, die Ägypter schätzten eher seinen Geschmack und erklärten Spargel zur „Götterspeise". Die Römer bauten (grünen) Spargel schließlich in größerer Menge an und führten ihn in Europa ein. Dort wurde das Gemüse in Klostergärten zunächst für Heilzwecke kultiviert, später in Schlossgärten, um es Königen und Fürsten zu servieren. Ob Spargel grün, violett oder weiß wird, ist eine Frage des Erntezeitpunkts: Wird Spargel gestochen, bevor er mit Sonnenlicht in Berührung gekommen ist, bleibt er weiß; wird er gestochen, sobald er die Erdoberfläche etwas durchbrochen hat, ist er violett; und wachsen die Stangen über der Erde, bildet sich Chlorophyll, das den Spargel grün färbt.

Für den Vorrat

getrocknet	
tiefgekühlt	✓
Kompott, Mus	
Sauce, Sugo	
in Salz	
Saft, Sirup	
Chutney, Relish	
Konfitüre, Gelee	
in Essig, in Öl	✓
in Alkohol	

Saison

Aus regionalem Anbau wird Spargel von Anfang Mai bis zum 24. Juni in unterschiedlichen Güteklassen angeboten; aus Folienanbau bereits ab April. Außerhalb dieser Zeit ist er als Importware erhältlich. Frische Spargelstangen haben geschlossene Spitzen, sind prall und glänzen; beim Aneinanderreiben quietschen sie.

Gut in Kombination mit

neuen Kartoffeln, Schinken und Sauce hollandaise oder zerlassener Butter – so wird Spargel klassisch serviert. Auf mediterrane Art schmeckt das königliche Gemüse mit Tomaten, Olivenöl und Parmesan. Passende Kräuter sind Estragon, Kerbel und Petersilie; Zitronensaft, Weißwein oder Essig sorgen für feine Säure.

Küchenpraxis

Frischer, ungeschälter Spargel hält sich in ein feuchtes Tuch gewickelt 2–3 Tage im Gemüsefach des Kühlschranks. Geschält lässt er sich roh 6–8 Monate einfrieren; zum Garen gefroren in kochendes Wasser geben. Weiße Stangen im Ganzen von oben nach unten, grüne nur im unteren Bereich schälen; die Schalen als Suppengrundlage auskochen.

Spargel klassisch eingekocht

Für 3 hohe Gläser mit Gummiring (je ca. 1 l)

2,5 kg weißer Spargel
1 unbehandelte Zitrone
1 EL Salz
1 TL Zucker

Haltbarkeit: 12 Monate

1 Die Gläser vorbereiten (siehe S. 19). Vom Spargel die Enden abschneiden und die Stangen gründlich schälen. Spargelstangen so zurechtschneiden, dass sie bis auf 2 cm unter den Rand in die Gläser passen. Die Spargelstangen mit den Köpfen nach oben dicht nebeneinander in die Gläser stellen.

2 Die Zitrone heiß waschen und trocken reiben. Von der Schale 3 breite Streifen dünn abschneiden. 1 TL Saft auspressen. In einem kleinen Topf 1 l Wasser mit Zitronensaft, Salz und Zucker aufkochen.

3 1 Streifen Zitronenschale in jedes Glas geben und die Gläser mit der heißen Flüssigkeit bis 1–2 cm unter den Rand aufgießen. Die Spargelstangen sollen ganz bedeckt sein. Anstelle des Salzwassers können Sie die Gläser auch mit kochend heißem Spargelsud (siehe unten) auffüllen; in dem Fall 10 g Salz auf 1 l Wasser für den Sud nehmen. Die Gläser fest verschließen.

4 Die Einmachgläser in einen hohen, großen Topf stellen, diesen bis knapp unter den oberen Rand der Gläser (auf Höhe der Füllmenge) mit heißem Wasser auffüllen. Das Wasser aufkochen und den Spargel im kochenden Wasser (98–100 °C) in 1 Stunde 30 Minuten einkochen. Anschließend die Gläser herausnehmen, auf ein Geschirrtuch stellen und abkühlen lassen. Alternativ die Spargelstangen im Einkochtopf nach Herstellerangabe einkochen.

Spargelsud

Spargelschalen und -enden sowie einige in kleine Stücke geschnittene Spargelstangen mit etwas Salz, 1 Prise Zucker und 1 Spritzer Zitronensaft in kochendes Wasser geben. Etwa 15 Minuten kochen lassen. Den kochend heißen Sud durch ein Sieb in vorbereitete Twist-off-Gläser füllen. Gläser sofort fest verschließen, auf den Kopf stellen und den Sud abkühlen lassen. So eingemacht hält sich der Sud 4–6 Monate und kann als Basis für Suppen und Saucen verwendet werden. Auf die beschriebene Art kann auch in Stücke geschnittener Spargel konserviert werden.

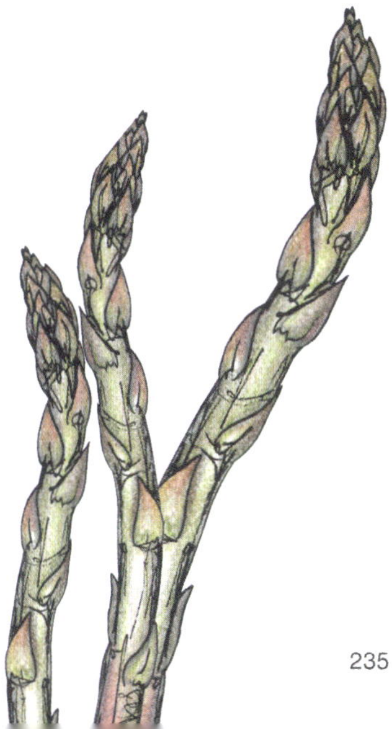

Spargel in Olivenöl

Für 2 Gläser (je ca. 500 ml)

1 kg weißer Spargel
250 ml Champagneressig
30 g glatte Petersilie
3 Knoblauchzehen
Salz
Olivenöl

Haltbarkeit: 1 Monat im Kühlschrank

1 Den Spargel waschen, die Enden abschneiden und die Stangen von oben nach unten schälen. Den Essig mit 750 ml Wasser in einem großen Topf aufkochen. Die Spargelstangen in fingerlange Stücke schneiden, ins kochende Essigwasser geben und in 12–15 Minuten bissfest kochen.

2 Die Spargelstücke aus dem Sud nehmen und auf Küchenpapier abtropfen lassen. Petersilie waschen, zwischen Küchenpapier trocken tupfen und die Blätter abzupfen. Knoblauch schälen und die Zehen halbieren.

3 Die Gläser vorbereiten (siehe S. 19). So viel Olivenöl hineingießen, dass die Gläser am Boden bedeckt sind. Die Spargelstücke, den Knoblauch und die Petersilie in die Gläser schichten, mit etwas Salz bestreuen und mit Olivenöl aufgießen, bis alle Zutaten bedeckt sind. Fest verschließen und im Kühlschrank lagern.

Feine Vorspeise

Richten Sie den eingelegten Spargel z. B. auf frischem Blattsalat an. Stellen Sie ein Schälchen mit dem würzigen Öl dazu, in das jeder geröstetes italienisches Landbrot oder anderes Brot tunken kann.

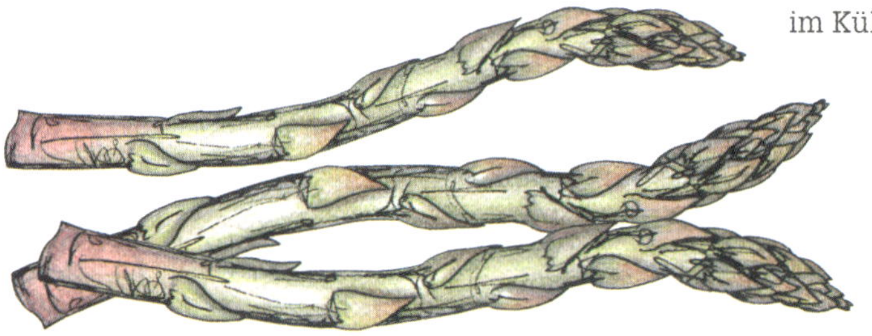

Spargel-Tomaten-Antipasti Abb. oben

Für 4 Gläser (je ca. 400 ml)

600 g grüner Spargel
300 g kleine gelbe und rote Cocktailtomaten
1 kleine Knoblauchzehe
10 EL Olivenöl, mehr zum Auffüllen
Salz
3 EL Kapern
½ TL Zucker
frisch gemahlener Pfeffer
4 EL Weißweinessig

Haltbarkeit: 1 Monat

1 Den Backofen auf 200 °C vorheizen. Die Spargelstangen im unteren Drittel schälen, von den Enden befreien und in 5–6 cm lange Stücke schneiden. Die Tomaten waschen und trocken tupfen. Den Knoblauch schälen und in Scheiben schneiden.

2 Tomaten und Knoblauch mit 6 EL Öl, etwas Salz, den Kapern und dem Zucker in einer kleinen Gratinform mischen; so in der Form verteilen, dass die Tomaten dicht nebeneinanderliegen. Im heißen Ofen (unten) etwa 20 Minuten garen, bis die Tomaten leicht aufplatzen.

3 Restliches Öl (4 EL) erhitzen. Spargel darin in 3–5 Minuten unter Wenden bissfest braten; salzen und pfeffern. Gläser vorbereiten (siehe S. 19). Die Tomaten aus dem Ofen nehmen und mit einem Schaumlöffel in die Gläser füllen, ebenso den heißen Spargel. Die Tomatenflüssigkeit in der Form mit Essig ablöschen; über Spargel und Tomaten in den Gläsern verteilen. Alles mit Olivenöl auffüllen, bis das Gemüse bedeckt ist. Gläser fest verschließen und an einem kühlen Ort lagern.

Estragonspargel Abb. links

Für 2 hohe Gläser mit Gummiring (je ca. 2 l)

2,5 kg weißer Spargel von gleicher Dicke
500 ml Weißweinessig
15 g Salz
30 g Zucker
2 Lorbeerblätter
1 TL schwarze Pfefferkörner
1 TL rote Pfefferkörner
5 cm Zitronenschale
4 Stängel Estragon

Haltbarkeit: 6 Monate

1 Die Gläser vorbereiten (siehe S. 19). Spargelstangen schälen, so lang wie die Gläser hoch sind, zuschneiden und dicht nebeneinander in die Gläser stellen. Schalen und Spargelabschnitte mit 400 ml Wasser aufkochen und 10 Minuten sprudelnd kochen lassen.

2 Den Spargelsud durch ein feines Sieb in einen zweiten Topf gießen und mit Essig, Salz, Zucker, Lorbeer und Pfeffer zum Kochen bringen. Zitronenschale in feine Streifen schneiden und in den Sud rühren. Den kochend heißen Sud über den Spargel in die Gläser gießen, die Gläser mit Tellern bedecken und den Spargel über Nacht ziehen lassen.

3 Am nächsten Tag in jedes Glas 1 Estragonstängel stecken. Gläser mit Gummiringen, Deckeln und Klammern fest verschließen. Das tiefe Backblech in den kalten Backofen (unten) stellen und die Gläser hineinsetzen. Das Blech mit kaltem Wasser füllen und den Ofen auf 150 °C aufheizen. Sobald in den Gläsern Bläschen aufsteigen, den Ofen ausstellen, die Gläser darin noch 1 Stunde stehen lassen. Anschließend herausnehmen und ganz abkühlen lassen.

Servieren

Den Spargel als Gemüsebeilage, Suppeneinlage oder Salatzutat verwenden.

Spargel-Schinken-Röllchen

Pro Stange Spargel 1 Scheibe Kochschinken mit Meerrettichfrischkäse bestreichen. Darauf Schnittlauch- oder Frühlingszwiebelröllchen streuen und 1 Stange Estragonspargel legen. Das Ganze aufrollen, nach Belieben in der Mitte durchschneiden und als Vorspeise servieren. Anstelle von Meerrettichfrischkäse können Sie auch neutralen Frischkäse nehmen und mit Tafelmeerrettich cremig rühren.

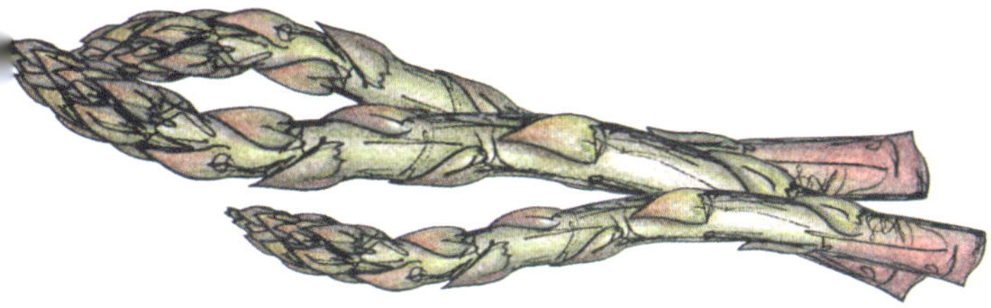

Stachelbeeren

Die ovalen oder kugeligen, 1–3 cm großen Stachelbeeren wachsen an dornigen Sträuchern weltweit in gemäßigten Klimazonen. Die Verwandten der Johannisbeeren (die Jostabeere ist das Ergebnis einer Kreuzung zwischen Stachelbeere und Schwarzer Johannisbeere) können grün, gelb oder hell- bis dunkelrot sein und eine dünnere oder dickere Haut haben, die mehr oder weniger stark behaart ist. Reife Stachelbeeren schmecken süßsäuerlich und sind roh ein Genuss; unreife grüne Stachelbeeren eignen sich eher zum (Ein)Kochen. Stachelbeeren haben den höchsten Zuckergehalt von allen Beeren und enthalten viel Pektin, weshalb Konfitüren und Gelees aus ihnen problemlos gelieren. Reife Früchte halten sich nur 2–3 Tage, unreife bis zu 3 Wochen im Kühlschrank.

Für den Vorrat

getrocknet	
tiefgekühlt	✓
Kompott, Mus	✓
Sauce, Sugo	✓
in Salz	
Saft, Sirup	✓
Chutney, Relish	✓
Konfitüre, Gelee	✓
in Essig, in Öl	✓
in Alkohol	

Saison

Reife Stachelbeeren aus regionalem Anbau werden von Juni/Juli bis August angeboten; ab Mai und im September sind grüne, unreife Früchte oft aus anderen Ländern erhältlich. Beim Kauf auf pralle Früchte ohne Schadstellen und mit glatten Blüten- und Stielansätzen achten.

Gut in Kombination mit

Himbeeren oder Johannisbeeren. Kräuter wie Minze, Estragon oder Majoran und Gewürze wie Vanille, Ingwer, Muskat oder grüner Pfeffer ergänzen das Aroma sowohl in süßen als auch in herzhaften Zubereitungen wie Kompott, Konfitüre oder Chutney.

Küchenpraxis

Stachelbeeren kurz in stehendem Wasser waschen und abtropfen lassen, dann Blüten- und Stielansätze abschneiden. Vor dem Kochen Beeren mit festen Schalen einstechen oder halbieren. Zum Einfrieren eignen sich unreife Früchte. Diese putzen, einzeln anfrieren und dann verpackt 8–10 Monate tiefkühlen.

Stachelbeer-Melonen-Konfitüre

Für 5 Gläser (je ca. 250 ml)

500 g Stachelbeeren
1–2 Honigmelonen
1 Streifen unbehandelte Zitronenschale
2 EL Zitronensaft
500 g Gelierzucker 2:1

Haltbarkeit: 6 Monate

1 Die Gläser vorbereiten (siehe S. 19). Die Stachelbeeren putzen und waschen, dann mit 500 ml Wasser in einen großen Topf geben. Die Melonen in Spalten schneiden, schälen und die Kerne entfernen. Das Fruchtfleisch in Stücke schneiden und 750 g abwiegen. Die Hälfte davon in einen großen Topf geben.

2 Die andere Hälfte der Melonen mit den Stachelbeeren pürieren und das Mus in den Topf zu den Melonenstücken geben. Zitronenschale, -saft und Gelierzucker hinzufügen. Die Masse unter Rühren aufkochen und 4 Minuten unter Rühren kochen lassen.

3 Die Zitronenschale aus dem Topf nehmen. Die Konfitüre abschäumen und sofort randvoll in die Gläser füllen. Die Gläser abkühlen lassen, dann kühl und dunkel lagern.

Stachelbeeren in würzigem Apfelsirup

Für 5 Gläser (je ca. 500 ml)

2 kg Stachelbeeren
1 unbehandelte Zitrone
250 ml Apfelsaft
250 ml Apfelwein oder Cidre
5 Gewürznelken
5 Sternanis
500 g Zucker

Haltbarkeit: 3 Monate

1 Die Gläser vorbereiten (siehe S. 19). Die Stachelbeeren putzen, waschen und trocken tupfen. Die Zitrone heiß waschen, trocken reiben und mit dem Sparschäler 5 breite Streifen abschälen. Die Frucht halbieren und auspressen.

2 Ein Sieb auf einen Topf setzen. Apfelsaft und -wein mit Zitronenschale und -saft, Gewürzen und Zucker in einen zweiten Topf geben. Unter Rühren erwärmen, bis der Zucker sich aufgelöst hat, dann aufkochen und 2 Minuten sprudelnd kochen lassen. Die Beeren für 1 Minute in den kochenden Sirup geben, dann das Ganze in das Sieb schütten.

3 Die Beeren mit den Gewürzen auf die Gläser verteilen. Den Sirup aufkochen lassen und heiß randvoll in die Gläser füllen. Die Gläser fest verschließen. Abkühlen lassen, dann kühl und dunkel lagern.

Das passt dazu

Die Stachelbeeren schmecken als Kompott zu Vanillepudding, Grießbrei oder auch zu Kaiserschmarren.

Stachelbeergranité Abb. links

Für 4 Portionen

500 g grüne oder gelbe Stachelbeeren
150 g feiner Zucker
200 ml Weißwein (Muskateller)
1 EL Zitronensaft

Haltbarkeit im Tiefkühlgerät: 2 Monate

1 Die Stachelbeeren putzen und waschen. In einem Topf mit dem Zucker und 300 ml Wasser aufkochen, dann zugedeckt 25 Minuten köcheln lassen, bis die Stachelbeeren aufgeplatzt und zu Mus verkocht sind.

2 Das Stachelbeermus pürieren; anschließend durch ein feines Sieb streichen, um die Kerne zu entfernen. Den Wein und den Zitronensaft unterrühren und das Mus erkalten lassen.

3 Die Mischung in einen flachen tiefkühlgeeigneten Behälter füllen, den Deckel verschließen und die Masse 1 Stunde tiefkühlen.

4 Mit einer Gabel die Eiskristalle, die sich inzwischen gebildet haben, verrühren. Im geschlossenen Behälter weitere 4 Stunden tiefkühlen. Stündlich die Eiskristalle leicht verrühren. Sobald die gewünschte Konsistenz erreicht ist, das Granité in Gläsern servieren.

Stachelbeer-Himbeer-Granité

Eine etwas süßlichere Note und eine rosarote Farbe bekommt das Granité, wenn Sie etwa die Hälfte der Stachelbeeren durch Himbeeren ersetzen. Die Himbeeren allerdings erst nach 15 Minuten zu den Stachelbeeren in den Topf geben und nur 10 Minuten mitköcheln lassen. Eine rosarote Farbe erhält das Granité auch, wenn Sie rote Stachelbeeren anstelle von grünen oder gelben verwenden.

Englische Stachelbeercreme

Für 4 Portionen

500 g Stachelbeeren
150 ml Holunderblütensirup (siehe S. 283)
150 ml Milch
2 Eigelb
1 TL Speisestärke
30 g Zucker
150 g Sahne

Haltbarkeit: 1 Tag im Kühlschrank

1 Stachelbeeren waschen, putzen und mit dem Sirup in einen Topf geben. Zum Kochen bringen und köcheln lassen, bis die Beeren weich und musig sind. Abkühlen lassen und in eine Schüssel umfüllen.

2 Die Milch bis kurz vorm Aufkochen erhitzen. Die Eigelbe mit Speisestärke und Zucker in einem Rührbecher verquirlen; die Milch unter Rühren dazugießen. Die Mischung in den Topf gießen und bei schwacher Hitze erwärmen, bis die Sauce andickt; nicht kochen lassen. Vom Herd nehmen und abkühlen lassen. Die Sahne steif schlagen und unter die Beeren ziehen, dann die Eiercreme unterheben.

Für den Vorrat

Das kochend heiße Stachelbeermus (Schritt 1) randvoll in vorbereitete Gläser füllen. Die Gläser fest verschließen, abkühlen lassen und die Stachelbeeren bis zu etwa 2 Monate lagern. Alternativ das Stachelbeermus in Gefrierdosen füllen und für 10–12 Monate einfrieren. Die Nachspeise nach Bedarf fertigstellen.

Stachelbeer-Chutney

Für 2 Gläser (je ca. 250 ml)

500 g Stachelbeeren
2 Schalotten
1 Knoblauchzehe
1 EL Öl
150 g brauner Zucker (möglichst Demerara)
150 ml Cidre-Essig

Haltbarkeit: 3 Monate

1 Die Stachelbeeren waschen und putzen. Schalotten und Knoblauch schälen; Schalotten fein hacken, Knoblauch zerdrücken. Das Öl in einem Topf erhitzen und die Schalotten mit dem Knoblauch darin bei schwacher Hitze in 4–5 Minuten weich dünsten. Stachelbeeren, Zucker und Essig hinzufügen und untermischen. Alles in 25–30 Minuten dick einköcheln lassen.

2 Inzwischen die Gläser vorbereiten (siehe S. 19). Das kochend heiße Chutney in die Gläser füllen; fest verschließen und abkühlen lassen.

Das passt dazu

Das pikant-säuerliche Chutney schmeckt als Sauce zu Schweinebraten, Geflügelbraten (z. B. Gans oder Pute), zum Fleischfondue oder auch zu einer herzhaften Gemüsequiche.

Süßsaure Stachelbeeren Abb. oben

Für 3 Gläser (je ca. 500 ml)

700 g rote Stachelbeeren
1 rote Chilischote
2 Knoblauchzehen
1 unbehandelte Zitrone
350 ml Weißweinessig
300 g Rohrohrzucker
1 EL scharfer Senf
350 g Rosinen

Haltbarkeit: 6 Monate

1 Stachelbeeren waschen und abtropfen lassen. Blütenansätze und Stiele abschneiden. Die Beeren mit einer Nadel mehrmals einstechen. Chilischote waschen, längs aufschneiden, entkernen und fein zerkleinern. Knoblauch schälen und fein hacken. Zitrone heiß abspülen, trocken reiben und die Schale mit einem Sparschäler in Spiralen dünn abschälen. Gläser vorbereiten (siehe S. 19).

2 250 ml Essig und 250 ml Wasser mit Zucker und Senf in einem großen Topf aufkochen lassen. Beeren hinzufügen und alles 2–3 Minuten bei schwacher Hitze köcheln lassen – die Beeren dürfen nicht aufplatzen. Chili, Knoblauch, Zitronenschale und Rosinen untermischen; alles einmal aufkochen. Restlichen Essig (100 ml) unterrühren, erneut aufkochen. Stachelbeeren und Rosinen mit Sud und Gewürzen randvoll in die Gläser füllen. Gläser fest verschließen. Die Beeren nach dem Abkühlen an einem dunklen Ort 1 Woche durchziehen lassen.

Das passt dazu

Schmeckt als Beilage zu herzhaften Gerichten.

Tomaten

Die Pflanzen aus der Familie der Nachtschattengewächse brachte Kolumbus aus Südamerika nach Europa mit – darauf deutet auch der Name Tomate hin, der sich vom aztekischen ***Xitomatl*** *ableitet. Die auch Paradeiser genannten Früchte gedeihen in allen gemäßigten, sonnigen Klimazonen. Anfangs hielt man Tomaten (die botanisch gesehen Beeren sind) für giftig. In Italien wurden Tomaten bereits im 17. Jh. kulinarisch geschätzt, im restlichen Europa gelang der Durchbruch erst gegen Ende des 19. Jh. Weltweit kennt man heute ca. 15.000 Tomatensorten; verstärkt werden wieder alte Sorten angebaut. So findet man immer häufiger nicht nur rote, sondern auch grüne, gelbe oder fast schwarze Früchte in unterschiedlichsten Größen, Formen und Geschmacksrichtungen.*

Für den Vorrat

getrocknet	✓
tiefgekühlt	✓
Kompott, Mus	
Sauce, Sugo	✓
in Salz	✓
Saft, Sirup	✓
Chutney, Relish	
Konfitüre, Gelee	✓
in Essig, in Öl	✓
in Alkohol	

Saison

Tomaten reifen im Freiland von Ende Juli bis Ende September. Als Treibhausware sind sie ganzjährig auf dem Markt. Grün geerntete Früchte reifen bei Wärme nach. Es gibt Rund-, Fleisch-, Kirsch- bzw. Cocktail- sowie Flaschen- bzw. Eiertomaten. Nur etwa 6 % der in Deutschland verzehrten Tomaten kommen aus dem Inland.

Gut in Kombination mit

nahezu jedem Gemüse, vor allem mit Auberginen, Paprikaschoten, Zucchini und Zwiebeln, aber auch mit Bohnen, Fenchel oder Stangensellerie. Als würzende Zutaten bieten sich Knoblauch und Kräuter wie Basilikum, Oregano, Thymian oder Majoran an. Etwas Zucker unterstreicht das fruchtig-süße Aroma von Tomaten.

Küchenpraxis

Tomaten bei Raumtemperatur (separat von anderen Früchten) lagern. Das giftige Solanin in den grünen Teilen wird durch Kochen zerstört. Den grünen Stielansatz möglichst aus den Tomaten entfernen; mit einem Messer mit Sägeschliff lassen sich Tomaten am besten zerkleinern. Pürierte rohe oder gekochte Tomaten kann man bis zu 12 Monate einfrieren.

Tomatensugo

Für 2 Gläser (je ca. 700 ml)

2 kg Tomaten
200 g Zwiebeln
4 Knoblauchzehen
10 Zweige Oregano
4 EL Olivenöl, mehr zum Bedecken
4 EL Balsamico-Essig
2 Lorbeerblätter
1 TL Salz
2 TL Zucker
frisch gemahlener Pfeffer

Haltbarkeit: 6 Monate

1 Die Tomaten kurz mit kochend heißem Wasser überbrühen, kalt abschrecken und häuten. Von den Stielansätzen befreien und würfeln. Zwiebeln schälen und würfeln. Knoblauch schälen und fein hacken. Oregano waschen, trocken schütteln und die Blättchen abzupfen.

2 Die Gläser vorbereiten (siehe S. 19). Öl in einem Topf erhitzen. Zwiebeln mit Knoblauch darin glasig dünsten. Tomaten, Essig, Oregano und Lorbeerblätter hinzufügen. Mit Salz, Zucker und Pfeffer würzen. Alles zum Kochen bringen und offen etwa 15 Minuten köcheln lassen, dabei gelegentlich umrühren. Tomatensugo kochend heiß in die Gläser füllen und mit Öl bedecken. Sofort verschließen.

Servieren

Den Sugo erhitzen und als Sauce z. B. zu Pasta anrichten. Ebenso bietet sich der Tomatensugo als Basis für eine Pizza an.

Tomatenmark

Für 6 Gläser (je ca. 150 ml)

2,5 kg Tomaten
2 Stängel Basilikum
1 TL Salz

Haltbarkeit: 6 Monate

1 Die Tomaten waschen, von den Stielansätzen befreien und vierteln. Basilikum waschen und trocken schütteln. Tomatenviertel, Basilikum und Salz in einen großen Kochtopf geben und zum Kochen bringen.

2 Die Tomaten zugedeckt etwa 10 Minuten unter gelegentlichem Rühren köcheln lassen, dann 15 Minuten offen weiterköcheln, dabei ebenfalls immer wieder umrühren. Tomatenmischung durch das Passiergerät oder ein Sieb streichen. Das Mark wieder in den Topf geben und offen in etwa 30 Minuten unter gelegentlichem Rühren dicklich einkochen lassen. Inzwischen die Gläser vorbereiten (siehe S. 19). Das kochend heiße Tomatenmark einfüllen; die Gläser sofort verschließen.

Länger haltbar

Soll das Tomatenmark noch länger gelagert werden, die Gläser nach dem Einfüllen etwa 20 Minuten im Wasserbad oder Einkochtopf sterilisieren.

Tomaten-Paprika-Salsa Abb. oben

Für 3 Gläser (je ca. 375 ml)

600 g Tomaten
300 g grüne Paprikaschoten
1 rote Zwiebel
125 ml Rotweinessig
50 ml Rotwein
1 TL Chilipulver
1 TL edelsüßes Paprikapulver
1 TL gemahlener Ingwer
2 TL Salz
150 g Gelierzucker 1:1

Haltbarkeit: 4 Monate

1 Die Gläser vorbereiten (siehe S. 19). Die Tomaten mit kochend heißem Wasser übergießen, kalt abschrecken, von den Stielansätzen befreien, häuten und würfeln. Paprikaschoten putzen, waschen und in feine Streifen schneiden. Zwiebel schälen und würfeln.

2 Alle Zutaten in einen Topf geben und unter Rühren zum Kochen bringen. 10 Minuten zugedeckt kochen lassen, dabei gelegentlich umrühren. Die Masse mit dem Stabmixer nur kurz pürieren, so dass sie zum Teil noch stückig bleibt. Salsa nochmals aufkochen, dann kochend heiß in die Gläser füllen. Sofort verschließen.

Das passt dazu

Servieren Sie die fruchtig-würzige Sauce beispielsweise zu Steaks aus der Pfanne oder vom Grill.

Klassisches Tomaten-Chutney

Für 4 Gläser (je ca. 400 ml)

2 große Zwiebeln
2 kg vollreife Fleischtomaten
500 ml Apfelessig
1 EL Salz
250 g Zucker
1½ TL gemahlener Piment

Haltbarkeit: 12 Monate

1 Zwiebeln schälen, fein würfeln und in einen großen Topf geben. Die Tomaten am runden Ende kreuzförmig einschneiden. Mit kochend heißem Wasser übergießen, häuten, von den Stielansätzen befreien und fein würfeln. Mit 150 ml Essig unter die Zwiebeln rühren.

2 Das Ganze aufkochen und 30 Minuten köcheln lassen, bis die Zwiebeln weich sind. Restlichen Essig (350 ml), Salz, Zucker und Piment unterrühren. Die Masse in 1 Stunde 30 Minuten konfitüreartig einköcheln lassen. Inzwischen die Gläser vorbereiten (siehe S. 19).

3 Das kochend heiße Chutney randvoll in die Gläser füllen; sofort verschließen, abkühlen lassen und kühl und dunkel lagern. 2 Monate durchziehen lassen.

Das passt dazu

Als Sauce zu aufgeschnittenem Braten, aber auch zu Getreidefrikadellen und zum Abschmecken von Saucen und Eintöpfen.

Chutney aus grünen Tomaten

Für 4 Gläser (je ca. 400 ml)

1,5 kg grüne Tomaten
2 grüne Paprikaschoten
400 g Zwiebeln
750 g Äpfel
250 g Zucker
Saft von 1 Zitrone
1 EL Salz
1 TL geschroteter weißer Pfeffer

Haltbarkeit: 8–9 Monate

1 Tomaten waschen, in einem Topf mit kaltem Wasser bedecken; aufkochen und 15 Minuten köcheln lassen. Inzwischen Paprika waschen und putzen. Zwiebeln schälen; alles fein würfeln und in einen großen Topf füllen.

2 Tomaten mit einem Schaumlöffel aus dem Wasser heben und häuten, halbieren und entkernen; dabei die Stielansätze entfernen. Tomatenkerne in einem Sieb abtropfen lassen, dabei mit einem Löffel reiben, um möglichst viel Saft auszudrücken. Tomaten fein zerkleinern und mit dem Saft zu Paprika und Zwiebeln geben. Äpfel schälen, entkernen und fein würfeln. Mit den restlichen Zutaten hinzufügen.

3 Alles verrühren, aufkochen und etwa 2 Stunden köcheln lassen, bis die Masse konfitüreartig eingekocht ist. Inzwischen die Gläser vorbereiten (siehe S. 19). Das kochend heiße Chutney randvoll hineinfüllen. Gläser sofort verschließen; abkühlen lassen, dann kühl und dunkel lagern. Mindestens 2 Wochen durchziehen lassen.

Tomatenketchup Abb. links

Für 4 Gläser (je ca. 250 ml)

1,5 kg Tomaten
120 ml Weißweinessig
2 Knoblauchzehen
1 große Zwiebel
60 g Zucker
1 Msp. Ingwerpulver
1 Msp. geriebene Muskatnuss
frisch gemahlener Pfeffer
1 EL Salz

Haltbarkeit: 6 Monate

1 Die Tomaten waschen und die Stielansätze entfernen. Die Früchte in Würfel schneiden und mit dem Essig in einen großen Topf geben. Knoblauch und Zwiebel schälen und in Würfel schneiden. Beides mit Zucker, Ingwer, Muskat, Pfeffer und Salz unter die Tomaten im Topf mischen. Alles bei mittlerer Hitze zum Kochen bringen und zugedeckt etwa 1 Stunde köcheln lassen.

2 Inzwischen die Gläser vorbereiten (siehe S. 19). Die gekochte Tomatenmischung durch ein feines Sieb streichen oder mit dem Stabmixer pürieren. Die Ketchupmasse in den Topf geben und aufkochen lassen; abschmecken.

3 Den kochend heißen Ketchup randvoll in die Gläser füllen. Die Gläser fest verschließen und den Ketchup abkühlen lassen. Kühl und dunkel lagern.

Scharfer Curryketchup

Die Tomaten mit Essig, Zwiebel (Knoblauch weglassen), Zucker und den Gewürzen im Topf mischen. Zusätzlich eine kleine gewürfelte Stange Sellerie, zwei zerkleinerte, entkernte Chilischoten und noch 2 TL Currypulver hinzufügen. Die Tomatenmischung wie beschrieben kochen und in Gläser füllen.

Das passt dazu

Tomatenketchup schmeckt zu fast allem – vom gegrillten Steak über Würstchen und Spiegelei bis zu Spaghetti. Außerdem kann man zahlreiche Suppen, Saucen und Eintöpfe damit süßsäuerlich abschmecken.

Tomaten in würzigem Sirup

Für 2 Gläser (je ca. 375 ml)

500 g Datteltomaten
200 g Zucker
½ TL Salz
125 ml Weißweinessig
1 Zimtstange
1 Vanilleschote
2 Gewürznelken

Haltbarkeit: 3 Monate

1 Die Gläser vorbereiten (siehe S. 19). Tomaten waschen und von den Stielansätzen befreien. Zucker, Salz, Essig und 125 ml Wasser unter gelegentlichem Rühren zum Kochen bringen. Zimtstange halbieren. Vanilleschote längs durchschneiden.

2 Tomaten mit Zimt, Vanille und Nelken in den Sud geben. Bei mittlerer Hitze zugedeckt etwa 8 Minuten kochen, bis sie weich sind, aber nicht zerfallen. Tomaten mit einem Schaumlöffel herausheben und auf die Gläser verteilen. Den Sud nochmals aufkochen und die Tomaten damit vollständig bedecken. Die Gläser sofort verschließen.

Feine Vorspeise

Die Tomaten schmecken sehr gut mit Frischkäse oder Mozzarella. Sie können sie auch als Beilage zu Wild oder Geflügel reichen.

Tomatenkonfitüre mit Äpfeln

Für 2 Gläser (je ca. 375 ml)

500 g Fleischtomaten
400 g Äpfel (z. B. Gravensteiner)
2 EL Zitronensaft
1 unbehandelte Orange
200 g Rohrohrzucker
200 g Gelierzucker 2:1

Haltbarkeit: 6 Monate

1 Tomaten waschen und für 2 Minuten in kochendes Wasser geben. In einem Sieb abtropfen lassen, dann vierteln und durch das Passiergerät oder ein Sieb drücken. Äpfel waschen, schälen, putzen und klein würfeln; sofort mit Zitronensaft beträufeln. Orange heiß waschen und abtrocknen. Die Schale fein abreiben, den Saft auspressen.

2 Tomatenpüree und Apfelwürfel in einen großen Topf geben. Orangenschale und -saft hinzufügen. Rohrohr- und Gelierzucker unterrühren. Alles unter gelegentlichem Rühren zum Kochen bringen. Die Masse offen 30 Minuten köcheln lassen, dabei immer wieder umrühren. Die Gläser vorbereiten (siehe S. 19). Die Konfitüre kochend heiß in die Gläser füllen. Sofort verschließen.

Grüne Tomaten im Essigsud Abb. oben

Für 3 Gläser (je ca. 500 ml)

1 kg kleine grüne Tomaten
2 weiße Zwiebeln
1 l Weißweinessig
200 ml Weißwein
20 g Salz
3 kleine Knoblauchzehen
einige Minzeblätter

Haltbarkeit: 12 Monate

1 Die Tomaten waschen, trocken tupfen und in kleine Stücke schneiden. Die Zwiebeln schälen und in Ringe schneiden. In einem Topf 500 ml Essig mit Wein und Salz aufkochen lassen. Zwiebeln und Tomaten 1 Minute im Sud kochen lassen. In ein Sieb schütten, gut abtropfen lassen und auf einem Tuch ausbreiten. 12 Stunden ruhen lassen.

2 Den Knoblauch schälen und halbieren. Das Gemüse mit je 1 halbierten Knoblauchzehe und einigen Minzeblättern auf die Gläser verteilen. Mit dem restlichen Essig (500 ml) bedecken. Die Gläser fest verschließen; kühl und trocken lagern. Die Tomaten vor dem Verzehr mindestens 1 Monat durchziehen lassen.

Servieren

Die grünen Tomaten anstelle von Essig- oder sauren Gurken zum Schinken oder Käsebrot reichen.

Antipasti-Tomaten Abb. rechts

Für 2 Gläser (je ca. 375 ml)

1 kg Strauch- oder Eiertomaten
ca. 250 ml Olivenöl, mehr für das Blech
2 TL grobes Meersalz
1 EL Rohrohzucker
3 Zweige Rosmarin
2 TL getrockneter Oregano

Haltbarkeit: 3 Monate

1 Die Tomaten waschen, halbieren und von den Stielansätzen befreien. Die Kerne mit einem Löffel entfernen (anderweitig, z. B. für eine Suppe oder Sauce, verwenden). Die Tomatenhälften nochmals halbieren. Das tiefe Backblech mit Öl ausfetten.

2 Die Tomaten mit 1 TL Meersalz, dem Zucker und 40 ml Olivenöl in eine Schüssel geben, gut mischen und auf dem Backblech verteilen. Das Blech in den Ofen schieben und die Tomaten bei 130 °C (Umluft) etwa 1 Stunde 30 Minuten trocknen lassen.

3 Die Gläser vorbereiten (siehe S. 19). Die Rosmarinzweige waschen und trocken tupfen, in jedes Glas 1 Zweig geben und die Tomaten auf die Gläser verteilen. Mit dem restlichen Meersalz (1 TL) und dem getrockneten Oregano bestreuen. Die Tomaten mit Olivenöl vollständig bedecken und die Gläser fest verschließen.

Servieren

Die Tomaten vor dem Servieren mit etwas Balsamico-Essig beträufeln und mit Basilikumblättchen bestreuen. Dazu Ciabatta reichen.

Mit Knoblauch

Knoblauchfans geben zusammen mit den Tomaten noch einige leicht zerdrückte Knoblauchzehen auf das Blech.

Tropische Früchte

Zu den Früchten, die in den Tropen und Subtropen reifen, gehören z. B. Ananas, Bananen, Kiwis, Mangos, Maracujas bzw. Passionsfrüchte und Papayas. Dank moderner Transportmöglichkeiten gelangen diese Früchte unbeschadet in kühlere Regionen, wo sie inzwischen hoch geschätzt und nicht nur roh genossen, sondern auch vielseitig zubereitet werden. Die meisten tropischen Früchte werden unreif geerntet und reifen während des Transports nach. Vollreif geerntete Früchte werden dagegen mit dem Flugzeug importiert und sind erheblich teurer als Schiffsobst. Ob Flugobst aromatischer und damit seinen Preis wert ist, ist Geschmackssache. Reife Früchte möglichst an einem kühlen Ort lagern, nicht voll ausgereifte bei Raumtemperatur, damit sie noch nachreifen können.

Für den Vorrat

getrocknet	✓
tiefgekühlt	✓
Kompott, Mus	✓
Sauce, Sugo	✓
in Salz	
Saft, Sirup	✓
Chutney, Relish	✓
Konfitüre, Gelee	✓
in Essig, in Öl	✓
in Alkohol	✓

Saison

Tropische Früchte werden das ganze Jahr über aus verschiedenen tropischen und subtropischen Ländern importiert und sind deshalb fast immer im Handel zu bekommen.

Gut in Kombination mit

Zitrusfrüchten und heimischem Obst wie Äpfeln, Birnen, Weintrauben oder Beeren. Tropische Früchte verleihen pikanten Gerichten mit Fisch und Meeresfrüchten, Geflügel und Fleisch eine süß-fruchtige Note.

Küchenpraxis

Reife tropische Früchte erkennt man nicht am Aussehen, sondern daran, ob sie angenehm duften und auf sanften Druck nachgeben; einige (z. B. Ananas, Kiwi, Papaya) enthalten im rohen Zustand Enzyme, die die Gelierfähigkeit von Gelatine zerstören, aber nicht die von Agar-Agar oder Pektin. So lassen sich kalt gerührte Konfitüren oder Obstgelees aus rohen Früchten herstellen.

Mango-Chutney

Für 3 Gläser (je ca. 275 ml)

1 kg Mangos
1 rote Zwiebel
2 Knoblauchzehen
4 cm frischer Ingwer
1 frische rote Chilischote
1 unbehandelte Orange
200 g Rohrohrzucker
½ TL Salz
frisch gemahlener Pfeffer
¼ TL gemahlener Piment
150 ml Apfelessig

Haltbarkeit: 6 Monate

1 Mangos schälen. Das Fruchtfleisch vom Kern schneiden und etwa 1 cm groß würfeln. Zwiebel schälen und ebenfalls würfeln. Knoblauch schälen und fein hacken. Ingwer schälen und fein reiben. Chilischote waschen, längs halbieren, entkernen (nach Belieben) und in Streifen schneiden. Orange heiß waschen und abtrocknen. Die Schale fein abreiben, den Saft auspressen.

2 Alle Zutaten in einen Topf geben und unter gelegentlichem Rühren zum Kochen bringen. Die Mischung halb zugedeckt etwa 25 Minuten kochen lassen, dabei immer wieder umrühren. Die Gläser vorbereiten (siehe S. 19). Das Mangochutney kochend heiß in die Gläser füllen. Sofort verschließen.

Das passt dazu

Das pikant-scharfe Chutney schmeckt hervorragend zu Currygerichten, aber auch zu gebratener Entenbrust und Schweinebraten.

Mangoketchup

Für 3 Gläser (je ca. 375 ml)

1,5 kg Mangos
8 Schalotten
2 Knoblauchzehen
2 cm frischer Ingwer
½ TL Korianderkörner
1 TL Pimentkörner
1 EL Öl
125 g Rohrohrzucker
175 ml Apfelessig
4 EL Zitronensaft
½ TL Salz
frisch gemahlener Pfeffer
4 EL Tomatenmark

Haltbarkeit: 6 Monate

1 Mangos schälen. Das Fruchtfleisch vom Kern schneiden und klein würfeln. Schalotten schälen und würfeln. Knoblauch schälen und fein hacken. Ingwer schälen und fein reiben. Koriander und Piment im Mörser fein zerstoßen. Öl erhitzen. Schalotten mit Knoblauch darin glasig dünsten. Zucker und Ingwer hinzufügen und kurz miterhitzen.

2 Mangos mit Essig und Zitronensaft in den Topf geben. Mit Koriander, Piment, Salz und Pfeffer würzen. Alles unter gelegentlichem Rühren zum Kochen bringen. Zugedeckt etwa 20 Minuten köcheln lassen, dabei ab und zu umrühren.

3 Die Gläser vorbereiten (siehe S. 19). Die Mischung pürieren, dabei Tomatenmark untermixen. Die Masse nochmals aufkochen lassen und kochend heiß in die Gläser füllen. Sofort verschließen.

Servieren

Den würzigen Fruchtketchup statt Tomatenketchup verwenden.

Kandierte Ananas Abb. oben

Für 10–12 Ringe

1 große Ananas, geschält, in 0,5 cm dicke Scheiben geschnitten, Strunk entfernt
1 kg Zucker
Saft von 1 Zitrone

Haltbarkeit: 2 Monate

1 Ananasringe in 1,5 l kochendem Wasser 15–20 Minuten köcheln lassen; aus dem Sud in eine Schüssel heben. Sud durch ein feines Sieb gießen. 1 l abmessen; mit 250 g Zucker und dem Zitronensaft in 1 Minute zu Sirup kochen. Ananasringe mit dem Sirup bedecken, mit einem Teller und einem Stein darauf beschweren; 24 Stunden ziehen lassen.

2 Sirup abgießen und mit 150 g Zucker aufkochen; abschäumen, über die Ananas gießen und 24 Stunden ziehen lassen. Diesen Vorgang 4-mal wiederholen. Nach dem letzten Gang die Ringe 5 Minuten im Sirup kochen; abtropfen lassen.

3 Ananasringe auf dem Backofenrost mit Backpapier darunter im 120 °C heißen Ofen 12–24 Stunden trocknen lassen (Ofentür einen Spalt offen lassen). Je 2 Ringe in Zellophantüten packen; fest verschließen.

Ananas in Himbeeressig

Für 2 Gläser (je ca. 400 ml)

1 Ananas (ca. 1 kg)
1 Vanilleschote
200 ml Himbeeressig
50 g Zucker
1 EL grüne eingelegte Pfefferkörner, abgetropft
4 Gewürznelken
1 Prise gemahlene Muskatblüte (Macis)
150 ml Orangensaft, am besten frisch gepresst

Haltbarkeit: 2 Monate

1 Die Ananas schälen. Die Frucht vom Schopf befreien, längs vierteln und den holzigen Strunk entfernen. Das Fruchtfleisch längs in etwa 1 cm dicke Spalten schneiden, dabei den Fruchtsaft auffangen. Vanilleschote längs halbieren.

2 Den Essig mit Zucker und Pfefferkörnern in einem Topf zum Kochen bringen. Mit Vanille, Nelken und Muskatblüte würzen. Ananas mit Saft und Orangensaft dazugeben. Alles 10 Minuten offen köcheln lassen, dabei gelegentlich umrühren. Gläser vorbereiten (siehe S. 19). Ananasspalten in die Gläser verteilen. Sud nochmals aufkochen und die Ananas sofort damit bedecken. Gläser sofort schließen.

Das passt dazu

Die eingelegten Ananasspalten schmecken als Beilage zu asiatischen Reisgerichten, aber ebenso zu Sauerkraut mit Kasseler.

Papayas in Zuckerrohressig

Für 2 Gläser (je ca. 500 ml)

1 kg reife Papayas
5 cm frischer Ingwer
175 ml Zuckerrohressig
250 g Rohrohrzucker
abgeriebene Schale von 1 unbehandelten Orange
2 Zimtstangen
4 Gewürznelken
6 Pimentkörner

Haltbarkeit: 3 Monate

1 Die Papayas schälen, halbieren und die schwarzen Kerne entfernen. Fruchtfleisch in etwa 1,5 cm große Würfel schneiden. Ingwer schälen und in feine Scheiben schneiden. Essig, 175 ml Wasser und Zucker in einem Topf aufkochen. Mit Ingwer, Orangenschale, Zimt, Nelken und Piment würzen. Zugedeckt 5 Minuten ziehen lassen. Die Gläser vorbereiten (siehe S. 19).

2 Papayawürfel zum Essigsud geben, bei starker Hitze aufkochen, dann alles offen 1 Minute köcheln lassen. Papaya mit Sud kochend heiß in die Gläser füllen. Sofort verschließen.

Der passende Essig

Statt Zuckerrohressig kann man Honigessig verwenden. Dafür 500 ml Weißweinessig erwärmen und 50 g Honig darin auflösen. In eine saubere Flasche füllen und 1 Woche durchziehen lassen.

Exoten-Rumtopf Abb. links

Für 1 Rumtopfgefäß (ca. 4 l) oder 4 Glasgefäße (je ca. 1 l)

1 Ananas (ca. 1 kg)
750 g Rohrohzucker
ca. 1,5 l weißer Rum
2–3 Mangos (ca. 1 kg)
2 Karambolen (Sternfrüchte)
3 unbehandelte Limetten
250 g Kumquats
2 Kiwis

Haltbarkeit: 6 Monate

1 Die Ananas schälen, vom Schopf befreien, längs vierteln und den Strunk entfernen. Das Fruchtfleisch (ca. 500 g) in mundgerechte Stücke schneiden und in den Rumtopf bzw. die Gläser schichten. Mit 250 g Zucker bestreuen und mit 500 ml Rum übergießen.

2 Die Mangos schälen. Das Fruchtfleisch in mundgerechten Scheiben von den Kernen schneiden und als nächstes einschichten. Ebenfalls mit 250 g Zucker und 500 ml Rum übergießen.

3 Karambolen, Limetten und Kumquats waschen und abtrocknen. Karambolen und Limetten in Scheiben schneiden. Kumquats halbieren. Kiwis schälen und in Scheiben schneiden. Alle Stücke einschichten.

4 Die Früchte mit dem restlichen Zucker (250 g) bestreuen und mit dem restlichen Rum (500 ml) übergießen. Wichtig: Die oberste Schicht muss gut mit Rum bedeckt sein. Falls nötig, mehr Rum nachgießen. Gefäß(e) verschließen und die Früchte an einem kühlen, dunklen Ort mindestens 3 Wochen ziehen lassen. Wenn Sie Früchte und Flüssigkeit aus dem Topf entnommen haben, diesen stets mit so viel Rum auffüllen, dass die oberste Fruchtschicht gut bedeckt ist.

Longdrinks mit Rum

Die Rummarinade ist eine sehr gute Basis für Drinks und Cocktails. Probieren Sie es aus: 4 cl Rummarinade und Eiswürfel in ein Longdrinkglas geben und mit Bitter Lemon oder Ginger Ale auffüllen. Die Drinks mit je einer eingelegten Karambolen- und Limettenscheibe garnieren.

Kiwikonfitüre

Für 3 Gläser (je ca. 400 ml)

1 kg Kiwis
400 g Zucker
abgeriebene Schale von 1 unbehandelten Zitrone

Haltbarkeit: 6 Monate

1 Die Gläser vorbereiten (siehe S. 19). Die Kiwis schälen und in kleine Stücke schneiden.

2 Den Zucker mit der Zitronenschale in einen Topf geben. Bei mittlerer Hitze rühren, bis der Zucker Farbe annimmt, dann die Kiwis hinzufügen und das Ganze unter Rühren etwa 20 Minuten köcheln lassen, bis die Konfitüre dick eingekocht ist.

3 Die Konfitüre heiß randvoll in die Gläser füllen. Die Gläser sofort verschließen. Abkühlen lassen, dann kühl und dunkel lagern. 1 Woche durchziehen lassen.

Kiwi-Ananas-Konfitüre

400 g klein geschnittene Kiwis mit 400 g Ananasstücken, 100 ml Limettensaft, 100 ml Orangensaft und 500 g Gelierzucker 2:1 in einem Topf mischen. Aufkochen und unter Rühren 4 Minuten sprudelnd kochen lassen. Heiß in die vorbereiteten Gläser füllen.

Papayakonfitüre mit Rum

Für 5 Gläser (je ca. 250 ml)

2 unbehandelte Limetten
1 kg Papayas
500 g Gelierzucker 2:1
4 EL brauner Rum

Haltbarkeit: 6 Monate

1 Die Gläser vorbereiten (siehe S. 19). Die Limetten waschen und trocken reiben. Von 1 Limette die Schale abreiben, dann beide Früchte auspressen.

2 Die Papayas halbieren. Die Kerne mit einem Löffel entfernen, das Fruchtfleisch aus den Schalen lösen und in einen Topf geben. Mit dem Stabmixer fein zerkleinern, dann Limettenschale und -saft sowie den Gelierzucker unterrühren.

3 Die Masse unter Rühren aufkochen und 4 Minuten sprudelnd kochen lassen. Den Rum hinzufügen und unterrühren. Die kochend heiße Konfitüre randvoll in die Gläser füllen. Sofort verschließen; abkühlen lassen, dann kühl und dunkel lagern.

Tropenfrucht-Smoothie Abb. oben

Für 4 Portionen

1 Mango
1 Banane
2 Kiwis
200g frisches Ananas-fruchtfleisch
3EL Weizenkeime
200g Joghurt
200g Eiswürfel
Akaziendicksaft nach Geschmack

Haltbarkeit: keine

1 Die Mango schälen und das Fruchtfleisch in Stückchen vom Kern schneiden. Banane und Kiwis schälen und grob zerkleinern, ebenso die Ananas. Die Weizenkeime in einer trockenen Pfanne rösten.

2 Mango, Banane, Kiwis und Ananas mit Joghurt, Weizenkeimen und Eiswürfeln in den Mixer geben und auf hoher Stufe cremig mixen. Den Drink mit Akaziendicksaft nach Geschmack süßen und in vier hohe Gläser gießen. Mit ein paar Fruchtstücken garnieren und servieren.

Mit gelben Kiwis

Falls gelbe Kiwis (Goldkiwis) im Angebot sind, greifen Sie zu! Sie duften intensiver und schmecken etwas süßer und aromatischer als die grünen. Da sie eine sehr dünne Schale haben, brauchen sie nicht geschält zu werden.

Bananen-Drinks Abb. oben

Für je 2 Portionen

4 kleine reife Bananen
Saft von 2 Orangen
300 g Joghurt
1 EL Mandelmus
2 EL Honig
2 Orangenscheiben
20 g Bitterschokolade
400 ml Milch
gemahlener Zimt

Haltbarkeit: keine

1 Für den Bananen-Orangen-Drink 2 Bananen schälen und in Stücke brechen. Mit Orangensaft, Joghurt, Mandelmus und 1 EL Honig in den Mixer geben und fein pürieren. In zwei Gläser füllen, mit Orangenscheiben garnieren und servieren.

2 Für den Bananen-Schoko-Drink die übrigen 2 Bananen schälen und in Stücke schneiden. Die Schokolade fein reiben. Die Bananen mit Milch, Schokolade, 1 Prise Zimt und dem restlichen Honig (1 EL) im Mixer pürieren. In zwei Gläser füllen, mit etwas Zimt bestreuen und mit langstieligen Löffeln zum Umrühren servieren.

Passionsfruchtlikör

Für 2 Flaschen (je ca. 400 ml)

2 Passionsfrüchte
1 unbehandelte Limette
½ Vanilleschote
250 ml Maracujasirup
500 ml weißer Rum

Haltbarkeit: 6 Monate

1 Die Passionsfrüchte halbieren, das Fruchtfleisch herausheben und in ein großes verschließbares Glas mit weiter Öffnung geben. Die Limette heiß waschen, abtrocken und die Schale abreiben (Saft anderweitig verwenden). Die Vanilleschote längs halbieren.

2 Limettenschale und Vanilleschote in das Glas geben. Maracujasirup und Rum darübergießen. Das Glas verschließen und die Fruchtmischung bei Raumtemperatur etwa 10 Tage ziehen lassen, dabei das Glas jeden Tag schütteln.

3 Nach 10 Tagen die Flaschen vorbereiten (siehe S. 19). Den Passionsfruchtlikör durch einen Filter in einen Krug gießen und dann in die Flaschen füllen.

Das passt dazu

Der Passionsfruchtlikör verfeinert exotische Obstsalate. Er schmeckt so intensiv, dass er auch einfach als Sauce über Vanilleeis gegossen werden kann.

Longdrink Karibik

Ein cooler Drink für heiße Sommerabende: 5 Eiswürfel in ein Longdrinkglas geben. 6 cl Passionsfruchtlikör und 3 cl Rum dazugießen. Mit je 125 ml Orangen- und Ananassaft auffüllen. Mit 1 Stück Ananas und etwas Minze garnieren.

Weintrauben

Bereits vor mehr als 5000 Jahren wurden Weinreben vermutlich in Ägypten kultiviert, um aus den daran wachsenden Früchten Wein zu gewinnen. Mittlerweile wachsen Weintrauben (die eigentlich Beeren sind) in allen gemäßigten und auch in subtropischen Regionen. Es gibt Sorten mit großen, kleinen, roten, blauen, gelben bzw. grünen und hellroten Weintrauben mit und ohne Kerne; manche Sorten sind sowohl zum Verzehr als auch zum Keltern geeignet. Weintrauben enthalten zellschützende Substanzen, die z. B. das Immunsystem stärken. Getrocknete Weinbeeren werden als Rosinen, Korinthen und Sultaninen verkauft. Tafeltrauben reifen nicht nach, deshalb sollte man beim Kauf auf vollreife, unbeschädigte Beeren achten, deren Duftfilm noch vorhanden ist.

Für den Vorrat

getrocknet	✓
tiefgekühlt	
Kompott, Mus	✓
Sauce, Sugo	✓
in Salz	
Saft, Sirup	✓
Chutney, Relish	✓
Konfitüre, Gelee	✓
in Essig, in Öl	✓
in Alkohol	✓

Saison

Regional sind Tafeltrauben im Spätsommer und im Herbst, als Importware nahezu ganzjährig erhältlich. Ringförmige Stellen am Stielansatz zeigen, dass die Trauben überreif werden und rasch verzehrt werden müssen. Schrumplige Früchte sollte man am besten liegen lassen.

Gut in Kombination mit

anderem Obst sowie Sauerkraut, Sellerie, Nüssen, Käse, Geflügel und Garnelen. Aus Milchprodukten und Trauben entstehen Süßspeisen. Zum Würzen eignen sich milder Balsamico-Essig, Wein, Honig, Gewürznelken, Rosmarin, Zimt und auch mal Pfeffer. Klassisch finden Trauben in Desserts, Konfitüren, Chutneys, Kuchen sowie als Deko auf Käseplatten Verwendung.

Küchenpraxis

Bio-Trauben brauchen nur abgespült zu werden, Trauben aus konventionellem Anbau sollte man gründlich mit warmem Wasser waschen. Ungewaschen und mit dem Duftfilm, halten sie sich in einer Papiertüte im Kühlschrank ein paar Tage. Weintrauben mit Kernen ggf. längs halbieren und entkernen. Zum Einlegen dickschaligere Beeren mit einer Nadel einstechen.

Trauben in Weinsud

Für 3 Gläser (je 500 ml)

1 kg grüne feste Weintrauben (z. B. Muskat- oder Datteltrauben)
1 l halbtrockener Weißwein
200 g Zucker
1 unbehandelte Orange

Haltbarkeit: 3 Monate

1 Die Gläser vorbereiten (siehe S. 19). Die Weintrauben gründlich mit warmem Wasser waschen, von den Stielen zupfen und trocken tupfen. Die Beeren mit einer Nadel rundherum einstechen. Wein mit dem Zucker in einem Topf aufkochen lassen. Orange heiß abwaschen und abtrocknen. 2 Streifen von der Schale dünn abschneiden. Die Frucht auspressen. Trauben und Orangenschale in den kochenden Wein geben; 5 Minuten köcheln lassen.

2 Weinbeeren mit einem Schaumlöffel aus dem Wein heben und auf die Gläser verteilen. Orangenschale aus dem Wein nehmen, den Orangensaft hinzufügen und die Weinmischung 10 Minuten einkochen lassen. Weinsirup in die Gläser füllen – die Weintrauben sollten davon bedeckt sein. Gläser fest verschließen; abkühlen lassen.

Servieren

Richten Sie die Trauben mit etwas Weinsud z. B. auf cremig gerührtem Ziegenfrischkäse an.

Pikante Trauben-Zwiebel-Konfitüre

Für 3 Gläser (je ca. 200 ml)

200 g süßliche rote Zwiebeln (z. B. aus Tropea)
2 Knoblauchzehen
80 ml Balsamico-Essig
50 g Zucker
1 TL Thymianblättchen
1 TL fein gehackte Rosmarinnadeln
500 g rote Weintrauben
Salz
frisch gemahlener Pfeffer

Haltbarkeit: 2–3 Monate

1 Die Gläser vorbereiten (siehe S. 19). Zwiebeln und Knoblauch schälen; Zwiebeln halbieren und in Spalten, Knoblauch in dünne Scheiben schneiden. Den Essig mit Zucker, Zwiebeln, Knoblauch und Kräutern in einem Topf aufkochen; zugedeckt etwa 15 Minuten köcheln lassen.

2 Inzwischen die Weintrauben in warmem Wasser waschen und abtropfen lassen. Beeren halbieren, entkernen und, je nach Größe, nochmals durchschneiden; zur Zwiebelmischung geben, aufkochen und alles zugedeckt weitere 15 Minuten köcheln lassen.

3 Die Konfitüre mit Salz und Pfeffer abschmecken, kochend heiß und randvoll in die Gläser füllen. Fest verschließen; für 5 Minuten kopfüber hinstellen, dann auskühlen lassen.

Das passt dazu

Als Beilage zu gegrilltem Fleisch und Gemüse oder auch als Sauce zu Ofenkartoffeln servieren.

Beschwipster Traubenmix Abb. links

Für 3 Gläser (je ca. 1 l)

500 g blaue Weintrauben
500 g grüne Weintrauben
2 unbehandelte Zitronen
3 rote Chilischoten
3 Zimtstangen
3 Gewürznelken
500 g weißer Kandiszucker
300 ml Rotwein
ca. 700 ml Weinbrand oder Marc de Gewürztraminer

Haltbarkeit: 3 Monate

1 Die Gläser vorbereiten (siehe S. 19). Die Weintrauben waschen, von den Stielen zupfen und zwischen Küchenpapier trocken tupfen. Die Zitronen heiß waschen, abtrocknen und die Schale dünn und spiralförmig abschälen. Chilischoten waschen und trocken tupfen. Die Stiele entfernen.

2 Weintrauben, Zitronenschale, Chilis und Gewürze auf die Gläser verteilen. Den Zucker in 3 Portionen teilen und in die Gläser geben. Rotwein und Weinbrand oder Marc mischen. Die Weinmischung über die Weintraubenmischung gießen. Die Gläser fest verschließen.

3 Die Weintrauben 3–4 Wochen bei Raumtemperatur ziehen lassen. Dabei anfangs die Gläser immer wieder hin und her bewegen, damit sich der Kandiszucker auflöst.

Das passt dazu

Die Weintrauben bieten sich als Süßspeise (siehe Kasten), aber auch als Beilage zu pikanten Gerichten, etwa zu Wildgeflügel oder Gans, an.

Feine Süßspeisen

Die Weintrauben schmecken köstlich in einer Zabaione. Nach Belieben können Sie etwas Sud für die Zabaione verwenden. Ebenfalls sehr fein: Weincreme, eingelegte Weintrauben und mit der Weinmischung beträufelte Biskuitstücke in ein Glas schichten.

Trauben-Feigen-Konfitüre

Für 4 Gläser (je ca. 200 ml)

900 g kleinbeerige grüne Weintrauben
100 g frische Feigen
500 g Gelierzucker 2:1
100 g Walnusskerne
2 EL Zitronensaft

Haltbarkeit: 6 Monate

Grüne Traubengrütze

500 g halbierte grüne Weintrauben und zwei in Stücke geschnittene Kiwis in einem Topf mischen. 250 ml Weißwein oder Apfelsaft und 1–2 EL Zucker untermischen. Alles aufkochen und mit 1 EL angerührter Speisestärke andicken. In eine Schale füllen, abkühlen lassen. Bis zum Servieren kühl stellen. Mit Nusskrokant bestreuen und mit Schlagsahne servieren.

1 Die Trauben mit warmem Wasser waschen und abtropfen lassen; halbieren und, falls nötig, entkernen. Feigen ebenfalls waschen und in kleine Stücke schneiden. Weintrauben und Feigen in einem großen Topf mit dem Gelierzucker gut vermischen und etwa 3 Stunden Saft ziehen lassen.

2 Die Gläser vorbereiten (siehe S. 19). Die Nüsse grob hacken und in einer Pfanne ohne Fett hell rösten, bis sie zu duften beginnen. Sofort aus der Pfanne auf einen Teller geben. Den Zitronensaft unter die Weintrauben-Feigen-Mischung rühren; alles aufkochen und 4 Minuten sprudelnd kochen lassen.

3 Die gerösteten Nüsse unter die Trauben-Feigen-Mischung rühren. Die Konfitüre kochend heiß und randvoll in die Gläser füllen. Gläser verschließen, für 5 Minuten auf den Kopf stellen, dann ganz abkühlen lassen.

Das passt dazu

Wie jede Konfitüre bietet sich auch diese als Aufstrich für geröstetes Toastbrot oder knusprige Brötchen an. Außerdem schmeckt sie zu Käse, vor allem zu Weichkäse wie Brie oder Camembert und sehr gut auch zu Ziegenfrischkäse.

Traubengelee mit Grappa Abb. oben

Für 4 Gläser (je ca. 370 ml)

3–4 Zitronen (davon 1 unbehandelte)
750 ml roter Traubensaft
1 kg Gelierzucker 1:1
2 EL Grappa

Haltbarkeit: 8 Monate

1 Die Gläser vorbereiten (siehe S. 19). Die unbehandelte Zitrone heiß waschen, abtrocknen und die Schale abreiben. Von allen Zitronen den Saft auspressen. (Sie benötigen etwa 120 ml.)

2 Traubensaft, Zitronensaft und Gelierzucker in einem Topf unter gelegentlichem Rühren zum Kochen bringen. 4 Minuten sprudelnd kochen lassen, dabei immer wieder umrühren und, falls nötig, abschäumen. Grappa unterrühren. Das kochend heiße Gelee in die Gläser füllen. Die Gläser sofort verschließen.

Weißkohl

Der Weißkohl (auch Weißkraut, Kappes oder Kabis) kann unterschiedlich große und geformte Köpfe mit hell- oder dunkelgrünen Blättern ausbilden. Er gehört wie alle Kohlsorten, aber auch wie Senf, Rettich oder Rüben, zur Familie der Kreuzblütler. Die Urform des Weißkohls wurde bereits in der Antike von Griechen und Römern angebaut. Heute ist Weißkohl weltweit ein beliebtes Blattgemüse. Er wird seit jeher als gesundheitsförderndes Lebensmittel geschätzt – vor allem auch in Form von Vitamin-C-reichem Sauerkraut, das durch Milchsäuregärung entsteht und lange haltbar ist. Vermutlich war diese Konservierungsmethode schon in Asien bekannt, bevor sie in Europa populär wurde. Der Spitzkohl ist eine Weißkohl-Variante mit zarteren Blättern und milderem Geschmack.

Für den Vorrat

getrocknet	
tiefgekühlt	
Kompott, Mus	
Sauce, Sugo	
in Salz	✓
Saft, Sirup	✓
Chutney, Relish	
Konfitüre, Gelee	
in Essig, in Öl	✓
in Alkohol	

Saison

Der milde Spitzkohl kommt im Juni als erster auf den Markt. Die großen Weißkohlköpfe werden frisch meist ab Juli angeboten und sind das ganze Jahr über erhältlich. Im späten Jahr geerntete Köpfe schmecken am besten. Die Köpfe sollten glatt und glänzend sein und keine schlaffen oder ledrigen äußeren Blätter aufweisen. Exemplare mit dunklen Flecken liegen lassen.

Gut in Kombination mit

anderen Kohlsorten wie Rotkohl oder mit Möhren, Kartoffeln und Zwiebeln. Äpfel oder Ananas steuern fruchtige Süße bei. Speck und Schinken harmonieren ebenfalls. Passende Gewürze sind Kümmel (der die Verträglichkeit von Kohl verbessert) sowie Koriander oder Wacholderbeeren, aber auch Chili und Ingwer.

Küchenpraxis

Ein ganzer Weißkohlkopf hält sich im Gemüsefach des Kühlschranks 1–2 Monate, Spitzkohl nur 1–2 Wochen; angeschnittene Köpfe mit einem feuchten Tuch bedecken. Zum Putzen die äußeren Blätter entfernen, Kohl halbieren, vierteln und vom Strunk befreien. Die Kohlviertel auf dem Gemüsehobel oder dem Aufsatz der Küchenmaschine in Streifen schneiden.

Sauerkraut

Für 1 Gärtopf (5 l Inhalt)

3,5 kg Weißkohl
5 cm frischer Meerrettich
10 g Meersalz, mehr nach Bedarf
5 Wacholderbeeren
5 Dilldolden
4 Lorbeerblätter
100 ml Molke

Haltbarkeit: 4 Monate

1 Gärtopf und Deckel gründlich reinigen und abtrocknen. Den Kohl putzen, waschen und vom Strunk befreien. Etwa 3 äußere große Kohlblätter ablösen und beiseitelegen. Den restlichen Kohl in feine Streifen hobeln. Den Meerrettich schälen und in dünne Scheiben schneiden.

2 Jeweils eine Portion Kohlstreifen mit Salz, Wacholder, Dill, Lorbeer und Meerrettich mischen und dann lagenweise in den Topf schichten. Anschließend gut einstampfen, so dass sich möglichst viel Saft bildet. Die Molke oder Buttermilch dazugießen. Der sich bildende Saft sollte 3–5 cm über den Kohlstreifen stehen. Falls der gemüseeigene Saft dafür nicht ausreicht, entsprechend Salzwasser dazugießen. Hierfür auf 1 l Wasser 15 g Salz rechnen.

3 Die Gemüsestreifen zuerst mit den Kohlblättern, dann mit den Beschwerungssteinen belegen. Kontrollieren, ob genügend Saft über den Steinen steht. Das Minimum sind 3 cm. Die Wasserrinne des Topfes mit Wasser füllen. Den Deckel auflegen.

4 Den Topf 8–10 Tage bei Raumtemperatur (ca. 20 °C) stehen lassen. Nachdem der Gärprozess begonnen hat (dies macht sich durch hörbares Gluckern bemerkbar) den Gärtopf in einen kühleren Raum (4–8 °C, z. B. in den Keller) stellen. Das Sauerkraut ist nach 4–6 Wochen fertig.

Wichtiger Hinweis

Die Wasserrinne muss stets mit Wasser gut gefüllt sein. Dies sollte alle 3–4 Tage kontrolliert werden. Wenn das Sauerkraut fertig ist, kann es nach und nach entnommen werden. Hierbei den Topf nicht länger als nötig offen lassen. Beim Verschließen jedes Mal darauf achten, dass sich genügend Flüssigkeit über den Beschwerungssteinen befindet und dass die Wasserrinne mit Wasser gefüllt ist.

Gesunder Genuss

Das Sauerkraut ist roh und pur ein Genuss. Für eine kleine Vorspeise kann man geraspelte Möhren, etwas Öl und Zwiebelwürfel untermischen. Auch frische Paprikastreifen machen sich sehr gut darin. Die Lake, die sich gebildet hat, kann getrunken oder für Suppen verwendet werden. Sie regt den Stoffwechsel an und fördert die Verdauung.

Russisches Kraut Abb. links

Für 4 Gläser (je ca. 750 ml)

1 kg Weißkohl
250 g rote oder grüne Tomaten
500 g Knollensellerie
2 Stängel Liebstöckel
250 g rote Paprikaschoten
250 g Zwiebeln
4 Knoblauchzehen
3½ EL Salz
300 ml Weißweinessig
2 EL Zucker
4 Lorbeerblätter
2 TL schwarze Pfefferkörner
Öl zum Aufgießen

Haltbarkeit: 6 Monate

1 Vom Weißkohl die äußeren Blätter und den Strunk entfernen. Den Kohl auf dem Gemüsehobel in feine Streifen schneiden. Die Tomaten waschen, von den Stielansätzen befreien und in Spalten schneiden. Sellerie schälen und in Streifen schneiden. Die Liebstöckelstängel waschen und die Blätter abzupfen.

2 Die Paprikaschoten putzen, waschen und in Streifen schneiden. Zwiebeln schälen und in Ringe schneiden. Knoblauch schälen. Alle vorbereiteten Zutaten mit 2 EL Salz mischen und zugedeckt 10 Stunden ziehen lassen.

3 Die Gläser vorbereiten (siehe S. 19). Den Essig und 400 ml Wasser in einen großen Topf gießen. Restliches Salz (1½ EL), Zucker, Lorbeer und Pfeffer hinzufügen. Den Essigsud aufkochen.

4 Die Gemüsemischung gut ausdrücken und zum Essigsud geben. Zugedeckt 10 Minuten kochen lassen, dabei gelegentlich rühren. Gemüsemischung mit Sud kochend heiß in die Gläser füllen. Mit Öl bedecken. Die Gläser sofort verschließen.

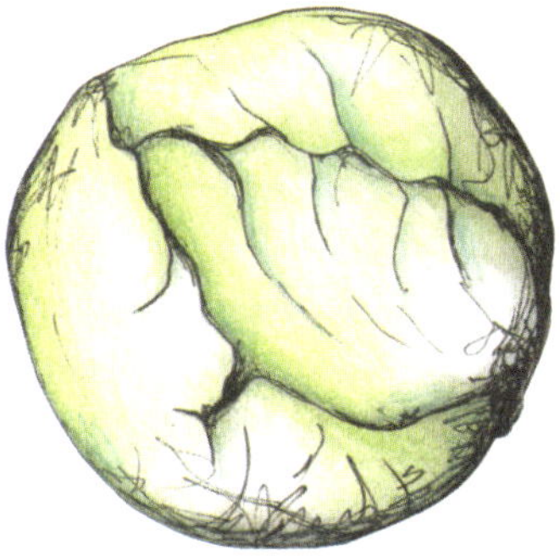

Zubereitung im Gärtopf

Das russische Kraut kann auch im Gärtopf zubereitet werden. In diesem Fall die Zutaten lediglich putzen und zerkleinern, dann in den Gärtopf schichten. Einen Salzsud kochen (25 g Salz auf 1 l Wasser). Das Gemüse mit dem lauwarmen Salzsud und etwas Molke übergießen, mit Beschwerungssteinen bedecken. Der Sud sollte mindestens 3 cm über den Steinen stehen. Topf nach Vorschrift verschließen; Gemüsemischung 4–8 Wochen gären lassen.

Weißkohl-Pickles

Für 3 Gläser (je ca. 500 ml)

je 500 g Weiß- und Chinakohl
2 Möhren
2 Petersilienwurzeln
4 kleine spitze Rettiche (Eiszapfen)
1 Stück frischer Ingwer (10 g)
1 rote Chilischote
2 EL Salz
1 TL Zucker
100 ml Weißweinessig
2 EL gelbe Senfkörner
6 Rucolablätter

Haltbarkeit: 1 Monat

1 Die Blätter beider Kohlsorten in schmale Streifen schneiden; in einem Sieb abbrausen und gut abtropfen lassen. Möhren, Petersilienwurzeln und Rettiche putzen und schälen; in streichholzdünne und -lange Streifen schneiden.

2 Gläser vorbereiten (siehe S. 19). Gemüse für 1 Minute in sprudelnd kochendes Wasser geben. Mit einem Schaumlöffel herausheben, kalt abschrecken, gut abtropfen lassen und in eine große Schüssel füllen. 500 ml Sud abmessen.

3 Ingwer schälen und fein zerkleinern. Chili nach Belieben entkernen, in Streifen schneiden. Beides zur Kohlmischung geben und alles vermengen. Den Sud mit Salz, Zucker, Essig und Senfkörnern aufkochen.

4 Die Kohlmischung mit je 2 Rucolablättern auf die Gläser verteilen; etwas zusammendrücken. Mit dem kochend heißen Sud aufgießen; fest verschließen und abkühlen lassen. An einem kühlen Ort lagern; vor dem Öffnen 1 Woche durchziehen lassen.

Das passt dazu

Schmeckt zu Wurst, Käse, gegrilltem Fleisch und Geflügel. Wer mag, kann die Pickles als Salat z. B. auf Rucola anrichten.

Marinierter Chinakohl auf japanische Art

Die Blätter von 1 Chinakohl in Stücke schneiden und übereinander in eine Schüssel legen. 3 EL Salz in 350 ml kaltem Wasser verrühren, bis es aufgelöst ist. Fünf zerkleinerte Trockenpflaumen und 2 EL Rosinen sowie eine halbierte Chilischote ins Salzwasser geben. Die Mischung über die Kohlblätter gießen und alles zugedeckt bei Raumtemperatur 12 Stunden ziehen lassen. Anschließend die Kohlmischung in ein großes Sieb geben und gründlich abspülen. Kohl in feine Streifen schneiden; mit ca. 50 ml Sojasauce, ½ TL gemahlenem Ingwer und 1 Prise Salz in einer Schüssel mischen. Zugedeckt bei Raumtemperatur mehrere Stunden durchziehen lassen und als Beilage z. B. zu aufgeschnittenem Rinderfilet servieren.

Weißkohl-Mais-Relish Abb. oben

Für 4 Gläser (je ca. 300 ml)

500 g Weißkohl
2 Zwiebeln
2 grüne Paprikaschoten
2 rote Paprikaschoten
300 g TK-Maiskörner
2 getrocknete Chilischoten
150 g Rohrohrzucker
2 EL gelbe Senfkörner
2 TL Salz
2 Msp. frisch gemahlener schwarzer Pfeffer
500 ml Apfelessig

Haltbarkeit: 3 Monate

1 Kohl putzen, waschen und in kurze, schmale Streifen hobeln. Zwiebeln schälen, Paprika waschen und putzen; fein würfeln. Mit dem Mais in einen großen Topf geben.

2 Die Chilischoten dazubröseln und die restlichen Zutaten ebenfalls hinzufügen. Alles aufkochen und unter häufigem Rühren bei schwacher Hitze etwa 1 Stunde köcheln lassen.

3 Die Gläser vorbereiten (siehe S. 19). Das heiße Relish randvoll einfüllen, dabei die Masse zusammendrücken, um Luft zu entfernen. Die Gläser fest verschließen. Abkühlen lassen; kühl und dunkel lagern.

Das passt dazu

Das Relish schmeckt zu gegrilltem Fleisch oder Fisch, zu Frikadellen oder Hackbraten, zu aufgeschnittenem kaltem Braten oder Schinken oder einfach als Appetithäppchen auf einem Blatt Salat.

Wildfrüchte

Schon seit Jahrtausenden werden Beeren bzw. Früchte von wild wachsenden Sträuchern, Büschen und Bäumen gesammelt und als Nahrungs- und Heilmittel geschätzt. Botanisch betrachtet handelt es sich um Sammelnuss- und Sammelsteinfrüchte. Am bekanntesten sind hierzulande die Früchte von Aronia (Apfelbeere), Berberitze, Eberesche (Vogelbeere), Heckenrose (Hagebutte), Schwarzem Holunder (hier Blüten und Beeren), Kornelkirsche, Preiselbeere, Sanddorn, Schlehe, Wacholder und Weißdorn. Auch Walderdbeeren oder -himbeeren zählen zu den Wildfrüchten. Die Früchte von Eberesche, Hagebutte, Sanddorn, Schwarzem Holunder und Weißdorn sind nur gegart genießbar. Alle Wildfrüchte sind reich an Vitaminen, Mineralstoffen und sekundären Pflanzenstoffen.

Für den Vorrat

getrocknet	✓
tiefgekühlt	✓
Kompott, Mus	✓
Sauce, Sugo	✓
in Salz	
Saft, Sirup	✓
Chutney, Relish	✓
Konfitüre, Gelee	✓
in Essig, in Öl	
in Alkohol	✓

Saison

Die Wildrüchte reifen vom Frühsommer bis in den Herbst. Dann findet man sie in Gärten oder in der freien Natur. Sanddorn, Vogelbeeren oder Hagebutten nach dem ersten Frost ernten. Sammeln Sie nur Früchte, die Sie sicher kennen, und das an Orten, die abseits von befahrenen Straßen liegen. In Naturschutzgebieten ist das Sammeln verboten.

Gut in Kombination mit

Äpfeln, Birnen und anderem heimischem Obst. In Form von Kompott oder Sauce schmecken die herben Wildfrüchte zu Milchprodukten, Schokolade oder Eis, aber auch als Beilage oder Füllung von Wild- und Geflügelgerichten.

Küchenpraxis

Die meisten Früchte halten sich nur 1–2 Tage an einem kühlen Ort. Vor der Verwendung immer verlesen, behutsam waschen und trocken tupfen. Sehr häufig werden aus Wildfrüchten Konfitüre, Mus, Gelee und Likör zubereitet. Zum Einfrieren die Früchte in einer flachen Lage ausbreiten, anfrieren und erst dann in Gefrierbeutel packen.

Schlehenlikör

Für 1 Flasche (ca. 750 ml)

500 g Schlehen
150 g Zucker (Kristall- oder Kandiszucker)
1 Zimtstange
1 Vanilleschote
750 ml Gin

Haltbarkeit: 6 Monate

1 Die Schlehen in kaltem Wasser waschen und abtropfen lassen. Die Früchte in eine Schüssel geben und mit dem Kartoffelstampfer andrücken. Mit Zucker, Zimtstange und Vanilleschote in ein großes Gefäß geben, den Gin darübergießen (die Schlehen müssen bedeckt sein). Das Gefäß verschließen und etwa 10 Wochen an einem dunklen Ort stehen lassen. Zwischendurch den Ansatz immer wieder hin- und herschwenken.

2 Den Liköransatz durch ein Tuch oder einen Kaffeefilter gießen und abtropfen lassen. Die Schlehen zum Schluss gut ausdrücken. Die Flasche vorbereiten (siehe S. 19) und den fertigen Likör hineinfüllen.

Schlehen

Die Früchte des Schlehdorns (der mit der Pflaume verwandt ist) sollten nach dem ersten Frost gepflückt werden. Man kann sie auch vorher pflücken, einfrieren und anschließend nach Belieben weiterverarbeiten. Sie können die Früchte statt mit Gin genauso gut mit anderem Alkohol aufgießen, z. B. mit Korn, Wodka, Kirschwasser oder Rum.

Weißdorn-Brombeer-Konfitüre

Für 3 Gläser (je ca. 250 ml)

750 g Weißdornbeeren
500 ml Brombeersaft
1 kg Gelierzucker 1:1

Haltbarkeit: 12 Monate

1 Die Gläser vorbereiten (siehe S. 19). Die Weißdornbeeren waschen, in einem Topf knapp mit Wasser bedecken, aufkochen und in etwa 30 Minuten weich kochen lassen. Anschließend durch ein grobmaschiges Sieb streichen.

2 Vom Fruchtmus 500 g abwiegen; in den Topf geben. Brombeersaft und Gelierzucker untermischen. Unter Rühren aufkochen und nur 2 Minuten sprudelnd kochen lassen, dabei rühren. Die kochend heiße Konfitüre in die Gläser füllen; Gläser fest verschließen und abkühlen lassen.

Cranberry-Chutney

Abb. rechts

Für 2 Gläser (je ca. 250 ml)

1 große rote Zwiebel
3 Knoblauchzehen
1 unbehandelte Orange
2 TL Olivenöl
350 g Cranberrys
100 g Rohrohrzucker
100 g getrocknete Kirschen
frisch gemahlener Pfeffer
Salz
1 Msp. gemahlener Piment

Haltbarkeit: 12 Monate

1 Zwiebel und Knoblauch schälen und fein hacken. Die Orange heiß waschen und abtrocknen, die Schale abreiben und die Frucht auspressen. (Sie benötigen 125 ml Saft.)

2 In einem großen Topf das Öl erhitzen. Zwiebel mit Knoblauch darin bei schwacher bis mittlerer Hitze unter häufigem Rühren in etwa 7 Minuten weich dünsten.

3 Alle restlichen Zutaten dazugeben. Unter gelegentlichem Rühren etwa 10 Minuten kochen, bis die Beeren aufplatzen. Die Gläser vorbereiten (siehe S. 19) und die kochend heiße Masse hineinfüllen. Die Gläser sofort verschließen und das Chutney bei Raumtemperatur abkühlen lassen.

Pikante Preiselbeersauce

Für 2 Gläser (je ca. 200 ml)

300 g Preiselbeeren
75 ml Rotwein
200 g Zucker
2 EL Balsamico-Essig
2 TL grüne eingelegte Pfefferkörner, abgetropft

Haltbarkeit: 4 Wochen

1 Preiselbeeren verlesen, waschen und in einem Sieb gut abtropfen lassen. Den Rotwein in einem Topf zum Kochen bringen, 50 g Preiselbeeren dazugeben; erneut aufkochen, dann im Wein abkühlen lassen.

2 Die Gläser vorbereiten (siehe S. 19). Die restlichen Beeren mit dem Zucker pürieren, dabei den Balsamico-Essig untermixen. Die Mischung mit den Quirlen des Handrührgeräts oder in der Küchenmaschine etwa 15 Minuten rühren, bis sie dicklich wird.

3 Die grünen Pfefferkörner und die Rotwein-Beeren untermischen. Die Preiselbeersauce in die Gläser füllen und sofort verschließen.

Das passt dazu

Die Preiselbeersauce passt hervorragend zu kurz gebratenem Wild wie Hirschsteaks oder Rehmedaillons. Ebenso gut schmeckt sie zum Fleischfondue.

Feine Blütendüfte

Viele Blumen duften nicht nur, ihre Blüten sind auch essbar und können bestens als Garnitur für Speisen oder auch als aromatisierende Zutat (z. B. für Zucker, Tee oder Essig) verwendet werden. Gut eignen sich beispielsweise die Blüten von Ringelblumen, Gänseblümchen, Lavendel, Flieder, Apfel- und Birnenbaum, Gartennelken, Veilchen, Stiefmütterchen, Duftrosen, Kornblumen, Holunderblüten, Sonnenblumen, Gewürztagetes, Jasmin oder von Kräutern wie Rosmarin, Borretsch, Thymian oder Minze. Nehmen Sie generell nur intakte und vor allem ungespritzte Blüten bzw. Blütenblätter, die möglichst vormittags an einem sonnigen Tag gepflückt wurden – durch starke Sonneneinstrahlung verflüchtigt sich das Blütenaroma. Frische Blüten können durch Kandieren oder Trocknen haltbar gemacht werden, und Essig, Öl, Alkohol oder Trinkwasser verleihen sie ein feines Aroma.

Blütenessig

1 Handvoll Blüten (z. B. Borretsch-, Kapuzinerkresse- oder Holunderblüten) in ein Glas geben. Mit **300 ml Honig- oder Obstessig** auffüllen. Die Essigmischung zugedeckt 1 Woche bei Raumtemperatur ziehen lassen. Anschließend durch ein Sieb gießen und in Schmuckflaschen füllen.
Tipp: *Blütenessig passt besonders gut in Vinaigrettes für Bitter- und Wildsalate oder zu Salaten mit Früchten.*

Bauerngarten-Teemischung

Getrocknete Blätter von etwa 25 Roseneibischblüten (Hibiskus bzw. Malve), 10 Rosenblüten, 10 Ringelblumenblüten und **10 Zweigen Zitronenmelisse** grob zerbröseln, in einem Schraubglas mischen und verschlossen aufbewahren. Pro Tasse **1–2 TL von der Blütenmischung** mit **kochend heißem Wasser** aufgießen; 10 Minuten ziehen lassen, dann abgießen und den Tee **nach Belieben mit Honig** süßen.

dem Frühstückstisch, genauso wie auf dem Käseteller oder auf Brot zur Salatvorspeise.

Holunderblütensirup

1,5 kg Zucker und **30 g Zitronen- oder Ascorbinsäure** in **1,5 l kochendem Wasser** auflösen. Zuckersirup abkühlen lassen, bis er lauwarm ist. **20 schöne Holunderblütendolden** vorsichtig ausschütteln (der Blütenstaub sollte möglichst dran bleiben). **2 unbehandelte Zitronen** waschen und in Scheiben schneiden. Blüten und Zitronenscheiben in ein großes Gefäß geben und mit dem Zuckersirup bedecken. Die Mischung gut umrühren und zugedeckt 3 Tage bei Raumtemperatur ziehen lassen. Den Sirup durch ein feines Sieb gießen und erneut aufkochen. Kochend heiß in vorbereitete Flaschen füllen und sofort verschließen.

Tipp: *Holundersirup ist eine gute Basis für Limonaden, schmeckt aber auch hervorragend mit Sekt.*

Blütenzucker oder -salz

½ Handvoll abgezupfte Blütenblätter trocknen lassen. Die Blätter mit **50 g Zucker bzw. Salz** im Blitzhacker fein zerkleinern. **50 g Zucker bzw. Salz** und **nach Belieben etwas abgeriebene Orangenschale** untermischen. Fertig ist der Blütenzucker oder das Blütensalz.

Tipp: *Geeignete Blüten sind z. B. Lavendel, Kapuzinerkresse, Salbei oder Thymian, von Rosen eignen sich nur die Blütenblätter. Wer keinen kleinen Mixer hat, zerbröselt die getrockneten Blüten und mischt sie dann mit Zucker oder Salz. Blütenzucker eignet sich zum Bestreuen von Süßspeisen. Blütensalz passt gut zu Frischkäse.*

Blüten vorbereiten, kandieren und trocknen

Bevor Blüten für Genusszwecke verwendet werden, die Blüten sanft ausschütteln und mit einem weichen Pinsel reinigen, um Schmutzpartikel zu entfernen. Falls nötig, vorsichtig in Wasser tauchen und auf Küchenpapier abtropfen lassen.

Zum Kandieren Blüten(blätter) mit aufgeschlagenem Eiweiß bestreichen und mit Zucker bestreuen. Auf ein mit Backpapier belegtes Gitter legen; bei Raumtemperatur ca. 3 Tage trocknen lassen, bis sie sich fest anfühlen. Kandierte Blüten(blätter) sind luftdicht verpackt 2–3 Monate haltbar.

Zum Trocknen Stängel mit Blüten in kleinen, lockeren Bündeln kopfüber aufhängen oder nur die Blütenköpfe auf Gazestoff legen. An einem gut durchlüfteten Ort trocknen lassen, bis sie rascheln. Dunkel, kühl und luftdicht verpackt lassen sie sich bis zu 12 Monate lagern.

Holunderbeergelee mit Portwein Abb. oben

Für 6 Gläser (je ca. 250 ml)

1 Zitrone
600 ml Holundersaft
200 ml klarer Apfelsaft
1 kg Gelierzucker 1:1
125 ml Portwein

Haltbarkeit: 6 Monate

1 Die Gläser vorbereiten (siehe S. 19). Die Zitrone auspressen. Holunder- und Apfelsaft mit Zitronensaft und Gelierzucker in einen großen Topf geben. Alles unter ständigem Rühren aufkochen und 4 Minuten sprudelnd kochen lassen.

2 Die Flüssigkeit abschäumen und den Portwein unterrühren. Die Mischung sofort randvoll in die Gläser füllen. Verschließen und das Gelee abkühlen und fest werden lassen; kühl und dunkel lagern.

Holunderbeeren im Dampfdrucktopf entsaften

Etwa 250 ml Wasser in den Dampfdrucktopf geben. Zuerst den ungelochten Einsatz, dann den gelochten mit den Beeren in den Topf setzen. Topf nach Herstellerangabe verschließen, Reglerventil auf Stufe 2 stellen. Erhitzen, bis der 2. Ring erschienen ist, dann unter Druck 12 Minuten kochen lassen. Der Saft tropft in den ungelochten Einsatz ab.

Hagebuttenkonfitüre

Für 2–3 Gläser (je ca. 250 ml)

1 kg reife Hagebutten
1 Zimtstange
4 Gewürznelken
125 ml Rotwein
ca. 250 g Gelierzucker 2:1

Haltbarkeit: 6 Monate

1 Hagebutten sorgfältig waschen und gut abtropfen lassen. Einmalhandschuhe anziehen. Hagebutten putzen und halbieren, die Kerne mit einem kleinen Löffel oder einer Messerspitze herausschaben. (Wer keine Handschuhe tragen mag, muss die Hände regelmäßig abspülen, die Kerne verursachen starken Juckreiz.)

2 Die Zimtstange in Stücke brechen. Die entkernten Hagebutten, die Zimtstücke und die Gewürznelken in ein Steingutgefäß schichten. Den Rotwein dazugießen. Das Gefäß mit einem sauberen Geschirrtuch zudecken, das Tuch festbinden.

3 Die Hagebutten an einem kühlen, dunklen Ort 6 Tage durchziehen lassen, dabei täglich einmal mit einem sauberen Löffel umrühren.

4 Am siebten Tag die Gläser vorbereiten (siehe S. 19). Die Hagebutten durch ein Sieb passieren. Das Püree abwiegen, dann mit der entsprechenden Menge Gelierzucker in einen Topf geben. Unter Rühren aufkochen und 4 Minuten sprudelnd kochen lassen.

5 Die kochend heiße Konfitüre randvoll in die Gläser füllen. Gläser verschließen, abkühlen lassen und kühl und dunkel lagern.

Hagebuttensirup

1 kg Hagebutten anfrieren lassen (im Tiefkühlgerät oder bei frostigen Temperaturen im Garten oder auf der Terrasse), so kann man sie besser verarbeiten. Die Früchte waschen, putzen und halbieren (entkernen ist nicht nötig). In einem großen Topf mit 500 g Zucker mischen und für mindestens 2 Stunden stehen lassen. Anschließend 500 ml Wasser dazugießen; alles ca. 1 Stunde köcheln und zugedeckt nochmals 12 Stunden stehen lassen. Den Sirup durch ein Passiertuch in einen Topf abseihen, erneut aufkochen lassen und in 2 Flaschen (je ca. 500 ml) füllen. Der Sirup passt zu Eis, Desserts, zum Süßen für Getränke und auch aufs Brot.

Sanddorn-Shake Abb. links

Für 4 Portionen

6 Orangen (1 davon unbehandelt)
100 g Zwieback (ca. 5 Stück)
200 ml Sanddornsaft
100 ml Apfelsaft
600 g Buttermilch
4 Stängel Zitronenmelisse

Haltbarkeit: keine

1 Die unbehandelte Orange heiß waschen und trocken reiben. Die Schale mit dem Zestenreißer in feinen Streifen abziehen, anschließend alle Orangen auspressen.

2 Den Zwieback zerbröseln. Einige größere Brösel für die Garnitur beiseitelegen, die übrigen mit den Säften und der Buttermilch im Mixer kurz pürieren.

3 Die Zitronenmelisse waschen und trocken schütteln. Die Blätter abzupfen. Den Shake in vier hohe Gläser füllen. Mit Zwiebackbröseln, Orangenzesten und Zitronenmelisse garnieren. Sofort servieren.

Sanddornsirup

Für 4 Gläser oder Flaschen (je ca. 200 ml)

1 kg Sanddornbeeren
500 g Agavendicksaft oder Honig

Haltbarkeit: 4 Monate

1 Die Gefäße vorbereiten (siehe S. 19). Die Beeren verlesen, waschen und tropfnass in einen Topf geben. Erhitzen, aber nicht aufkochen, dabei gelegentlich umrühren. Inzwischen ein feinmaschiges Sieb auf eine Rührschüssel setzen.

2 Sobald die Beeren blass werden, Saft gezogen und die Form verloren haben, durch das Sieb in die Schüssel passieren. Dicksaft oder Honig hinzufügen und alles mit den Quirlen des Handrührgeräts auf niedrigster Stufe schlagen, bis der Sirup dickflüssig und glatt ist. Den Sirup in die Gefäße füllen; fest verschließen und im Kühlschrank aufbewahren.

Sanddorn

Der Strauch wächst auf trockenen, sandigen oder kiesigen Böden und ist als Heckenpflanze in ganz Nordwest-Europa verbreitet. Seine Früchte (eigentlich Scheinfrüchte) schmecken frisch und säuerlich-herb. Sie sind besonders reich an den Vitaminen C und B.

Zitrusfrüchte

Früchte wie Orangen, Zitronen und Limetten, Pomeranzen, Pampelmusen und Mandarinen, aber auch Zedratzitronen oder Kumquats wachsen an Bäumen und Sträuchern von immergrünen Rautengewächsen. Diese gedeihen in tropischen und subtropischen Klimazonen, wo sie viel Sonne und nur wenig Frost ausgesetzt sind. Zitrusfrüchte stammen aus Asien, von wo aus sie sich dank der Feldzüge Alexanders des Großen verbreiteten; erst die Araber bauten sie im Mittelmeerraum an. Das saftige, angenehm säuerliche Fruchtfleisch enthält viel Vitamin C, und in den Schalen stecken hocharomatische Öle. Zitronat und Orangeat werden aus der Zedratzitrone bzw. der Pomeranze hergestellt. Reife Zitrusfrüchte halten sich an einem kühlen Ort mehrere Monate.

Für den Vorrat

getrocknet	
tiefgekühlt	✓
Kompott, Mus	
Sauce, Sugo	✓
in Salz	✓
Saft, Sirup	✓
Chutney, Relish	
Konfitüre, Gelee	✓
in Essig, in Öl	
in Alkohol	✓

Saison

Geerntet werden Zitrusfrüchte vom Spätherbst bis ins Frühjahr. Orangen, die im Sommer angeboten werden, schmecken nicht so gut wie Winterorangen. Beim Kauf schwere und pralle Früchte wählen. Nach der Ernte werden Zitrusfrüchte aus konventionellem Anbau mit Konservierungsmitteln behandelt, um sie vor Fäulnis zu schützen.

Gut in Kombination mit

anderem Obst sowie Nüssen, Blattgemüsen und Fenchel. Ebenso harmonieren die Zitrusfrüchte gut mit Fleisch, Geflügel und Fisch. Passende Gewürze sind Zimt, Gewürznelken, Ingwer, rote Pfefferbeeren, Kardamom, Muskat, Sternanis und Safran; als Kräuter eignen sich Minze, Zitronenmelisse, Basilikum oder Thymian. Zitrone dient meist selbst als Würze.

Küchenpraxis

Die Schale von behandelten Früchten ist nicht genießbar, die von Früchten aus ökologischem Anbau sehr wohl. Bei ihnen wird auf eine Konservierung verzichtet. Damit sich das Fruchtfleisch von Äpfeln und anderem Obst und Gemüse nicht verfärbt, kann man es mit Zitronensaft beträufeln. Zitrusfruchtfleisch hält sich tiefgekühlt mehrere Monate.

Orangen in Gewürzwein

Für 3 Gläser (je ca. 450 ml)

5 große unbehandelte Orangen mit dünnen Schalen
150 ml Weißweinessig
250 ml Weißwein
400 g Rohrohrzucker
10 Gewürznelken
2 Zimtstangen
1 TL schwarze Pfefferkörner
4 Kardamomkapseln
1 Messerspitze frisch geriebene Muskatnuss

Haltbarkeit: 3–4 Monate

1 Die Orangen unter heißem Wasser gründlich abbürsten. Danach mit einem scharfen Messer in Spalten schneiden; die Kerne dabei entfernen. Die Orangenspalten in einen Topf geben, knapp mit Wasser bedecken; zugedeckt 40–50 Minuten köcheln lassen, bis sie weich sind.

2 Inzwischen in einem zweiten Topf Weißweinessig und Wein mit 200 ml Wasser, dem Zucker und den Gewürzen aufkochen, dann 10 Minuten unter gelegentlichem Rühren köcheln lassen. Backofen auf 150 °C vorheizen.

3 Die Orangen abgießen, wieder in den Topf geben und mit dem Gewürzsud bedecken. Topf zugedeckt für etwa 1 Stunde in den heißen Ofen stellen.

4 Die Gläser vorbereiten (siehe S. 19). Orangen aus dem Sud heben und auf die Gläser verteilen. Den Sud durch ein Sieb in einen Topf gießen und offen in 5–10 Minuten einköcheln lassen. Sofort über die Orangen gießen – sie müssen vom Sud bedeckt sein. Die Gläser fest verschließen, abkühlen und mindestens 4 Wochen an einem kühlen, dunklen Ort durchziehen lassen.

Feine fruchtige Beilage

Die würzigen Orangen schmecken hervorragend zu Steak, Lammbraten, Entenbrust oder Hackfleischbällchen. Mit Crème fraîche ergeben sie ein erfrischendes Dessert.

Kandierte Orangen und Zitronen

Für 1 kg Früchte

500 g unbehandelte Orangen
500 g unbehandelte Zitronen
1 kg Zucker

Haltbarkeit: 6 Monate

1 Die Orangen und Zitronen heiß waschen und mit einem Tuch trocken reiben. Die Früchte in etwa 1 cm dicke Scheiben schneiden. Etwa 300 ml Wasser in einen Topf mit Dämpfeinsatz füllen. Zitrusscheiben portionsweise in den Dämpfeinsatz legen und diesen in den Topf geben. Das Wasser aufkochen und die Zitrusscheiben im Dampf jeweils etwa 3 Minuten garen. Die Fruchtscheiben sollten danach noch fest und in Form sein.

2 500 ml Wasser mit dem Zucker in einem zweiten Topf erhitzen und unter Rühren köcheln lassen, bis die Zuckerlösung so dick ist, dass sie Fäden zieht. Die Orangen- und Zitronenscheiben in eine Metallschüssel geben und mit der heißen Zuckerlösung übergießen. Sie sollen vollständig bedeckt sein. Die Scheiben zugedeckt 2 Tage ziehen lassen.

3 Anschließend die Fruchtscheiben durch ein Sieb abgießen, dabei die Zuckerlösung auffangen. Die Zuckerlösung im Topf erneut aufkochen und weiterköcheln lassen, bis sie Fäden zieht. Die Zitrusscheiben wieder in die Schüssel geben und mit der Zuckerlösung übergießen. Das Ganze 2 Tage ziehen lassen. Danach wieder absieben. Diesen Vorgang 4-mal wiederholen.

4 Beim letzten Gang die Lösung stärker einkochen und die Früchte darin 4 Tage ziehen lassen. Anschließend die Zitrusscheiben herausnehmen und nebeneinander auf einem Gitterrost mindestens 2 Tage trocknen lassen.

5 Zum Aufbewahren die kandierten Zitrusscheiben lagenweise in Blechdosen oder mit Butterbrotpapier ausgelegte Kartonschachteln geben. Zwischen jede Lage eine Schicht Butterbrotpapier legen.

Das passt dazu

Die kandierten Früchte sind eine attraktive Garnitur für Torten, Kuchen und Desserts.

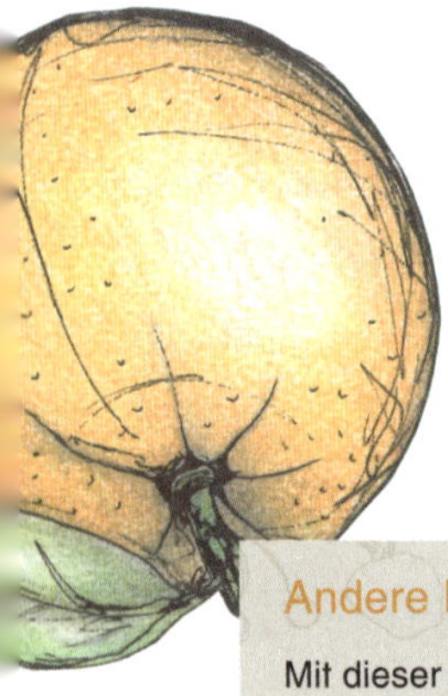

Andere Früchte kandieren

Mit dieser Methode können Sie auch andere Früchte kandieren, beispielsweise Aprikosenhälften oder Ananasstücke.

Orangenmarmelade

Abb. oben

Für 5–6 Gläser (je ca. 400 ml)

1,5 kg Orangen (z. B. Navel oder Tarocco), davon 2 unbehandelte Orangen
250 ml Orangensaft, mehr nach Bedarf
Saft von 1 Zitrone
½ TL gemahlene Vanille
500 g Gelierzucker 2:1

Haltbarkeit: 6 Monate

1 Gläser vorbereiten (siehe S. 19). Die unbehandelten Orangen heiß waschen und trocken reiben. Von den Früchten oben und unten jeweils eine Scheibe abschneiden, dann die Schalen mit der weißen Haut darunter abschneiden. Die Schale mit einem kleinen Messer von der weißen Haut befreien und quer in sehr dünne Streifen schneiden.

2 Die Schalen in dem Orangensaft in einigen Minuten weich köcheln. Restliche Orangen schälen, die Schalen wegwerfen. Von allen Orangen die Filets aus den Trennhäuten schneiden, den Saft dabei auffangen. Fruchtfilets und Saft sollten etwa 1 kg ergeben; falls nötig, mit Orangensaft auffüllen.

3 Fruchtfilets und Saft in einem großen Topf mit Vanille und Gelierzucker unter ständigem Rühren aufkochen und 4 Minuten sprudelnd kochen lassen. Kochend heiß und randvoll in die Gläser füllen; fest verschließen und abkühlen lassen.

Limoncello Abb. rechts

Für 2 Flaschen (je ca. 500 ml)

6 unbehandelte Zitronen
500 ml Weingeist (70 %; aus der Apotheke)
400 g Zucker

Haltbarkeit: 12 Monate

1 Zitronen heiß waschen, abtrocknen und die Schalen dünn abschneiden. Schalen in ein Glas geben und mit dem Weingeist übergießen. Das Glas verschließen und die Schalen etwa 10 Tage bei Raumtemperatur ziehen lassen.

2 500 ml Wasser mit Zucker erhitzen, bis sich der Zucker auflöst, dabei gelegentlich rühren. Den Sirup abkühlen lassen. Flaschen vorbereiten (siehe S. 19). Den aromatisierten Weingeist durch ein feines Sieb gießen und auffangen, die Schalen gut ausdrücken. Den Saft von 1 Zitrone auspressen (etwa 40 ml) und durch einen Filter gießen. Sirup, Weingeist und Zitronensaft mischen und in die Flaschen füllen.

Servieren

Bieten Sie den gut gekühlten Zitronenlikör als Digestif an.

Sardischer Zitronensirup

Für 2 Flaschen (je ca. 500 ml)

10–15 große, saftige Zitronen
2 unbehandelte Zitronen
500 g Zucker

Haltbarkeit: 4 Wochen im Kühlschrank

1 Die großen Zitronen auspressen. (Sie benötigen 1 l Saft.) Die unbehandelten Zitronen heiß waschen, abtrocknen und die Schale abreiben. Zitronensaft mit Schale und Zucker in einen Topf geben, zum Kochen bringen und köcheln lassen, bis sich der Zucker aufgelöst hat. Über Nacht abkühlen und durchziehen lassen.

2 Am nächsten Tag die Flaschen vorbereiten (siehe S. 19), den Sirup hineinfüllen; die Flaschen verschließen. Im Kühlschrank aufbewahren.

Servieren

Den Sirup nach Geschmack mit kaltem Wasser auffüllen, ein paar Eiswürfel hineingeben und als Erfrischungsgetränk genießen.

Mit Kräutern

In den Zitronensaft noch 1–2 Stängel Basilikum, Zitronenmelisse, Minze oder auch 1 Stückchen Thymianzweig geben, mitköcheln und im Sirup durchziehen lassen.

Lemoncurd – englische Zitronenbutter

Für 2 Gläser (je ca. 250 ml)

4 unbehandelte Zitronen
200 g Zucker
100 g Butter
3 Eier
1 Eigelb

Haltbarkeit: 2 Wochen im Kühlschrank

1 Die Gläser vorbereiten (siehe S. 19). Die Zitronen heiß waschen und abtrocknen. Die Schalen abreiben und den Saft auspressen (etwa 200 ml). Zitronenschale und -saft mit Zucker und Butter in eine hitzebeständige Schüssel geben. Die Schüssel auf ein köchelndes Wasserbad setzen, ohne dass sie das Wasser berührt. Die Zutaten immer wieder durchrühren, bis die Butter geschmolzen ist.

2 Die Eier und das Eigelb miteinander verquirlen. Gründlich unter die Zitronen-Butter-Mischung auf dem Wasserbad schlagen. Die Masse 5–8 Minuten auf dem Wasserbad erhitzen, zwischendurch immer wieder durchrühren, bis sie angedickt ist. Vom Wasserbad nehmen und sofort in die Gläser füllen. Fest verschließen, abkühlen lassen und im Kühlschrank aufbewahren.

Fruchtbutter

Auf die gleiche Weise können Sie z. B. Orangenbutter oder auch Heidelbeerbutter herstellen. Der süße Aufstrich schmeckt nicht nur auf frisch geröstetem Toast, sondern kann auch zum Bestreichen einer Tarte oder zum Aromatisieren von Quark oder Schlagsahne verwendet werden.

Orangen-Campari-Gelee

Für 4 Gläser (je ca. 225 ml)

10 Orangen (etwa 2 kg)
350 g Gelierzucker 2:1
75 ml Campari

Haltbarkeit: 6 Monate

1 7 Orangen so dick schälen, dass auch die weiße Haut entfernt wird. Die Fruchtfilets zwischen den Trennhäuten herausschneiden, dabei den Saft auffangen (ergibt insgesamt etwa 500 g Filets). Die restlichen Orangen auspressen, es sollten etwa 300 ml Saft entstehen. Die Gläser vorbereiten (siehe S. 19).

2 Orangenfilets und -saft mit dem Gelierzucker in einen Topf geben und unter Rühren zum Kochen bringen. Alles unter ständigem Rühren 4 Minuten sprudelnd weiterkochen lassen, falls nötig, abschäumen. Campari unterrühren. Fruchtfilets mit dem Sud kochend heiß in die Gläser füllen. Die Gläser sofort verschließen und während des Abkühlens öfter umdrehen, damit sich die Orangenfilets im Gelee verteilen.

Clementinengelee mit Kumquats

Abb. oben

Für 5 Gläser (je ca. 200 ml)

1,5–2 kg Clementinen
500 g Gelierzucker 2:1
1 Msp. Zitronensäure
2 EL brauner Rum
250 g Kumquats

Haltbarkeit: 6 Monate

1 Clementinen auspressen. Saft durch ein feines Sieb gießen; 750 ml abmessen. Mit Gelierzucker, Zitronensäure und Rum in einem großen Topf gründlich verrühren; 30 Minuten ziehen lassen.

2 Die Gläser vorbereiten (siehe S. 19). Kumquats waschen und in dünne Scheiben schneiden. Den Saft aufkochen (falls nötig, abschäumen) und offen 4 Minuten sprudelnd kochen; Kumquats hineingeben; alles 2–3 Minuten kochen.

3 Das kochend heiße Gelee in die Gläser füllen. Die Gläser fest verschließen und auf die Deckel stellen. Nach 10 Minuten umdrehen und das Gelee vollständig abkühlen lassen.

Limetten in Tequila Abb. links

Für 2 Gläser (je ca. 500 ml)

6 unbehandelte Limetten
3 rote Chilischoten
2 EL Salz
1 Gemüsezwiebel (ca. 200 g)
2 EL Öl
250 ml Apfelessig
5 EL Tequila
1 Lorbeerblatt

Haltbarkeit: 3 Monate

1 Die Limetten heiß waschen, trocken reiben und längs vierteln. Chilis längs halbieren, entkernen und in Streifen schneiden. Limetten, Chilis und Salz in einer Schüssel mischen. Bei Raumtemperatur zugedeckt etwa 6 Stunden ziehen lassen.

2 Zwiebel schälen und in Ringe schneiden. Öl erhitzen und die Zwiebelringe darin kurz dünsten. Limettenmischung, Essig, Tequila, Lorbeer und 100 ml Wasser hinzufügen. Alles erhitzen und zugedeckt 30 Minuten köcheln lassen. Gläser vorbereiten (siehe S. 19). Limettenmischung mit Sud kochend heiß in die Gläser füllen. Sofort verschließen.

Servieren

Reichen Sie die Limetten zu Fisch und mexikanischen Gerichten.

Marokkanische Salzzitronen

Für 3–4 Gläser (je ca. 500 ml)

11 kleine unbehandelte Zitronen mit dünner Schale
ca. 200 g grobes Meersalz

Haltbarkeit: 12 Monate

1 10 Zitronen unter warmem Wasser abbürsten; trocken reiben. Mit einem Messer von oben nach unten kreuzförmig so tief einschneiden, dass die Viertel noch zusammenhalten, sich aber gut auseinanderdrücken lassen. Die letzte Zitrone auspressen.

2 Gläser vorbereiten (siehe S. 19). In die Spalten jeder Zitrone jeweils etwa ¼ TL Salz füllen. Zitronen zusammendrücken und dicht in die Gläser schichten. In jedes Glas Zitronensaft und etwa ½ TL Salz geben; die Zitronen mit kochendem Wasser bedecken. Die Gläser verschließen. Die Zitronen 3–4 Wochen an einem dunklen, kühlen Ort durchziehen lassen.

Orientalisches Aroma

Benötigte Zitronen mit einer Gabel aus dem Glas nehmen und abspülen. Normalerweise verwendet man nur die Schalen, um Tajines, Fisch- und Fleischgerichte zu würzen. Wer mag, kann das (salzige!) Fruchtfleisch der Zitronen für einen Gemüsesalat oder ein Ofengericht verwenden.

Zucchini

Wie Gurke und Melone sind diese beliebten Früchte (die eigentlich Beeren sind) enge Verwandte der Kürbisse – das signalisiert auch ihr italienischer Name, der „kleiner Kürbis" bedeutet. Noch Mitte der 1970er-Jahre waren Zucchini hierzulande gänzlich unbekannt, während sie im Mittelmeerraum bereits ab Ende des 17. Jh. geschätzt wurden. Die Zucchinipflanze wächst rasch, ist anspruchslos, aber frostempfindlich. Ihre Früchte können grün oder gelb sein, schmal, lang, dick und kugelrund. Obwohl sie durchaus ein Gewicht von 5 kg erreichen können, werden Zucchini geerntet, sobald sie 15–30 cm lang sind und 100–300 g wiegen – je kleiner und zarter sie sind, desto besser schmecken sie. Eine Spezialität sind die gelben Blüten, die man füllen und in einer Teighülle ausbacken kann.

Für den Vorrat

getrocknet	
tiefgekühlt	✓
Kompott, Mus	
Sauce, Sugo	
in Salz	
Saft, Sirup	
Chutney, Relish	✓
Konfitüre, Gelee	
in Essig, in Öl	✓
in Alkohol	

Saison

Im Freiland werden Zucchini von Juni bis Oktober geerntet (dann ist die Schale übrigens gestreift oder gesprenkelt), in heimischen Gewächshäusern schon im Frühjahr. Importware stammt meist aus den Mittelmeerländern und wird ganzjährig angeboten.

Gut in Kombination mit

Auberginen, Paprikaschoten und Tomaten (wie in Ratatouille), aber auch Möhren und Kartoffeln. Knoblauch und mediterrane Kräuter wie Thymian, Rosmarin, Oregano sowie Kreuzkümmel harmonieren hervorragend mit dem dezenten Eigengeschmack der Zucchini.

Küchenpraxis

Achten Sie beim Einkauf auf feste, unverletzte Früchte mit einer glatten Schale. Zucchini müssen nur gewaschen und vom Stielansatz befreit werden. Im Gemüsefach des Kühlschranks sind sie bis zu 2 Wochen haltbar. Einfrieren: Die Früchte raspeln, in einen Gefrierbeutel packen und bis zu 12 Monate tiefkühlen.

Zucchini-Relish mit Apfel

Für 4 Gläser (je ca. 375 ml)

1 kg Zucchini
250 g Zwiebeln
4 Knoblauchzehen
500 g Äpfel (z. B. Boskop)
50 g frischer Meerrettich
1 TL Salz
200 g Zucker
250 ml Kräuteressig
4 Lorbeerblätter
1 TL grüne eingelegte Pfefferkörner, abgetropft
2 EL Sherry

Haltbarkeit: 3 Monate

1 Zucchini putzen, waschen, in Stücke schneiden und im Mixer fein zerkleinern. Zwiebeln schälen und würfeln. Knoblauch schälen und fein hacken. Äpfel schälen, von den Kerngehäusen befreien und in Würfel schneiden. Meerrettich schälen und reiben.

2 Alle vorbereiteten Zutaten in einen Topf geben. Salz, Zucker und Kräuteressig unterrühren. Lorbeerblätter hinzufügen. Alles zum Kochen bringen. Die Mischung halb zugedeckt etwa 35 Minuten kochen lassen, bis die Masse dicklich wird. Gelegentlich umrühren.

3 Die Gläser vorbereiten (siehe S. 19). Pfefferkörner und Sherry unter die Masse rühren und offen noch 5 Minuten köcheln. Zucchini-Relish kochend heiß in die Gläser füllen. Sofort verschließen.

Zucchini-Chutney

Für 2 Gläser (je ca. 350 ml)

1 kg kleine Zucchini
6 Knoblauchzehen
Salz
4 cm frischer Ingwer
100 ml Honigessig
200 g Rohrohrzucker
½ TL gemahlener Kreuzkümmel
1 TL Garam Masala
1 TL Chilipulver
1 TL Meersalz

Haltbarkeit: 3 Monate

1 Die Zucchini waschen, putzen und das Fruchtfleisch in dünne Scheiben schneiden. Den Knoblauch schälen, mit Salz bestreuen und mit einem Messerrücken zu feinem Mus zerdrücken. Den Ingwer schälen und fein reiben.

2 Die Zucchinischeiben und den Essig in einen Topf geben. Zucker, Knoblauchmus, Gewürze und Meersalz hinzufügen. Alles unter gelegentlichem Rühren zum Kochen bringen. Die Zucchinimischung halb zugedeckt etwa 40 Minuten köcheln lassen, dabei ab und zu umrühren. Die Gläser vorbereiten (siehe S. 19). Das kochend heiße Chutney in die Gläser füllen. Sofort verschließen.

Das passt dazu

Das Chutney schmeckt gut zu Lamm- oder Geflügelcurrys. Außerdem kann man damit wunderbar Reis- und Nudelsalate abschmecken.

Ratatouille

Abb. rechts

Für 4–5 Gläser mit Gummiring (je ca. 750 ml)

2 Zwiebeln
2 Knoblauchzehen
2 EL Olivenöl
2 Dosen geschälte Tomaten (je 400 g)
Salz
frisch gemahlener Pfeffer
1 Prise Zucker
500 g Zucchini
2 kleine Auberginen
1 rote Paprikaschote
1 gelbe Paprikaschote
1 rote Chilischote (nach Belieben)
1 Zweig Rosmarin
2 Zweige Thymian

Haltbarkeit: 6 Monate

1 Die Zwiebeln schälen und würfeln. Den Knoblauch schälen und in feine Scheiben scheiden. Das Olivenöl in einem Topf erhitzen. Zwiebeln und Knoblauch hineingeben und bei schwacher Hitze in etwa 5 Minuten glasig dünsten. Tomaten aus der Dose und 350 ml Wasser sowie Salz, Pfeffer und Zucker hinzufügen; alles offen etwa 20 Minuten köcheln, dabei gelegentlich umrühren und die Tomaten zerdrücken.

2 Das Gemüse waschen und putzen. Zucchini und Auberginen in Würfel und die Paprikaschoten in Streifen schneiden. Die Chilischote (nach Belieben) längs halbieren, entkernen, waschen und quer in feine Streifen schneiden.

3 Paprika und Kräuter unter die Tomaten rühren; alles etwa 10 Minuten köcheln lassen. Zucchini und Auberginen hinzufügen und das Ganze zusammen weitere 20 Minuten köcheln. Die Ratatouille abschmecken und etwas abkühlen lassen.

4 Inzwischen die Gläser vorbereiten (siehe S. 19). Das Gemüse bis knapp 2 cm unter den Rand in die Gläser füllen; die Gläser mit Gummiringen, Deckeln und Klammern verschließen. Das tiefe Backblech in den Backofen (unten) schieben und die Gläser hineinstellen.

5 Etwa 2 cm hoch lauwarmes Wasser in das Blech gießen, den Ofen auf 160 °C (Umluft) schalten. Sobald in den Gläsern Bläschen aufsteigen, den Ofen ausschalten und die Gläser noch 30 Minuten darin stehen lassen. Anschließend herausnehmen und ganz abkühlen lassen. Kühl und dunkel lagern.

So geht's schneller: Heißeinfüllen

Die kochend heiße Ratatouille bis knapp unter den Rand in vorbereitete Twist-off-Gläser füllen, mit Olivenöl auffüllen und die Gläser sofort fest verschließen. Abkühlen lassen und bis zu 3 Monate lagern. Die Ratatouille schmeckt auch kalt als Sauce zu Fondue, Bratenaufschnitt oder Hähnchenkeulen.

Verpacken und Verschenken

Mit Liebe selbst Eingemachtes ist ein schönes Mitbringsel, das eine individuelle Verpackung verdient, die seinen Wert unterstreicht. Sie können das Gefäß an sich hübsch gestalten, so dass es keiner weiteren Verpackung bedarf, oder das Gefäß kreativ verpacken. Die Verpackung sollte dabei auf den Inhalt hinweisen, indem sie beispielsweise mit passenden getrockneten Zutaten oder aufgemalten Motiven verziert wird. Es gibt eine Fülle von Gestaltungsmöglichkeiten für Verpackungen. Ein paar Vorschläge dazu finden Sie hier.

Gefäße direkt beschriften

Dank **wasserfester Glanzlackstifte** oder anderer Stifte, mit denen man auf Glas schreiben kann, lassen sich Gläser und Flaschen im Handumdrehen beschriften. Wer besonders geschickt und geübt ist im Umgang mit **Glasmalfarben**, kann Gefäße mit selbst gemalten Motiven zusätzlich verzieren.

Schön und bruchsicher verpacken

Eine kleine Holzkiste mit Einschubdeckel ist eine prima Hülle für gefüllte Gläser, die mit Holzwolle darin bruchsicher verpackt werden. Verzieren Sie die Kiste nach Belieben per **Kartoffeldruck, Serviettentechnik** oder einfach mit **Pinsel und Acrylfarbe** mit Motiven, die zum Inhalt passen (z. B. Äpfel, Birnen). Die Kiste kann zum Aufbewahren von allerlei Kleinigkeiten gut weiterverwendet werden.

Schöne Gefäße

Selbst gemachte Köstlichkeiten können Sie auch direkt in hübsche **Dosen (z. B. Marmeladendosen) aus Porzellan oder Keramik** füllen, darin abkühlen lassen und dann verschenken. Weisen Sie den Beschenkten darauf hin, den Inhalt bald zu verbrauchen, denn solche Gefäße schließen nicht dicht. Achten Sie bei der Wahl des Gefäßes darauf, dass verwendete Glasuren und Farben lebensmittelecht sind – das gilt vor allem für Keramik.

Etiketten gestalten

Auf alle selbst gemachten Köstlichkeiten gehört ein Etikett, auf dem **Inhalt, Herstellungsdatum, Haltbarkeit** und nach Möglichkeit auch **die verwendeten Zutaten** stehen. Auf ein zweites Etikett (auf der gegenüberliegenden Seite vom Hauptetikett anbringen) kann man außerdem schreiben, wozu der Glasinhalt schmeckt bzw. wie er serviert werden kann.
Im Schreibwaren- und im Onlinehandel gibt es eckige, runde oder ovale Klebeetiketten, die Sie selber gestalten und bedrucken können – von schlicht weiß bis zu nostalgischem Design. Im Internet finden Sie außerdem Vorlagen für Etiketten zum Ausdrucken. Wer Hängeetiketten bevorzugt, kann sie aus Tonpapier oder anderem Material zuschneiden und an dem Gefäß z. B. mit Hanfschnur befestigen.

Gläser mit Häubchen

Der Klassiker unter den Verpackungen für selbst gemachte Konfitüren, Marmeladen, Chutneys usw. im Glas ist ein Stoffhäubchen. Dafür wird einfach **ein Stück Stoff** mit der **Zackenschere** quadratisch ausgeschnitten, auf den Deckel gelegt und mit einem **Stoffband (z. B. unifarbenem Schrägstreifen), Küchengarn oder Bast** unter dem Deckel befestigt. Stickbegeisterte können ein quadratisches Stück hellen **Leinenstoff** mit einem passenden Motiv (z. B. Kirschen oder Aprikosen) **besticken** und den Deckel damit verkleiden, ebenso kann das Motiv auch mit **Stofffarben** aufgemalt werden.

Flaschenhüllen

Flaschen mit kostbarem Inhalt wie selbst hergestellten Säften und Sirupen, aromatisierten Ölen, Essigen oder Spirituosen verdienen eine entsprechende Hülle. Die einfachste Form ist eine **unifarbene Papiertasche**, die individuell beschriftet und verziert werden kann. Die Verzierung sollte zum Inhalt passen, zu Himbeeressig kann man z. B. einen Himbeerzweig aufkleben, Himbeeren könnten noch dazu aufgemalt werden. Ebenso gut und einfach, aber edler: Flaschen in **Wellpappe** rollen und rundherum noch eine **Manschette aus Maulbeerpapier** befestigen, die beschrieben und verziert werden kann. Wer gern näht, kann eine **Hülle aus Stoff** herstellen, die mit einer Kordel zusammengezogen wird. Besonders hübsch sehen die Taschen aus, wenn man noch zum Flascheninhalt passende Motive darauf appliziert.

Kulinarische Mitbringsel

Selbst gemischtes Würzsalz in einer edlen Salzmühle ist ein schnell gemachtes individuelles Geschenk: Einfach grobes Meersalz mit getrockneten Kräuter- und/oder Blütenblättern mischen, nach Belieben noch Zitrusschalen dazugeben und die Mischung in eine (durchsichtige) Salzmühle füllen. Die Zutaten auf einen Papieranhänger schreiben und an die Mühle hängen.

Verschenken Sie Ihre selbst gemachten Köstlichkeiten als Gesamtkomposition: beispielsweise ein Glas Tomatensauce und ein Gläschen Pesto mit passenden Papierservietten, einem Stück Parmesan, einer Flasche Olivenöl und einer Packung Pasta in einem Korb, einem Kästchen oder einer schönen Papiertasche. Dekorieren können Sie das Ganze noch mit einem Sträußchen frischer mediterraner Kräuter – fertig ist ein kulinarisches Mitbringsel.

Zucchini mit Kapern und Sardellen Abb. oben

Für 3 Gläser (je ca. 500 ml)

1 kg kleine Zucchini
1 l Weißweinessig
50 g grobes Meersalz
1 Bund Petersilie
30 g Kapern in Lake
30 g Sardellenfilets in Öl
Olivenöl zum Aufgießen

Haltbarkeit: 6 Monate

1 Die Zucchini waschen, abtrocknen und längs vierteln. Den Essig mit dem Salz in einem großen Topf aufkochen lassen. Die Zucchini portionsweise für jeweils etwa 4 Minuten in den kochenden Sud geben, dann herausheben und in einem Sieb 12 Stunden bzw. über Nacht abtropfen lassen.

2 Am nächsten Tag die Gläser vorbereiten (siehe S. 19); die Petersilie waschen und trocken tupfen, die Blätter abzupfen und hacken. Kapern und Sardellen abtropfen lassen.

3 Die Zucchini abwechselnd mit Kapern, Petersilie sowie Sardellen in die Gläser schichten und fest zusammendrücken; so viel Olivenöl dazugießen, dass alles etwa 1 cm hoch bedeckt ist. Die Gläser fest verschließen und kühl lagern. Die Zucchini vor dem Verzehr mindestens 3 Wochen durchziehen lassen.

Eingelegte Zucchini

Für 3 Gläser (je ca. 400 ml)

1 kg Zucchini
1 l Weißweinessig
50 g Salz
2 getrocknete Chilischoten
1 TL getrockneter Oregano
Olivenöl

Haltbarkeit: 12 Monate

1 Zucchini waschen, putzen, abtrocknen und in etwa 0,5 cm dicke Scheiben schneiden. Eine Grillpfanne bei starker Hitze heiß werden lassen. Zucchinischeiben darin portionsweise ohne Öl rösten, bis sie dunkle Streifen aufweisen, dann in eine Schüssel schichten.

2 Essig mit dem Salz in einen Topf geben. Aufkochen lassen, dann heiß über die Zucchinischeiben gießen. Zucchini mit Frischhaltefolie bedecken und mit einem Holzbrett und Gewichten (z. B. Konservendosen) mindestens 1 Stunde beschweren.

3 Anschließend die Zucchini in ein Sieb schütten und abtropfen lassen. Auf einem sauberen Tuch ausbreiten und 2 Stunden trocknen lassen. Inzwischen die Gläser vorbereiten (siehe S. 19).

4 Die Chilischoten zerbröckeln. Die Zucchini mit Chili und Oregano in die Gläser füllen und fest aufeinanderdrücken. Die Gläser mit Olivenöl auffüllen. Mit den Böden auf die Arbeitsfläche stoßen, damit Luftblasen entweichen können; falls nötig, etwas Öl nachfüllen. Die Gläser fest verschließen und kühl und dunkel lagern. Die Zucchini mindestens 4 Wochen durchziehen lassen.

Gegrillte Antipasti-Zucchini

Die Zucchini längs in dünne Scheiben schneiden und auf beiden Seiten grillen. Vom Grill nehmen, mit Salz und Pfeffer würzen, mit Olivenöl beträufeln und mit Parmesanspänen bestreuen. Sofort servieren. Man kann die gegrillten Zucchini auch schichtweise mit Olivenöl und Rosmarinzweigen in ein Glas geben, dabei mit Salz, Pfeffer und Knoblauch würzen. Im Kühlschrank halten sie sich so mindestens 1 Woche.

Zwiebeln

Alle Zwiebeln gehören wie Lauch zur Familie der Zwiebelgewächse. Vermutlich stammen sie aus dem west- bzw. mittelasiatischen Raum, wo sie bereits vor etwa 5000 Jahren als Heil-, Gewürz- und Gemüsepflanze kultiviert wurden. Die Römer brachten sie nach Mitteleuropa, und seit dem 15. Jh. werden Zwiebeln hier (als erstes in den Niederlanden) angebaut. Ob weiß, gelb, rot, braun; groß, klein, rund, länglich oder dünn; scharf, mild oder süß – allen Sorten gemeinsam sind der intensive Geruch, der kräftige Geschmack und die schleimhautreizenden ätherischen Öle. Für die Küche wichtig sind Haushaltszwiebeln, die milderen Schalotten, die Frühlings- bzw. Lauchzwiebeln mit den grünen Röhren sowie die empfindlichen und meist nur im Glas erhältlichen Silberzwiebeln.

Für den Vorrat	
getrocknet	
tiefgekühlt	
Kompott, Mus	✓
Sauce, Sugo	✓
in Salz	
Saft, Sirup	
Chutney, Relish	✓
Konfitüre, Gelee	✓
in Essig, in Öl	✓
in Alkohol	

Saison

Frische Zwiebeln gibt es ab Mai den ganzen Sommer über; die Ernte des Spätsommers wird gelagert und ist den Rest des Jahres auf dem Markt. Heimische Frühlingszwiebeln kommen von April bis September aus Freilandanbau, das restliche Jahr über aus dem Treibhaus. Schalotten werden von Oktober bis Mai geerntet, Hauptsaison ist März und April.

Gut in Kombination mit

nahezu allen Gemüsen und Fleisch. Zwiebeln gehören in fast jedes pikante Gericht. Berühmt ist der Zwiebelkuchen, der vor allem zur Zeit der Weinlese genossen wird. Zwiebeln schmecken roh, gedünstet, mitgegart oder gebraten, aber auch frittiert. Zum Füllen oder Einlegen sind sie ebenfalls sehr gut geeignet.

Küchenpraxis

Speisezwiebeln offen, kühl (nicht im Kühlschrank), dunkel und trocken 2–6 Monate lagern. Angeschnittene Zwiebeln luftdicht verpacken – so können sie im Kühlschrank aufbewahrt werden. Frühlingszwiebeln halten sich im Kühlschrank etwa 1 Woche. Schalotten nur sanft dünsten, sonst werden sie bitter.

Perlzwiebeln in Olivenöl

Für 3 Gläser (je ca. 400 ml)

1 kg Perlzwiebeln
500 ml Weißwein
500 ml Weißweinessig
30 g Salz
1 TL Wacholderbeeren
1 TL weiße Pfefferkörner
Olivenöl

Haltbarkeit: 12 Monate

1 Die Perlzwiebeln schälen und von den Wurzelenden befreien. Wein und Essig mit dem Salz in einen großen Topf geben. Aufkochen lassen; die Zwiebeln für 5 Minuten in die kochende Flüssigkeit geben. Anschließend in ein Sieb schütten, abtropfen lassen und auf einem Geschirrtuch ausbreiten; etwa 2 Stunden trocknen lassen. Inzwischen die Gläser vorbereiten (siehe S. 19).

2 Die Zwiebeln mit Wacholder und Pfeffer auf die Gläser verteilen und fest aufeinanderdrücken. Die Gläser mit Olivenöl auffüllen. Mit den Böden auf die Arbeitsfläche stoßen, damit Luftblasen entweichen können; falls nötig, etwas Öl nachfüllen. Die Gläser fest verschließen. Kühl und dunkel lagern, mindestens 4 Wochen durchziehen lassen.

Süßsaure Zwiebelringe

Für 5–6 Gläser (je ca. 400 ml)

1,5 kg weiße und rote Zwiebeln
2 EL Salz
750 ml Weißweinessig
250 g Zucker
5–6 getrocknete Chilischoten
1 EL Gewürznelken

Haltbarkeit: 3 Monate

1 Die Zwiebeln schälen und in sehr dünne Ringe schneiden. Die Ringe in eine Schüssel schichten, die Schichten jeweils mit Salz bestreuen. Über Nacht durchziehen lassen.

2 Die Gläser vorbereiten (siehe S. 19). Die Zwiebelringe in ein Sieb schütten, kalt abspülen und gut abtropfen lassen. Inzwischen den Essig mit Zucker, Chilis und Nelken in einen Topf geben. Bei schwacher Hitze rühren, bis sich der Zucker aufgelöst hat, dann aufkochen und 5 Minuten köcheln lassen.

3 Die Zwiebelringe in die Gläser füllen und mit dem heißen Essig begießen, dabei die Gewürze möglichst gleichmäßig auf die Gläser verteilen. Die Gläser sofort verschließen, abkühlen lassen und kühl und trocken lagern. Die Zwiebelringe mindestens 1 Woche durchziehen lassen.

Das passt dazu

Die Zwiebeln schmecken zu Hartkäse oder auf Crostini, die z. B. mit etwas Ziegenfrischkäse bestrichen sind. Außerdem kann man sie zum Verfeinern von Saucen und Geflügelgerichten verwenden.

Karamellschalotten in Honig und Rotwein

Abb. links

Für 4 Gläser (je ca. 375 ml)

750 g Schalotten
Salz
150 ml Rotweinessig
2 EL Honig
6 EL Rapsöl
4 EL Rohrohzucker
frisch gemahlener Pfeffer

Haltbarkeit: 3 Monate

1 Die Schalotten schälen und in reichlich kochendem Salzwasser zugedeckt etwa 7 Minuten köcheln lassen. In ein Sieb abgießen, dabei den Sud auffangen. Die Schalotten abtropfen lassen.

2 Den Essig erwärmen und den Honig darin auflösen. Die Gläser vorbereiten (siehe S. 19). Öl erhitzen. Schalotten darin kurz dünsten, mit Zucker bestreuen und weiterbraten, bis sie leicht karamellisieren. Mit Salz und Pfeffer würzen. Die Essigmischung und 200 ml Sud dazugießen. Alles aufkochen und offen 3 Minuten köcheln lassen. Die Schalotten mit Sud kochend heiß in die Gläser füllen. Sofort verschließen.

Frühlingszwiebel-Antipasti

Für ca. 500 g

500 g Frühlingszwiebeln
2–3 Knoblauchzehen
1 getrocknete rote Chilischote
3 EL Olivenöl
Salz
frisch gemahlener Pfeffer
Balsamico-Essig (nach Geschmack)

Haltbarkeit: 2 Wochen im Kühlschrank

1 Die Frühlingszwiebeln waschen, putzen und das dunkle Grün entfernen. Die Zwiebeln je nach Größe quer halbieren. Den Knoblauch schälen und fein hacken. Die Chilischote von Stängel und Kernen befreien und zerbröseln.

2 In einer Grillpfanne das Öl erhitzen und die Zwiebeln darin rundherum anbraten, bis sie weich sind und dunkle Streifen haben. Herausnehmen und mit Salz und Pfeffer würzen.

3 Die Zwiebeln in ein flaches verschließbares Gefäß schichten, dabei lagenweise mit Salz, Pfeffer, Knoblauch und Chili würzen. Das Öl aus der Pfanne und den Essig darübergießen, das Gefäß verschließen. Die Zwiebeln abkühlen lassen und im Kühlschrank aufbewahren.

Schalotten-Antipasti

500 g geschälte Schalotten im Ganzen wie beschrieben in 35 Minuten weich braten. Anschließend mit Knoblauch in 3 vorbereitete Gläser (je 400 ml) schichten; dabei mit Chili, Salz und Pfeffer würzen. Schalotten mit dem Bratöl und Weißweinessig bedecken, Gläser verschließen. Bis zu 4 Wochen kühl lagern.

Pikantes Zwiebelkompott

Für 2 Gläser (je ca. 275 ml)

500 g Zwiebeln
4 Zweige frischer Thymian
2 EL Olivenöl
25 g Butter
½ TL Salz
frisch gemahlener Pfeffer
50 g Rohrohrzucker
50 g Honig
100 ml Weißweinessig
100 ml Grauburgunder oder anderer trockener Weißwein
1 kleines Lorbeerblatt
2 EL Balsamico-Essig

Haltbarkeit: 6 Wochen

1 Zwiebeln schälen und in feine Streifen schneiden. Thymian waschen. Öl und Butter in einem Topf erhitzen. Die Zwiebelstreifen darin glasig werden lassen. Mit Salz und Pfeffer würzen. Zucker und Honig hinzufügen und alles bei mittlerer Hitze unter gelegentlichem Rühren 5 Minuten kochen lassen.

2 Weißweinessig und Wein dazugießen. Mit Lorbeer und Thymian würzen. Offen etwa 40 Minuten weiterkochen, bis die Flüssigkeit zum größten Teil verdampft ist. Gelegentlich umrühren. Gläser vorbereiten (siehe S. 19). Thymian und Lorbeer entfernen. Balsamico-Essig unterrühren. Die Mischung nochmals aufkochen lassen, dann kochend heiß in die Gläser füllen. Sofort verschließen.

Feiner Begleiter

Das Kompott schmeckt zu Pasteten und Terrinen. Es kann aber auch sehr gut zu Fleisch- oder Käsefondue gereicht werden.

Zwiebel-Apfel-Schmalz

Für 2 Gläser (je ca. 250 ml)

250 g Flomen (Gänseschmalz)
1 Zwiebel
½ Apfel
60 g Schweineschmalz
Salz
frisch gemahlener weißer Pfeffer
1 TL getrockneter Majoran

Haltbarkeit: 4 Monate

1 Die Gläser vorbereiten (siehe S. 19). Den Flomen in einem Topf bei schwacher Hitze unter gelegentlichem Rühren auslassen, bis er klar ist und die entstehenden Grieben leicht gebräunt sind. Beiseitestellen und die Grieben mit einem Schaumlöffel aus dem Topf heben.

2 Zwiebel und Apfel schälen; Apfel entkernen; beides klein würfeln. In einer Pfanne das Schweineschmalz erhitzen und die Zwiebel mit dem Apfel darin hell dünsten; salzen, pfeffern und den Majoran untermischen. Sobald die Mischung goldbraun ist, unter das Gänsefett rühren. Das Schmalz in die Gläser füllen. Gläser verschließen und abkühlen lassen; ab und zu umdrehen, bis das Schmalz kalt ist. In einem kühlen Raum oder im Kühlschrank lagern.

Rote-Zwiebel-Relish Abb. oben

Für 3 Gläser (je ca. 250 ml)

900 g rote Zwiebeln
1 Orange
1 Zitrone
250 g brauner Zucker
1 TL Salz
250 ml Rotweinessig
1 Prise gemahlener Zimt
1 TL Currypulver
1 TL Senfpulver

Haltbarkeit: 6 Monate

1 Die Zwiebeln schälen und fein würfeln. Orange und Zitrone schälen, dabei die weiße Haut vollständig entfernen und das Fruchtfleisch zwischen den Häutchen herauslösen. Die Fruchtfilets in kleine Stücke schneiden und, falls nötig, dabei entkernen.

2 Alle Zutaten in einen Topf geben und zum Kochen bringen. Zugedeckt etwa 1 Stunde köcheln lassen, dabei gelegentlich rühren. Die Gläser vorbereiten (siehe S. 19). Das Relish kochend heiß in die Gläser füllen. Sofort verschließen.

Das passt dazu

Schmeckt zu Hackfleischbällchen und Geflügel.

Chili-Zwiebeln Abb. rechts

Für 5 Gläser (je ca. 375 ml)

750 g Schalotten oder kleine Zwiebeln
250 ml Weißweinessig
250 ml Weißwein
100 g Zucker
1 EL Salz
5 Lorbeerblätter
2 EL weiße Pfefferkörner
500 ml Rapsöl
250 g Frühlingszwiebeln
10 rote Chilischoten

Haltbarkeit: 8 Monate

1 Die Schalotten oder Zwiebeln schälen. Essig und Wein mit Zucker und Salz aufkochen. Mit Lorbeer und Pfeffer würzen. Die Schalotten und das Öl hinzufügen; zugedeckt in 15 Minuten gar ziehen lassen.

2 Inzwischen die Frühlingszwiebeln putzen, waschen und in etwa 4 cm lange Stücke schneiden. Chilischoten putzen und waschen. Mit den Frühlingszwiebeln zu den Schalotten geben; weitere 10 Minuten garen. Den Topfinhalt über Nacht zugedeckt abkühlen und durchziehen lassen.

3 Die Gläser vorbereiten (siehe S. 19). Die Zwiebelmischung in ein Sieb gießen, dabei den Sud auffangen. Schalotten, Frühlingszwiebeln und Chilischoten auf die Gläser verteilen.

4 Den Sud nochmals aufkochen und kochend heiß über die Zutaten in den Gläsern gießen. Sofort verschließen.

Servieren

Die eingelegten Schalotten und Chilischoten schmecken als Beilage zu Schinken, Wurst, Käse und frischem Brot.

Feine Würze

Sie können die Zwiebeln und Chilischoten zerkleinern und zum Würzen für Suppen, Saucen oder Aufläufe verwenden. Der Sud eignet sich auch zum Abschmecken von Saucen oder Salaten.

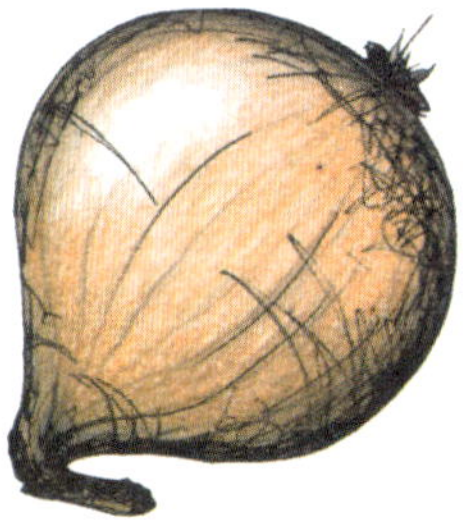

Rezept- und Sachregister

Grundtechniken und Sonderthemen sind *kursiv* gesetzt

L

M

N, O

P

Q, R

Rezepte: Regine Brams, Annette Heisch, Cornelia Klaeger
Texte: Cornelia Klaeger
Satz: Regina Rechter
Producing: Redaktionsbüro Cornelia Klaeger, München
Illustrationen: know idea GmbH, Freiburg

Reader's Digest
Redaktion: Stephanie Winterkorn (Projektleitung)
Grafik: Roland Sazinger
Bildredaktion: Sabine Schlumberger
Prepress: Frank Bodenheimer
Chefreadaktion Ressort Buch: Dr. Renate Mangold
Art Director: Susanne Hauser

Druckvorstufe
GroupFMG Print

Druck und Binden
Leo Paper Products Ltd., Hongkong

GR 2328/IC

Printed in China

ISBN 978-3-95619-005-6
Besuchen Sie uns im Internet
www.readersdigest.de
www.readersdigest.ch
www.readersdigest.at

Bildnachweis

Fotolia.com: S. 48 anitasstudio; S. 54 DLeonis; S. 60 Viktorija; S. 66 ines39; S. 72 Profotokris; S. 82 karandaev; S. 92 Gerhard Seybert; S. 100 Inga Nielsen; S. 116 Marina Lohrbach; S. 122 Nitr; S. 130 Sea Wave; S. 136 BeTa-Artworks; 146 Cora Müller; S. 152 cristina; S. 158 Gina Sanders; S. 166 svl861; S. 190 petrabarz; S. 208 Africa Studio; S. 214 jlmcloughlin; S. 240 milka-kotka; S. 272 dabjola; S. 278 Stefanie Lindorf; S. 298 Sergey Kohl.
iStockphoto.com: S. 38 Joe Biafore; S. 106 Viktar; S. 174 TerryJ; S. 182 peolsen; S. 200 Cristian Baitg; S. 220 foodandwinephotography; S. 226 D-Ozen; S. 234 Emilie Duchesne; S. 246 elxeneize; S. 254 Sapsiwai; S. 288 IgorDutina; S. 306 Sveta.
Phovoir: S. 266.
Christiane Krüger, Hamburg: Einbandvorderseite oben Mitte; S. 4, 8, 10, 11, 18, 19, 20, 21, 22, 23, 24, 25, 27, 28, 29, 30, 3133, 34, 45, 76, 77, 81, 112, 113, 125, 127, 144, 145, 163, 170, 204, 205, 224, 230, 231, 260, 282, 283, 302, 303.
Reader's Digest: S. 104, 109, 138, 141, 143, 172, 184, 218, 223, 242, 250, 263, 264, 281, 286, 291, 295.
Karl Newedel, München: alle anderen Fotos.